El duelo es una *perra*

El duelo es una *perra*

UNA GUÍA SIN CENSURA
PARA NAVEGAR LA PÉRDIDA

lisa keefauver

El papel utilizado para la impresión de este libro ha sido fabricado a partir de madera procedente de bosques y plantaciones gestionadas con los más altos estándares ambientales, garantizando una explotación de los recursos sostenible con el medio ambiente y beneficiosa para las personas.

El duelo es una perra
Una guía sin censura para navegar la pérdida

Título original: *Grief is a Sneaky Bitch: An Uncensored Guide to Navigating Loss*

Primera edición: enero, 2025

D. R. © 2024, Lisa Keefauver

Todos los derechos reservados. Esta edición se publica por acuerdo con University of Texas Press
All rights reserved. This edition published by arrangement with the University of Texas Press.

D. R. © 2025, derechos de edición mundiales en lengua castellana:
Penguin Random House Grupo Editorial, S. A. de C. V.
Blvd. Miguel de Cervantes Saavedra núm. 301, 1er piso,
colonia Granada, alcaldía Miguel Hidalgo, C. P. 11520,
Ciudad de México

penguinlibros.com

D. R. © 2024, Elena Preciado Gutiérrez, por la traducción

Penguin Random House Grupo Editorial apoya la protección del *copyright*.
El *copyright* estimula la creatividad, defiende la diversidad en el ámbito de las ideas y el conocimiento, promueve la libre expresión y favorece una cultura viva. Gracias por comprar una edición autorizada de este libro y por respetar las leyes del Derecho de Autor y *copyright*. Al hacerlo está respaldando a los autores y permitiendo que PRHGE continúe publicando libros para todos los lectores.

Queda prohibido bajo las sanciones establecidas por las leyes escanear, reproducir total o parcialmente esta obra por cualquier medio o procedimiento así como la distribución de ejemplares mediante alquiler o préstamo público sin previa autorización.
Si necesita fotocopiar o escanear algún fragmento de esta obra diríjase a CemPro
(Centro Mexicano de Protección y Fomento de los Derechos de Autor, https://cempro.org.mx).

ISBN: 978-607-385-300-2

Impreso en México – *Printed in Mexico*

BREVE NOTA SOBRE EL TÍTULO

Admito que el título de este libro es audaz, pero evidente. El duelo *es* una perra. Desde el lanzamiento de mi *podcast* que lleva por nombre *Grief is a Sneaky Bitch*, hace cuatro años, cientos de miles de oyentes validaron esta verdad, haciendo declaraciones como estas: "¡Sí, sí, sí! ¡En serio que sí! ¡Es muy cierto!". Quizá tuviste una reacción visceral similar.

También soy consciente de que algunos tal vez tuvieron una respuesta adversa. Después de todo, en nuestra cultura, la palabra "perra" se utilizó con un enfoque de género para oprimir a las personas que se identifican como mujeres, reforzando creencias dañinas y causando un sufrimiento grande e innecesario.

Te aseguro que, como mujer, me reapropié de esta palabra a propósito, con orgullo y sin pedir disculpas, sin género alguno, para ampliar nuestras narrativas de duelo y crear un espacio seguro para que cualquiera pueda navegar por la pérdida de una manera significativa y apoyada. El objetivo del título, del contenido del libro y de todo el trabajo que hago como activista del duelo es garantizar que las personas que lo experimentan —o sea, todas— se sientan vistas, apoyadas y honradas en todas las fases de su viaje.

Más adelante, en este libro, leerás sobre el "sí, y", la idea de que más de dos cosas pueden ser ciertas al mismo tiempo. No todo es blanco o negro; las situaciones y los sentimientos son muy complejos. Con este espíritu te invito a unirte a mí para reconocer que, sí, el duelo es una perra y podemos navegar por la pérdida juntos.

dedicatorias a las personas que me apoyaron en el duelo

Fui muy afortunada de haber amado a tantas personas que me acompañaron a través de la oscuridad y la luz de mi vida, y haber sido amada por ellas. Este libro es el resultado de su amor y su inquebrantable fe en mi misión de crear un mundo más alfabetizado en el duelo. Gracias a su dulce, y con frecuencia apasionado, estímulo, comparto mis ideas sin censura:

- Eric Keefauver: mi difunto esposo, por darme la oportunidad de experimentar lo que en verdad significa amar y ser amado.
- Lily Keefauver: mi hija sabia, ingeniosa y cariñosa, por inspirarme todos los días con su enfoque valiente, curioso y creativo para vivir.
- Autumn Campbell: mi hermana del alma, por las incontables horas que con amor y consideración me brindó aliento, por sus comentarios constructivos sobre este libro y por ayudarme a mantener las necesidades de mis lectores en primer plano.
- Krissy Teegerstrom: mi cálida y sabia amiga, artista y asesora creativa, por creer en mí y guiarme desde el primer día que nos conocimos al comienzo de mi viaje para reimaginar el duelo.
- Andy y Joan Nagy, Susan Schreiber y Robert Nagy: mis padres, madrastra y hermano mayor, por su amor y apoyo inquebrantables en mi vida, en mi duelo y en mi búsqueda para darle vida a este libro.
- Susan Martin y todas las mujeres de "Take Care of Lisa Crew": mi increíble grupo de amigas, por levantarme del suelo, de manera literal y metafórica, después de la muerte de Eric y por hacerme compañía ahí, en el suelo, cuando no podía levantarme.

- Melissa Gould, J'Aime Morrison, Leslie Gray Streeter y muchas otras: mis desafortunadas amigas y compañeras del Widow Club, por hacer que el viaje de navegar por esta pérdida sea mucho menos solitario y por traer alegría a mis días.
- Joe Esquibal: mi amigo exepcional, por ser un ejemplo de apoyo en el duelo y por las lecciones que me regaló cuando tuve el honor de acompañarlo en su último aliento.

agradecimientos a mis guías de duelo

Durante la última década, tuve un apetito increíble, y a veces insaciable, por descubrir y aprender de poetas, líderes espirituales, expertos en trauma, novelistas, pensadores, artistas, investigadores y científicos. Me maravilla la forma en que cada uno usa el lenguaje de maneras tan diferentes y desde perspectivas únicas para enseñarnos lo esencial de lo que significa ser humano, la naturaleza de ser y de llegar a ser.

Mientras meditaba sobre lo que quería compartir contigo en este libro, volvía una y otra vez a la variada y profunda sabiduría que muchos de esos maestros tuvieron sobre el tema de la transformación, de cruzar umbrales, de emerger. Encontré consuelo en sus experiencias, habilidad y sabiduría conforme sigo luchando con existir mientras vivo el duelo. ¿O es vivir el duelo mientras existo? Espero que su sabiduría también te brinde consuelo. Entre los guías de duelo que se contemplan en este libro están las siguientes personas:

- Todos mis invitados al *podcast*, cuya profunda vulnerabilidad y sabiduría única me inspiraron a continuar mi misión de cambiar las narrativas del duelo, una conversación a la vez.
- Chimamanda Ngozi Adichie: autora galardonada, cuyo trabajo, en particular su charla TED "The Danger of a Single Story" y sus memorias *Sobre el duelo*, acrecentó mi pasión por la *expanded storytelling*.
- Elizabeth Alexander: poeta, académica, viuda y autora *best seller* según el New York Times, cuyas memorias *The Light of the World* resonaron de manera profunda con mi experiencia de viudez.

- Pauline Boss: considerada la madrina de la "pérdida ambigua", cuyo libro del mismo título e investigación —de toda la vida— dieron lenguaje a una visión más amplia y completa del duelo.
- Brené Brown: trabajadora social, cuyo libro *Atlas del corazón* me recuerda la importancia de usar un lenguaje preciso para la muy humana experiencia del duelo.
- Susan Cain: autora del *best seller Agridulce*, cuya invitación a encontrar belleza en el "ambos/y" afirmó mi sabiduría interior y mi búsqueda para invitar a otros a aceptar la complejidad.
- Susan David: psicóloga y autora del *best seller Agilidad emocional*, cuyas ideas sobre la necesidad de agilidad emocional y su incesante desafío a la positividad tóxica me inspiran todos los días.
- Megan Devine: trabajadora social y autora, cuyo libro *Está bien que no estés bien* fue una poderosa afirmación de mis creencias de que la cultura causó sufrimiento innecesario a quienes viven un duelo.
- Elizabeth Gilbert: autora galardonada, cuyo libro *Libera tu magia* reavivó mi creatividad, y cuyo precioso recordatorio de inclinarme con absoluta humildad ante la fuerza del duelo me salvó la vida.
- Prentis Hemphill: terapeuta y maestra somática, cuya sabiduría sobre el yo arraigado y la belleza de los límites fue de enorme ayuda para regresar a mi cuerpo en el duelo.
- Doctor Gabor Maté: médico y autor, cuyo libro *El mito de la normalidad* amplió mi comprensión de la relación entre los traumas grandes, los pequeños, el apego y el duelo.
- Nora McInerny: autora de *Hot Young Widows Club* y presentadora de *podcasts*, cuya combinación de humor y corazón me ayudó a recuperar el amor por el humor y el sarcasmo para suavizar la dureza de la vida.
- Resmaa Menakem: sanador, trabajador social y practicante somático, cuyo libro *My Grandmother's Hands* me inspiró a sentir y arraigar de una forma nueva el lugar de la cultura al momento de afrontar el trauma.

- Emily y Amelia Nagoski: autoras de *Hiperagotadas*, cuyas instrucciones sobre cómo conectar nuestras cabezas y cuerpos ayudaron a disminuir la rigidez y la trampa del duelo.
- Dario Robleto: artista y poeta materialista, cuya obra fue un recordatorio constante para ver la responsabilidad moral y la belleza de transmitir la memoria de los demás.
- Mary-Frances O'Connor: psicóloga, investigadora e invitada al *podcast*, cuyo libro *El cerebro en duelo* me ofreció una comprensión más profunda de por qué experimentamos el "duelo en el cerebro".
- Mary Oliver: poeta cuyas profundas reflexiones sobre la vida y nuestra conexión con la naturaleza, mejor capturadas en su poema "Un día de verano", son mi fuente constante de conexión a la tierra, en especial cuando la vida se siente pesada.
- John O'Donohue: poeta y filósofo cuya sabiduría y poesía, en especial en el libro *Anam Cara*, fueron unas maestras de vida en una amplia gama de temas, incluido el significado de la belleza y el amor, nuestra conexión con la tierra, qué significa ser humano y, por supuesto, el duelo.
- Ruth Ozeki: autora de la novela *A Tale for Time Being*, donde exploró nuestra humanidad compartida, la búsqueda de un hogar y articuló de manera hermosa lo que representan las lágrimas del duelo.
- Rainer Maria Rilke: poeta cuya obra, en particular el poema "Ve a los límites de tu anhelo", te ofrece una invitación reflexiva a estar con los "ambos/y" de la vida.
- Krista Tippett: autora del *best seller Becoming Wise* y presentadora del profundo *podcast On Being*, cuya meditación sobre la naturaleza de lo que significa ser humano me enseñó mucho sobre este viaje de la vida.
- David Whyte: poeta y autor, cuyas palabras en "Empieza cerca" y cuya serie *Three Sunday* ofrecieron una invitación invaluable a ajustar mi mirada cuando la vida se sentía desalentadora.

Nuestras vidas se construyen a partir de las historias que contamos acerca de las experiencias. Una muerte, la pérdida devastadora de una relación, una capacidad, una patria, un sueño o un acontecimiento traumático, es similar a que nos destruyan el manuscrito de nuestra vida y nos lo devuelvan sin instrucciones sobre cómo reescribirlo o cómo vivir. El duelo es el viaje que emprendemos mientras reescribimos y vivimos nuestra historia emergente.

Que este libro te sirva de guía mientras reescribes y vives la historia emergente de tu vida tras la pérdida.

índice de temas

El duelo es confuso, desorientador, no lineal y, por supuesto, una perra. El duelo dificulta la concentración, el procesamiento y la recuperación de información, en especial en las semanas o meses posteriores a una pérdida. La verdad puedes sentirte desorientado, incluso si la pérdida ocurrió hace mucho tiempo. Aunque escribí este libro de modo que cada capítulo se base en el anterior, cada uno tiene su dosis de apoyo en el duelo.

Dado que concentrarse puede ser un desafío, en lugar de un índice típico, creé un índice de temas. Esto facilita el saltar a las secciones y temas que más tienes en mente y corazón. Como el duelo de cada persona es único, no existe un orden correcto para leer este libro, al igual que no existe una manera correcta de vivir el duelo. Aun así, sugiero empezar con la introducción y el prefacio para orientarte sobre mí y sobre lo que ofrece este libro.

---

prefacio:
lecciones de vida aprendidas en el fondo del océano 21

te invito a empezar aquí: orientándote hacia el quién, qué, dónde, cuándo y por qué del duelo
introducción: una guía para leer este libro 31

el tiempo en el duelo: descubre cómo y por qué el tiempo se siente tan diferente

el mundo sigue girando	49
empieza cerca	56
el desordenado punto medio	65
espera, ¿todavía estoy viviendo el duelo?	75

¿qué diablos me está pasando? ayudarte a ver el impacto de 360 grados que genera el duelo (no, no todo está en tu cabeza)

todo apesta (y otros pensamientos negativos)	85
este es tu cerebro en duelo	92
tu cuerpo lo sabe	110
demasiado, muy rápido	120
emociones, sentimientos y estados de ánimo, ¡ay, Dios!	131
otro trabajo de tiempo completo	150

relacionarte contigo y con los demás (o no): (re)descubrirte y (re)descubrir tu relación con los demás en el duelo

todo el mundo tiene estilo (a su manera)	159
conocer y honrar tus necesidades	166
oh, cuán lejos llegas y con qué personas te encuentras (y por qué es agotador)	177
la gente dice estupideces	185
¿quién te respalda?	192
por supuesto que es complicado	202
acceso denegado	215

trampas y peligros: identifica al ladronzuelo del duelo y otros obstáculos para navegar por la pérdida

cuidado con el ladronzuelo del duelo 233
no hay un GPS para el duelo 246
la ambigüedad apesta 254
debería es una mala palabra (y no del tipo
    de las groserías) 263
días festivos, aniversarios y otros peligros
    del duelo 273
pérdidas secundarias: las más perras de todas 283

habilidades y herramientas que ayudan a que el duelo apeste menos: descubre formas de suavizar los duros bordes del duelo

nota con atención plena 293
ayuda de las habilidades de improvisación 303
es tu turno de respirar con un compañero 312
busca recursos creativos 322
haz espacio 333

¿ahora qué? trae curiosidad a la historia emergente de tu vida

tu versión hermosa, desordenada y emergente 345
protege tus recuerdos 353
creación de significado (aunque no pasó
    por una razón) 361
cuando el duelo se vuelve parte de la historia,
    no la historia completa 371

un poco extra

epílogo 381
apéndice A: un alfabeto de recordatorios
    para tu viaje de duelo 383
apéndice B: una carta para las personas
    que apoyan en el duelo 384
meditación guiada 389

El duelo es una perra

prefacio
lecciones de vida aprendidas en el fondo del océano

Imagina, por así decirlo, este retrato: yo, cuando tenía doce años, tomando el sol, dándole a mi cabello corto y castaño rojizo un tono particular de naranja gracias a las grandes cantidades de Sun-In que le apliqué los días anteriores. (Un saludo a la década de los ochenta por el *look* y a Prince por la referencia musical).

Estaba de vacaciones con mi padre, sentada junto a la piscina, con cualquier angustia que una pueda tener en la preadolescencia, a los doce años. Quizá pensaba: "¿Estoy engordando? ¿Ya necesito usar *bra*? ¿La gente ve mi acné? ¿Por qué Paul no se fija en mí durante la clase?".

De la nada, un instructor de buceo interrumpió mi angustia y me preguntó si quería ir a bucear con mi papá ese día. ¿*Yo*? No era posible que me estuviera hablando. Pero lo era y antes de que mi cerebro pudiera procesar su invitación, me oí decir: "Sí".

Espera. ¿Qué carajos?

Sí, era una mal hablada cuando tenía doce años.

¿Por qué dije "Sí"? No era del tipo de niña que decía: "Sí, me apunto". Pero ahí está: el primer recuerdo que tengo de mí como una persona que dice "Sí" (y alguien a quien le encantan las buenas groserías).

La lección de buceo solo duró una hora. ¡Una hora! Recuerdo la incómoda sensación de meterme en un traje de neopreno. La lucha de ponerme la máscara y las aletas por primera vez. Cuando me puse el chaleco de control de flotabilidad y el tanque por primera vez, recuerdo preguntarme si aterrizaría de espaldas por el peso de todo. Por fortuna, no lo hice.

Nadé algunas vueltas en la alberca con el equipo puesto para demostrarles —y demostrarme— que estaba suficientemente en forma para bucear. Luego me sumergí en el fondo de la piscina y respiré por primera vez bajo el agua. Fue aterrador y estimulante a la vez. Algo así como la vida. En ese momento experimenté algo en verdad extraordinario. Respirar bajo el agua me hizo sentir como si pudiera hacer lo imposible. Ese recuerdo arraigado me sería útil muchas veces en las siguientes cuatro décadas.

Al cabo de dos horas, mi padre y yo estábamos en un barco sobre el magnífico azul del océano Pacífico. El instructor de buceo me dijo que me tirara por el costado del barco. Hacia atrás. "No te preocupes", dijo. "Es fácil. Solo sumérgete y respira profundo". Para mi sorpresa, eso hice tal cual. Y de algún modo tenía razón… más o menos.

Bucear resultó incómodo, pero fue más fácil de lo que pensaba. En aquella primera inmersión en las profundidades descubrí que la vida no viene con un itinerario, ni un horario, ni siquiera un manual de instrucciones. Pero aquel día aprendí dos lecciones importantes: sumérgete y respira profundo.

Hasta donde puedo decir, esas dos acciones cubren casi todo lo que necesitas saber no solo para sobrevivir en el mundo, también para prosperar.

Bueno. Casi todo.

Tomar la decisión de decir "Sí", sumergirme y respirar profundo me brindó momentos increíbles de alegría, amor y risa. Me dieron relaciones y amistades invaluables, me enseñaron habilidades que nunca imaginé adquirir y me llevaron a vivir aventuras gratificantes, y a veces locas, alrededor del mundo.

Todavía no me había dado cuenta en mi juventud, sentada en el borde de un barco en medio del Pacífico, de que una cosa es sumergirse y respirar profundo en un evento de tu elección, cuando algo tiene la posibilidad de dicha, aventura y felicidad (como descubrí ese día, es casi fácil)... Pero ¿qué pasa cuando no es tu elección? ¿Qué pasa cuando, en lugar de una aventura prometedora, te empujan a aguas profundas y lo que te espera es dolor, sufrimiento, miedo, incluso trauma? Esos momentos desafían la capacidad de esas reglas de vida para sostenernos. Esos momentos requieren una tercera regla crítica. Es una regla que me enseñó el instructor de buceo en aquella primera inmersión, aunque la había olvidado porque no la necesité ese día. La tercera y más importante regla del buceo, y de la vida, es que cuando te quedas sin aire, es vital respirar con un compañero.

De hecho, los momentos de quedarse sin aire son el tipo de experiencias de vida que mi madre llama OMOC (Otra Maldita Oportunidad de Crecimiento). Tuve muchas de esas. Quizá todas las OMOC que sucedieron desde aquel primer viaje de buceo me prepararon para sumergirme, respirar profundo y respirar con un compañero en medio de la experiencia más dolorosa que enfrenté hasta ahora: el amor de mi vida muriendo en mis brazos.

Uno de esos momentos alegres de inmersión fue cuando me enamoré de Eric Keefauver. Con rapidez se convirtió en mi mejor amigo, compañero de viaje, esposo y padre de nuestra hija. Su sonrisa iluminaba mi corazón y cada habitación en la que entraba. Estaba interesado de manera genuina en aprender, explorar, conectarse y crecer. Era bueno en todo, lo cual, para ser sincera, a veces resultaba en verdad molesto. Por ejemplo, empezó a esquiar cuando tenía treinta y tantos —algo que yo había hecho desde los cinco años— y era mejor que yo al final de la primera temporada.

También tenía una memoria como nadie que yo haya conocido —menos mal, porque ese no es mi fuerte—. Hablaba de la altura de una montaña que aparecía en un documental que habíamos visto seis meses antes como si todos lo recordaran. Yo me sentía orgullosa si recordaba el título de la película.

Eric vivió su vida con curiosidad y entusiasmo… y amaba con todo su corazón.

Todos esos atributos empezaron a desaparecer en el transcurso de un año y ni él ni yo sabíamos por qué. Se convirtió en un extraño para sí, para mí y para nuestra hija. Su personalidad, memoria y cuerpo se volvieron irreconocibles con el paso de los meses. Navegar por el sistema de atención médica fue frustrante, lleno de rechazos y diagnósticos erróneos, sin pruebas en el camino.

Incluso con otro adulto en casa, yo criaba a solas la mayoría de los días y además atendía a mis pacientes y al personal como directora clínica de una organización sin fines de lucro. En casa se vivía una pesadilla. Ambos estábamos en terapia individual. Cuando el comportamiento de Eric se volvió peligroso, hice planes de seguridad. Cada día era un infierno. Me preguntaba qué había pasado con el hombre y padre cálido, generoso y compasivo que amaba. Mi mente estaba a toda marcha 24/7, tratando de encontrar una explicación de cómo terminamos en esta película de terror. Solo quería recuperar a mi esposo.

Entonces, un día a finales del verano de 2011, Eric me llamó a la sala de urgencias de un hospital. Casi ignoré su llamada porque las tensiones entre nosotros eran muy altas. Treinta minutos después, estaba en un frío consultorio, Eric mirándome y luego ambos mirando a un neurólogo. Vimos al médico, boquiabierto, señalar una imagen del cerebro de Eric. Ahí estaba. La respuesta que habíamos buscado, pero que de ninguna manera estábamos preparados para escuchar. Eric tenía un tumor del tamaño de una toronja que había desplazado su tallo cerebral. El médico estaba sorprendido de que Eric caminara o hablara.

El 8 de agosto de 2011, apenas nueve días después de enterarnos del tumor y cuatro días después de nuestro noveno aniversario de bodas, Eric se sometió a una cirugía de catorce horas para extirpar la mayor cantidad posible de tumor. Pasé el día en la sala de espera del hospital, sentada, paseando, llorando y gritando, rodeada de amigos y familiares que se turnaban para respirar conmigo. Esa noche, las enfermeras me dejaron verlo en el postoperatorio. Tenía la cabeza vendada, el área alrededor de sus ojos estaba negra y azul y toda la cara estaba hinchada, era casi irreconocible. Hablé con él y escuché su voz. Nos dijimos "te amo" y me afirmó cuánto amaba a nuestra hija Lily, de siete años.

Siempre estaré agradecida por ese intercambio, porque después de ir a casa unas pocas horas para ver cómo estaba Lily, regresé y encontré una habitación llena de médicos y enfermeras rodeando la cama de Eric. Había entrado en coma. Me desplomé en el suelo. Al final llamé a mi gente. Con ella, y a veces sola, me senté junto a la cama de Eric durante los siguientes seis días, rogándole que despertara. Es difícil respirar cuando tu cerebro es absorbido por información demasiado horrible de procesar. El proceso natural de respirar parecía imposible. Este era un momento en el que necesitaba respirar con mis amigos y familiares.

Durante seis días y noches me senté al lado de Eric. Después de otra cirugía de doce horas, exploraciones y pruebas adicionales, los médicos dijeron que Eric había experimentado una serie de ataques cerebrovasculares catastróficos y nunca recuperaría el conocimiento. Dejé de respirar por un momento, tal vez más. Mi papá y mi suegro estaban ahí, y creo que ellos también dejaron de respirar. Pero al final nos ayudamos a respirar de nuevo.

Tomé la desgarradora decisión de quitarle el soporte vital, una decisión que se hizo un poco menos dolorosa porque habíamos discutido sus deseos antes de la cirugía. A continuación, decidí —la primera decisión de crianza entre muchas que tomaría sola— llevar a nuestra hija al hospital para despedirse de su padre. Después de que sus amigos y familiares se despidieran, después de que las enfermeras retiraran la mayoría de los cables, tubos y monitores me metí en la cama con Eric. Me acurruqué junto a él durante casi nueve horas, empapando sus sábanas con mis lágrimas, reviviendo las historias y aventuras de nuestros doce años juntos y diciéndole lo agradecida que estaba con él por haberme enseñado lo que significa ser amada de verdad. A las 6:06 a. m. del 16 de agosto de 2011, con mis brazos alrededor de él, Eric exhaló su último aliento.

Y de alguna manera, yo di mi primer aliento sin él. Al final, mi amiga Susan vino y me apartó de su lado, me llevó al auto, mientras compartía su oxígeno conmigo, recordándome que debía respirar. Las horas, días, semanas, incluso meses después de su muerte fueron borrosos. Cada minuto, luego cada hora, luego cada día tenía que recordarme que debía respirar profundo (no digamos profundo, que debía respirar en general).

Tuve que aprender a pedir ayuda a los demás. No voy a mentir, eso fue difícil. Pero me di cuenta de que todos necesitamos ayuda. Esta vez fui yo quien se quedó sin oxígeno. Mis amigos seguían recordándome que cuando se estaban quedando sin aire, yo siempre estaba ahí para respirar con ellos. "Está bien", dijeron. "Ahora es nuestro turno".

Y aquí estoy, en 2024, a doce años desde la muerte de Eric. Tengo el honor de realizar un trabajo muy significativo con personas, comunidades y organizaciones. Los límites de ese trabajo parecen desaparecer conforme llego a personas de todo el mundo a través del *podcast Grief is a Sneaky Bitch*, conferencias y discursos, incluida una charla TEDX.

Gané algunas amistades nuevas e increíbles y también aprecié algunas antiguas. Soy madre soltera de tiempo completo de Lily, que ahora tiene veinte años y está en la universidad. ¿Cómo ocurrió eso? Ya enfrentó algunos desafíos y tragedias increíbles que yo no tuve que soportar a su edad. Como su madre, esto me rompe el corazón por completo. Pero al igual que yo cuando tenía doce años, Lily se convirtió en buceadora. Para algunos, el buceo puede ser solo un deporte o un pasatiempo. Pero sé que es más que eso. Está aprendiendo las increíbles instrucciones que necesitará para sobrevivir y prosperar en este mundo: sumergirse, respirar profundo y respirar con un compañero cuando sea necesario.

Espero que al final de este libro tú también sepas y practiques esas instrucciones.

te invito a empezar aquí

orientándote hacia el quién, qué, dónde, cuándo y por qué del duelo

introducción

una guía para leer este libro

Hola, amigo y compañero de duelo:

Aunque espero que hayas encontrado consuelo al ser llamado "mi amigo" hace un momento, imagino que lo que no te gustó tanto es la parte de "compañero de duelo". Nunca deseaste que te nombraran así. Yo tampoco. Pero aquí estamos, juntos.

Por favor, debes saber que te veo y te tengo en mi corazón. Reconozco la cantidad de valor que necesitaste para abrir un libro sobre el duelo. Conozco la fuerza que se necesita para venir a tu propio rescate y estar con tu duelo al pasar estas páginas.

Sí, es verdad: el duelo es una perra. Pero no te preocupes, aquí estoy para ti. Es un honor para mí ser tu guía y compañera en el camino. La trampa del duelo es algo que exploraremos juntos a lo largo de este libro. Espero que ver la naturaleza sigilosa del duelo te ayude a deshacerte de la idea de que hay un camino simple que debes seguir, que debes saber de manera intuitiva cómo hacerlo "bien" o "mejor", o que no debes tropezar y caer en el camino. Al igual que las pautas sobre cómo leer este libro, no existe una única manera correcta de navegar por la pérdida.

Pero la trampa no es del todo natural. Algunas de las formas tramposas y tortuosas en que el duelo aparece en nuestras vidas no son inherentes a él. Son creadas de manera artificial y muy dañinas. De manera implícita y explícita, consumimos en colectivo una historia de duelo estrecha y problemática, basada en un conjunto dañino de creencias que hacen que este trabajo doloroso y desordenado sea aún más insoportable y desorientador.

Por eso, antes de zarpar y tropezar con los capítulos que llaman a tu corazón y a tu mente, te invito a empezar aquí. Quiero ayudarte a reconocer e identificar nuestras creencias colectivas y las historias que contamos a nosotros y a los demás sobre el duelo. Todos tenemos esas creencias. Espero que comprendas que encontrar el camino a seguir en el duelo significa que primero tenemos mucho que aprender y desaprender sobre esas creencias.

CREENCIAS SOBRE EL DUELO Y LAS HISTORIAS QUE CONTAMOS

"En lo que nos enfocamos se convierte en nuestra realidad". Sí, ese dicho está tatuado en mi cuerpo y, no, no te estoy diciendo: "Elige ser feliz". Qué horrible. Yo nunca te haría eso. La expresión proviene de mi formación en terapia narrativa hace más de veinte años. Significa que el lenguaje usado para describir eventos no es neutral. No comunica hechos. Da forma a cómo nos sentimos y refuerza lo que creemos.

La *creencia* se define como "la aceptación de que algo es verdad o existe". Ya sea de manera consciente o inconsciente, tenemos creencias sobre todo tipo de cosas, incluido el duelo. Yo las llamo "creencias sobre el duelo" y dictan nuestras suposiciones sobre cómo debemos sentirnos, pensar y comportarnos. Recuerda, esas ideas no son hechos ni son neutrales. En realidad, muchas de las creencias sobre el duelo pueden tener consecuencias desastrosas para todos.

Cuanto más expresamos las creencias sobre el duelo, ya sea ante nosotros o en voz alta ante los demás, más creemos que son ciertas con C mayúscula. Esas historias falsas, pero ahora familiares, dan forma a cómo nos sentimos y experimentamos el duelo. De manera inevitable, construimos una historia que parece tan cierta que terminamos juzgándonos con ella.

El problema con las creencias sobre el duelo no examinadas en nuestras historias es que, sin saberlo, nos estamos cargando de ideas tóxicas y dañinas de manera innecesaria. Como revisaremos con más detalle en "acceso denegado", las consecuencias de no examinar las creencias sobre el duelo no solo nos afectan a nosotros. Tiene consecuencias reales para las personas a las que se las transmitimos sin saberlo.

LA HISTORIA ES INCOMPLETA E INEXACTA

En occidente, de manera individual y colectiva, consumimos una historia de duelo muy estrecha, equivocada e incompleta. Como resultado, juzgamos a nosotros y a los demás a partir de una historia que dice algo como esto:

> El duelo ocurre cuando muere alguien cercano a ti. Te sientes triste y tal vez enojado, pero solo con moderación. Esos sentimientos pueden durar un tiempo, tal vez meses si la persona era muy cercana. En general, te guardas los sentimientos. Si es necesario, consultas a un terapeuta o buscas un grupo de otros dolientes como tú para no transmitir tu duelo a otras personas. Te mantienes ocupado, vuelves al trabajo, ya sabes, porque es "bueno para ti". Luego, tan pronto como sea posible, avanzas de manera clara y ordenada a través de las cinco etapas del duelo, como si fuera una especie de lista de tareas pendientes. Y *voilà*. Si eres lo suficientemente bueno, fuerte y te esfuerzas mucho, en un año más o menos, lo habrás superado. Y ahora puedes seguir adelante.

Como estás leyendo este libro, ya sabes que esas son puras tonterías. Tengo el presentimiento de que también sabes que, en el fondo, es la historia con la que tú y otros se miden. El propósito central de mi trabajo es ampliar las narrativas del duelo.

Durante mucho tiempo confié en la sabiduría del brillante trabajo de la autora Chimamanda Ngozi Adichie. En particular, me fascina su charla TED "El peligro de una sola historia", sobre los peligros de la historia única cuando se trata de estereotipos raciales y culturales. En parte, dijo: "Una sola historia crea estereotipos, y el problema con los estereotipos no es que sean falsos, sino que están incompletos. Hacen que una historia se convierta en la única historia".

Comprendí que esta verdad también se aplica al daño que nos causa nuestra estrecha historia colectiva de duelo. Las narrativas limitadas que consumimos sobre el duelo nos hacen sentir invisibles e indignos de nuestras muy válidas, confusas y variadas experiencias de duelo. También nos lleva a negar o descartar las diferentes fuentes y experiencias del duelo de los demás. En mi carrera profesional como trabajadora social y en mi duelo personal, observé que esa estrecha historia de duelo es, tal vez, el mayor contribuyente al sufrimiento innecesario.

ORÍGENES DE LA HISTORIA

Tal vez te preguntes cómo llegamos hasta aquí. Quizá te preguntas: "¿Cómo terminamos con esta estrecha, dañina y singular historia de duelo? ¿De dónde vienen las creencias sobre el duelo? ¿Por qué nadie habló nunca de ellas? ¿Por qué nadie me pidió que considerara si quería conservarlas?".

Tuve todas estas preguntas hace más de una década, tras la muerte de Eric. Poco a poco me di cuenta de que todos tenemos esas creencias dañinas sobre el duelo y comencé a ver el enorme daño que estaban causando.

Como dijo la sabia Maya Angelou: "Si no sabes de dónde vienes, no sabes a dónde vas". Así que obtengamos algunas respuestas. Aunque cada uno tiene su variedad única de creencias sobre el duelo, estas provienen de algunas fuentes comunes e incluyen algunos temas que muchos compartimos.

Influencias culturales
La cultura es el aire que respiramos. Son los valores que absorbemos de las leyes y políticas de las instituciones formales, del contenido de los sistemas educativos y de los medios que consumimos. En Estados Unidos y en gran parte del mundo occidental hay cinco creencias sobre el duelo particularmente dañinas que a lo largo de nuestras vidas llegaron a nuestra psique.

- **Productividad sobre proceso.** La cantidad de *hashtags* en redes sociales y de aplicaciones de *software* es una prueba de lo obsesionados que estamos con la productividad en nuestra cultura. Idolatramos y celebramos los "ajetreos" y los "trabajos paralelos". Decimos con orgullo cosas como "dormiré cuando esté muerto" y escribimos "*#goals*". Sabes que estás llevando esta creencia en tu duelo si descubres que dices cosas como estas: "*Debería* hacer todo esto mejor, más rápido y eficiente. ¿Qué me pasa? ¿Por qué me toma tanto tiempo llegar ahí?". Esta obsesión por la productividad, combinada con el mito de que el duelo es solo una meta que se puede lograr y de la que podemos seguir adelante, lo hace más complicado para nosotros, los dolientes.
- **Simplicidad sobre complejidad.** Nos encanta la fórmula "X pasos" para casi todo en nuestro mundo moderno. Por supuesto que sí, porque estas fórmulas suelen ser maneras útiles de aprender algunas habilidades prácticas. Pero la proliferación de publicaciones en línea con *clickbait* y los cinco titulares de noticias más importantes nos llevan a creer y a esperar que nada tiene por qué ser complicado. Solo necesitamos ser lo

suficientemente inteligentes para descubrir cómo resumir el plan en instrucciones sencillas paso a paso y luego seguirlas. Sabrás que esta creencia se infiltró en tu duelo si descubres que dices cosas como estas: "Solo necesito descubrir cómo superar esto. Algo anda mal en mí porque me siento aliviado y muy triste al mismo tiempo".

- **Destinos sobre viajes.** Aunque decimos cosas como estas: "No se trata del destino, sino del viaje", eso no es lo que celebra nuestra cultura. En cambio, los medios están llenos de clips cortos o artículos sobre el resultado y, tal vez, en buena medida, algunos momentos destacados de los momentos de minilogros a lo largo del camino. Rara vez podemos vislumbrar todos los tropiezos, pasos en falso y estancamientos que implica cualquier viaje. En conjunto, casi no vemos el valor o la realidad de lo que fue necesario para llegar al final. Nos engañamos aún más porque, a medida que avanza el ciclo de noticias, no escuchamos historias sobre el inevitable retroceso después de haber alcanzado la meta. Una señal de que llevas esta creencia en tu duelo es cuando te dices algo como esto: "¿Por qué me siento así otra vez? Pensé que ya había superado esto. Solo necesito superar esto. ¿Por qué no puedo seguir adelante?".

- **Estoicismo sobre vulnerabilidad.** Aunque no es objetiva, la historia dominante que se cuenta en la mayoría de las escuelas sobre cómo Estados Unidos se convirtió en una gran nación tiene sus raíces en personas que "salieron adelante por sí mismas". Convertimos en héroes a personas que parecen imperturbables ante las lesiones u obstáculos, y aspiramos a que las críticas no nos afecten. Admitir incertidumbre y pedir ayuda se consideran signos de debilidad, juzgados con lástima en lugar de elogios. Incorporaste esta creencia en tu duelo si dices cosas como estas: "No puedo pedir ayuda porque *debería* saber cómo hacerlo por mi cuenta" o "No quiero que nadie sepa que estuve llorando otra vez".

- **IQ sobre EQ.** Admitimos estudiantes en la universidad según los resultados de los exámenes. Promocionamos a las personas en el trabajo en función de su capacidad para redactar un informe, dar un discurso o gestionar una hoja de cálculo. Equiparamos el valor con la capacidad de alguien para usar la inteligencia intelectual (IQ) para navegar por el mundo, mientras que etiquetamos la inteligencia emocional (EQ) como una habilidad blanda, una cualidad agradable. Es probable que estés priorizando la inteligencia intelectual sobre la emocional cuando luchas con el cerebro en duelo y te descubres diciendo cosas como las siguientes: "Soy tan estúpido. ¿Por qué no puedo resolver esto? *Debería* poder resolver esto".

Familia de origen
"¿Cuál es el primer recuerdo de pérdida que tienes en tu infancia?".

"¿Cómo modelaron el duelo los adultos en tu vida, ya sea de manera explícita o implícita?".

"¿Qué crees que te enseñaron sobre cómo debería ser o no el duelo?".

Hago estas preguntas a mis invitados al inicio de cada *podcast* y a mis pacientes individuales y asistentes al taller durante la primera sesión. Incluso les pido a los estudiantes universitarios de mi curso de Pérdida y Duelo que consideren cómo responderían.

Las familias son nuestras maestras más informativas e influyentes sobre todos los valores que tenemos, incluido lo que es y no es el duelo. Aprendemos creencias sobre él a partir de los mensajes explícitos que recibimos de nuestra familia: "Es un desastre. No puedo creer que haya llorado en público". Los mensajes implícitos que recibimos, como cambiar de tema cada vez que se menciona la pérdida, nos enseñan mucho sobre lo que es y no es aceptable. Sabemos que heredamos estas creencias cuando nos descubrimos diciendo cosas como estas: "Bueno, solo no hacíamos eso en mi familia" o "No está bien porque mis padres solían castigarme cuando lloraba".

Comunidades espirituales o religiosas
Seamos ateos, agnósticos, tengamos una práctica espiritual o formemos parte de una comunidad religiosa formal, estamos expuestos a creencias sobre la vida, la muerte, nuestro propósito y el significado que debemos darle a experiencias como la pérdida. Al igual que en las familias, los valores que rodean las expresiones apropiadas de duelo a veces se declaran de manera explícita. En otras ocasiones, están implícitos. Estos valores con frecuencia vienen acompañados de expectativas y ninguna guía sobre cómo seguirlos. Por ejemplo: "*No deberías* preguntarte por qué sucedió, era la voluntad de Dios".

AMPLIAR NUESTRAS NARRATIVAS
Tal vez estés empezando a ver cuan claro los valores y las creencias que aprendimos respaldan la continuación de esta historia incompleta de duelo. Pero en lugar de cuestionar nuestros valores, cultura y sistemas colectivos, nos cuestionamos a nosotros. A mí eso me parecía agotamiento, autocrítica y odio por no estar en la cima de mi juego cuando me exigieron que regresara a trabajar apenas dos semanas después de la muerte de mi esposo.

La presión irracional que ejercemos sobre nosotros después de una pérdida tiene un costo muy alto para nuestra salud y bienestar mental, físico y colectivo. No solo sufrimos de manera innecesaria, también infligimos ese sufrimiento a quienes nos rodean a nivel individual e institucional mediante las políticas y sistemas equivocados que construimos y defendemos.

Confiando en la sabiduría de mi maestra de quinto grado, la señora Davis, amplié nuestras historias de duelo dividiéndolas en los componentes más importantes: quién, qué, dónde, cuándo y por qué, o lo que yo llamo las "cinco preguntas del duelo".

¿Quién?
La primera pregunta es "quién": ¿Quién experimenta el duelo? Todos y cada uno. Ser humano es contar la historia de nuestras vidas, que involucra personas, lugares, habilidades, esperanzas y sueños. Estar vivo significa que algunas de esas cosas terminarán y otras nunca comenzarán.

En cuanto a quién le vivimos un duelo, la verdad es que puede ser cualquier persona o cualquier cosa. Por supuesto, lamentamos la muerte de las personas que amamos. Pero también podemos vivir un duelo por la muerte de gente de la que estábamos distanciados; por personas o relaciones que ya no están en nuestra vida cotidiana; por las versiones de nosotros que éramos antes de la pérdida, incluso la versión de nosotros en la que no pudimos convertirnos. Lo más importante que debes recordar es que puedes vivir el duelo de cualquier persona en cualquier fase de la vida o de la muerte, incluidas versiones de ti.

¿Qué?
La segunda pregunta es "qué": ¿Qué lamentamos o a qué le vivimos un duelo? Lamentamos lo conocido, lo cierto, la conexión y el significado que le dimos a nuestras historias. El duelo insiste en que aceptemos lo que ya no es, lo que nunca fue o lo que nunca será.

El duelo adopta diversas formas, desde el duelo anticipado que experimentamos tras el diagnóstico terminal de un ser querido hasta las pérdidas ambiguas que experimentamos cuando alguien está presente de manera física, pero distante de manera psicológica, como en el caso de quienes padecen enfermedad de Alzheimer o adicciones. Luego tenemos a la persona que está distante de manera física, pero presente en nuestros corazones y mentes, como cuando alguien desapareció, está encarcelado o fue reubicado en el ejército. A decir verdad, la lista completa de tipos de duelo llena el alfabeto, incluido el duelo complejo, compuesto, privado de derechos y traumático. A lo largo de este libro abordaremos varios tipos. Sin importar la causa del duelo, recuerda que es una respuesta normal a la pérdida.

¿Dónde?
La tercera pregunta es "dónde". Dónde tiene dos partes: ¿De dónde viene el dolor (la fuente)? y ¿a dónde va el dolor (el efecto)? Aunque la pérdida por muerte es la fuente más obvia, el duelo puede provenir de muchos tipos de pérdidas. Por ejemplo, desde las fases de maduración de la vida, dejar el hogar por primera vez o jubilarse, hasta accidentes y trastornos inesperados, lesiones catastróficas, enfermedades crónicas u otro evento que limite la vida.

Otras fuentes de duelo que a menudo se pasan por alto incluyen cosas que teníamos una razón para esperar que sucedieran pero que nunca ocurrieron, como la falta de una relación enriquecedora con uno de los padres; negligencia, abuso o trauma; esterilidad y sentirse seguro en el mundo.

Además, debemos entender el impacto del duelo, es decir, hacia dónde va. Todos sabemos que el duelo afecta nuestro bienestar emocional, incluso si tratamos de limitarlo a una pequeña variedad de sentimientos. Pero el duelo va mucho más allá de las emociones. Afecta a todo nuestro ser, incluido el bienestar físico, cognitivo, espiritual y relacional. Recuerda, sin importar de dónde venga tu dolor, afectará todos los aspectos de tu vida.

¿Cuándo?
La cuarta pregunta es "cuándo", como en ¿Cuándo vivir el duelo? La pregunta que más me hacen es esta: "¿Cuándo terminará el duelo?". Dado que experimentamos pérdidas de múltiples maneras y varias veces, vivimos el duelo a lo largo de nuestra existencia.

A medida que nuestras historias cambian de manera inevitable, experimentamos diferentes duelos. También podemos vivir el duelo de viejas pérdidas como si fueran nuevas. A veces empezamos a sentir el duelo de una pérdida tras meses o años porque no estábamos preparados para afrontarla antes, no teníamos el apoyo o quizá no lo habíamos reconocido como duelo hasta ahora.

> Y ¿cuándo termina el duelo? De manera contraria a los mitos de nuestra limitada historia de duelo, este no termina per se, solo se transforma. Nosotros somos transformados por él. Como exploraremos a lo largo de este libro, lo más importante que debemos recordar es que el duelo se convierte en parte de tu historia, pero no es toda tu historia, aunque sé que parece así al principio.

¿Por qué?

La pregunta final es "por qué": ¿Por qué experimentamos el duelo? Aunque exploraremos algunas de las razones científicas más adelante, en el centro de la respuesta está el hecho de que los humanos somos narradores de historias. Eso está arraigado de manera profunda en nuestra neurobiología. Necesitamos una historia para sentirnos seguros y conectados, para darle sentido a la vida y para prosperar.

Nuestras vidas se construyen a partir de las historias que contamos acerca de las experiencias. Una muerte, la pérdida devastadora de una relación, una capacidad, una patria, un sueño o un acontecimiento traumático, es similar a que nos destruyan el manuscrito de nuestra vida y nos lo devuelvan sin instrucciones sobre cómo reescribirlo o cómo vivir. El duelo es el viaje que emprendemos mientras reescribimos y vivimos nuestra historia emergente.

Entonces, ¿por qué vivimos un duelo? Porque se destruyó una parte fundamental de nuestro manuscrito.

TOQUEMOS BASE

Eso fue mucho. El duelo es mucho. ¿Cómo estás?

Me imagino que estos días estás asustado, ansioso, profundamente triste, a veces enojado y, de alguna manera, adormecido, todo al mismo tiempo. Cualquier cosa que sientas está bien. Esto es cierto, incluso si experimentas emociones que nunca habías sentido o si solo las sientes con mayor intensidad. Incluso si es un sentimiento que crees que *no deberías* sentir.

En algún momento, en otros capítulos, te recordaré que las emociones son información, no hechos. Te aseguro que ningún sentimiento dura para siempre. Ni siquiera los que deseamos que permanezcan, como la alegría y el deleite. Maldita sea. Los que desearíamos que desaparecieran son tramposos, manipuladores y amenazan con desempacar sus maletas y mudarse para siempre. Están mintiendo. Solo son visitantes.

Amigo mío, tu corazón es precioso. Te aseguro que tienes lo que necesitas y no hay que apresurarse en este viaje. Mereces paciencia, gracia y gentileza por parte de ti y de los demás mientras sanas y descubres una nueva forma de vivir tu historia emergente. Estoy muy feliz de ser una compañera en el camino y espero que mi experiencia y sabiduría te brinden esperanza y guía. Pero recuerda, no compares tu viaje de duelo con el de nadie más. El tuyo es único y hermoso, como tú.

QUÉ ESPERAR

Cuando termines este libro, espero que te sientas visto y apoyado en tu duelo. Deseo que te sientas acompañado y seguro de que, aunque a veces es un camino aterrador, tienes la sabiduría necesaria para navegar por este viaje. Para apoyarte, creé un libro que incluye:

- **una exploración honesta** de las realidades del duelo que, con suerte, te ofrecerá algo de alivio, te ayudará a sentirte "normal" y te hará decir cosas como las siguientes: "Dios mío, sí, eso también me pasa a mí".
- **romper los mitos del duelo** que se interponen en tu viaje y ofrecer estrategias para deshacerte de los peligros de tropiezo que contaminan tu camino.
- **historias vulnerables, errores (alias oportunidades de aprendizaje) y lecciones que aprendí** para que tal vez no tengas que descubrirlos tú mismo.
- **una recopilación** de la sabiduría y los conocimientos de aquellos que me guiaron a lo largo del camino.
- **una pizca de humor en todo momento** porque a veces necesitamos un respiro de la pesadez del duelo.
- **un uso juicioso de malas palabras** porque, aunque no tengo los datos cuantitativos para demostrarlo —todavía—, a veces las groserías son terapéuticas.
- **algún lenguaje de estilo improvisado** que significa que, en lugar de "pero", encontrarás muchas oraciones con "sí, y".
- **metáforas, poemas, analogías, acrónimos y otros recursos literarios** porque la mejor manera de explorar ideas complejas y alcanzar la profundidad de un alma no es a través del lenguaje sencillo.
- **sugerencias y recordatorios amables** en lugar de órdenes o listas de tareas pendientes, porque, recuerda, no existe una forma correcta o incorrecta de vivir el duelo.
- **invitaciones a practicar y reflexionar,** momentos útiles para hacer una pausa, digerir y descansar.

CÓMO LEER ESTE LIBRO

Cada uno se encuentra en un lugar diferente en su duelo único. Entonces, en caso de que te preguntes: "¿Existe una forma correcta de leer este libro?". La respuesta es un "No" absoluto. Siéntete libre de releer un capítulo de manera repetida. Como dice la sabia y maravillosa actriz y personalidad de las redes sociales Tabitha Brown: "Porque eso es asunto tuyo".

Elige los temas que te llamen la atención en este momento. Escucha lo que necesitas, no lo que crees que *deberías* necesitar. Hojea este libro hasta que encuentres lo que resuena para ti. También puedes controlar tu ritmo. Lee a un ritmo lento, tal vez un capítulo por semana, porque en estos días, la confusión mental inducida por el duelo se apoderó de ti y no puedes absorber demasiado. Te digo: "Estuve ahí, lo viví, no hay prisa. Estaré aquí".

Si leer al ritmo de una tortuga o el enfoque de saltar/brincarte te resulta estresante, léelo de principio a fin. Te digo: "Haz lo que te haga feliz". Empieza por el principio y sigue adelante. Incluso tal vez quieras leer este libro dos veces y volver a leerlo un año después, a medida que tu duelo cambie con el tiempo, y así será, te lo prometo.

Toma un marcatextos, pluma o lápiz y márcalo. Resalta párrafo tras párrafo o escribe notas en los márgenes. Dejé mucho espacio en blanco por ese motivo. Por lo general así es como leo libros como este. La ventaja es que nadie querrá tomar prestada tu copia rayoneada.

Te invito a leer este libro de la manera que te haga sentir mejor. Porque ¿cuál es la receta no tan secreta para el duelo? Encontrar tu camino y descubrir las cosas, personas, prácticas, ideas y recursos que te hagan sentir mejor o, mínimo al principio, lo que ayuda a que las cosas sean un poco menos horribles.

ESPERA, ANTES DE IRTE, LLEGA AQUÍ

Antes de sumergirte en el libro, te invito a llegar aquí.

Tal vez estés diciendo: "Mmm, qué diablos, Lisa, ¡ya estoy aquí!". Lo sé, pero escúchame.

En nuestra ajetreada vida moderna, pasamos de una tarea a otra, de una videoconferencia a la siguiente, o nos movemos de forma física de un lugar a otro. De manera constante. Con frecuencia llegamos solo con el cuerpo. Dejamos la conciencia atrapada en algún lugar del pasado o le permitimos viajar en el tiempo hacia un futuro imaginado, por lo general aterrador. Eso significa que estamos entre dos lugares, lo cual, por cierto, es imposible. Al igual que yo, es probable que te hayas jactado de ser muy buena con el *multitask*. No lo eres. Yo tampoco. Eso es una estupidez.

Por ahora, te invito a descansar la vista y a respirar profundo: inhala por la nariz, permitiendo que el aliento expanda tu pecho y penetre profundo en tu abdomen; luego exhala de manera lenta y profunda por la boca, dejando que todo se vaya; notando la sensación de expansión con cada inhalación y la forma en que tu pecho se suaviza al exhalar. A continuación, date un tiempo para sentir curiosidad. Pon atención a cómo se siente tener tu cuerpo apoyado. Nota la sensación de ese lugar donde se apoya tu cuerpo, ya sea en contacto con un sofá, un asiento o el suelo debajo de ti. De nuevo, solo ten curiosidad. No hay nada correcto qué descubrir. Respira profundo durante unas cuantas rondas o unos minutos, lo que te sirva. Te esperaré cuando hayas terminado.

Ok, adelante.

el tiempo en el duelo

*descubre cómo y por qué el tiempo
se siente tan diferente*

el mundo sigue girando

CUANDO EL MUNDO DEJÓ DE TENER SENTIDO
El duelo es difícil. No es tu culpa. No estás loco. Por un tiempo, el mundo no tendrá sentido.

Es posible que tu pérdida haya ocurrido de manera inesperada. O tal vez fue algo de lo que no te pudiste haber dado cuenta pronto, un declive o una resignación. Ya sea que la pérdida haya sido rápida o lenta, instantánea o a lo largo de meses y años, todos llegamos a una versión de ese horrendo momento en el que el mundo dejó de tener sentido.

Para mí… fue un solo momento.

Estaba acostada en la cama del hospital con Eric, memorizando cada peca, cada cabello, cada arruga y la sensación de su mano casi sin vida en la mía. Le contaba las historias de nuestra vida juntos. Hacía todo lo posible para estar completamente presente en ese momento. Pero también tenía la sensación de flotar sobre nosotros, mirándome hacer todas esas cosas. Estuve ahí, pero no. Creo que mi mente-cuerpo me estaba protegiendo de asimilar por completo lo que estaba pasando: que mi joven y amoroso esposo, que antes estaba sano, poco a poco moría en mis brazos.

Y cuando exhaló su último aliento, no entendí cómo yo seguía respirando. Cómo seguían funcionando las luces del hospital. Por qué las enfermeras podían hablar en los pasillos sobre esto o aquello. No podía creer que todavía pudiera hablar o saber usar el teléfono, lo cual hice para llamar a mi amiga y que me llevara a casa.

No entendía cómo funcionaban los ascensores. O cómo mi amiga podía conducir su auto. En verdad recuerdo preguntarme cómo y por qué la llave aún abría la puerta principal, a pesar de que Eric nunca volvería a cruzar esa puerta.

¿Quizá sentiste la misma confusión? ¿También te quedaste desconcertado y te preguntaste cómo diablos seguía girando el mundo?

UN ATERRIZAJE MÁS SUAVE

Esa incredulidad, confusión y adormecimiento, aunque desorientadores, me protegieron en los primeros días del duelo. También te protegieron o, tal vez, todavía lo hacen. Quizá al principio sentiste o —todavía— sientes miedo, como si no pudieras pensar con claridad. Tienes algunos efectos secundarios físicos, como dolores de cabeza. Estás exhausto de manera extraña. Estás "por todas partes" y, tal vez, incluso te sientas y actúes como otra persona. Eso es un *shock* emocional. Esa sensación de piloto automático es la forma que tiene el cuerpo de evitar que debas procesar la pérdida y experimentar todo el dolor al mismo tiempo. (Revisa "este es tu cerebro en duelo").

Sé lo extraño, desagradable, incluso aterrador que se siente cuando el mundo va en cámara lenta y no tiene sentido. No durará para siempre, lo prometo. Entonces, en lugar de gastar energía en juzgarte o preocuparte de que esta fase sea permanente, tal vez date un momento para honrar el regalo que te brinda esta respuesta: un aterrizaje más suave. Tómalo con calma, mantente tranquilo, sé amable y date el espacio y tiempo que necesitas para asimilar lo que sucedió.

VIVIR EN UN UNIVERSO PARALELO

Cuando llegué al "después", el tiempo después de la pérdida, algunos de los pensamientos diarios que tenía eran estos:

- ¿Cómo diablos podía quejarse esa mujer de que su esposo no se acordaba de sacar la basura?
- ¿Por qué diablos esa mamá se queja de todas las actividades a las que debe llevar a sus hijos?
- ¿A quién diablos le importa que el supermercado no tenga en existencia tus artículos favoritos o que la lesión de un jugador estrella esté "arruinando las posibilidades del equipo" en el gran partido de este fin de semana?

¿Alguna vez te sentiste como si fueras un extraterrestre lanzado a la Tierra que está tratando de descubrir cómo funciona este planeta? ¿Como cuando Mork, el personaje ficticio de Robin Williams de la comedia de la década de los setenta, *Mork & Mindy*, llegó a este planeta? ¿No? ¿Qué tal una referencia más contemporánea, como Harry Potter cuando llegó por primera vez al Colegio Hogwarts de Magia y Hechicería? (Está bien, no tan contemporánea, pero al menos en las últimas dos décadas).

Al principio del duelo sientes como si vivieras en otro planeta o, al menos, habitaras en un universo paralelo. Además de la confusión mental y la conmoción, en estos primeros días parece como si el idioma, los valores, las costumbres y el ritmo cotidiano del mundo fueran irreconocibles. ¿Alguna vez sentiste como si estuvieras mirando a través de un escudo invisible que te permite ver todo lo que sucede, pero no puedes entender nada?

Esta etapa es indescriptible para cualquiera que no haya estado en ella. Pero supongo que es probable que sepas de lo que estoy hablando. Bienvenido al otro mundo. Tomará algún tiempo aclimatarse. Ten paciencia contigo. Al igual que Harry Potter, te derribarán de la escoba más de una vez. Pero estarás bien. Te quitarás el polvo y volverás a subir.

> *Es tan discordante que te hagan una pregunta que te obligue a reconocer que tu respuesta cambió para siempre.*

NO ME HABLES (PERO TAMBIÉN PONME ATENCIÓN)

A veces desearía tener un gafete, o mejor aún, una camiseta, que dijera: "Vete a la mierda, no me hables, pero también hazme caso, pero tampoco me mires con esos ojos de lástima". ¿Y tú?

Por suerte, o por desgracia, no llevamos nuestra pérdida en la manga, como era común hace años cuando las personas en luto llevaban un brazalete negro. (¿Tal vez deberíamos recuperar eso?). Esto es cierto sin importar si experimentamos una pérdida por muerte o estamos viviendo un duelo por otra cosa. Eso significa que, a menudo, nos bombardean con preguntas inocentes, tanto de personas que conocemos como de extraños. Es tan discordante que te hagan una pregunta que te obligue a reconocer que tu respuesta cambió para siempre.

Además, como mi cerebro en duelo estaba a cargo, pensaba que los demás ya deberían saber la respuesta. Para ser honesta, a veces me sentía desconcertada, preguntándome por qué la gente me hacía preguntas cuando sabían que las respuestas me romperían el corazón de nuevo.

EL CANAL RADICULAR NO FUE LA PARTE MÁS DIFÍCIL

La primera vez que me hicieron la temida pregunta me persigue hasta el día de hoy. Tres días después de la muerte de Eric, estaba en el consultorio de un dentista porque necesitaba una endodoncia de emergencia. ¿En serio, universo?

Vi a un dentista nuevo, por supuesto, el mío no estaba, así que tuve que completar un formulario de paciente nuevo. En primer lugar, la cuestión del estado civil. Uf. Por primera vez, de lo que ahora siento como mil veces desde entonces, tuve que marcar la casilla de "viuda". Me senté en la sala de espera, sollozando de manera incontrolable. Extraños mirándome con una mezcla de irritación, confusión y lástima. Me recompuse y me senté en el sillón del dentista, con un dolor físico insoportable y ahora con los ojos hinchados. En tono alegre, el dentista me preguntó: "¿Cómo va tu semana? Blablablá".

Entonces, si rompiste a llorar, te enfureciste o te callaste ante una pregunta inocente o el comentario al parecer insensible proveniente de ese universo paralelo, recuerda, no estás solo. Nos pasa a todos. Después, podrías pensar algo como lo siguiente: "Eso no es propio de mí". Es probable que no lo sea. Pero ahora no eres como tú y eso está bien. Ten un poco de compasión por ti. Si tienes compasión extra, ten un poco por la persona que hizo la pregunta. Pero si no, también está bien.

❦ UNA INVITACIÓN PARA TI ❦
*inclínate con humildad ante
la naturaleza giratoria del duelo*

Uno de los desafíos que enfrentamos en esos momentos cuando nos preguntamos cómo el mundo sigue girando, o cuando sentimos como si estuviéramos al otro lado de un escudo invisible entre mundos, es que con frecuencia insistimos en mantenernos erguidos y prepararnos contra el poder de su fuerza giratoria.

Parte de eso es instintivo y parte es subproducto de una cultura tan obsesionada con la productividad, la determinación y la toma de control que, incluso en lo más profundo de un dolor profundo, no hay permiso para la suavidad, la humildad o el descanso. La autora Elizabeth Gilbert, una de mis muchas guías sobre el duelo, ofrece sabiduría al respecto. Nos recuerda que sufrimos de manera innecesaria cuando nos aferramos y nos preparamos para el impacto. Nos invita a inclinarnos con humildad y dejar que el duelo nos haga girar hasta que se calme, como siempre ocurre.

[El duelo] tiene su propio marco de tiempo, su itinerario contigo, su poder sobre ti y vendrá cuando tenga que llegar. Y cuando llega, te dobla. Es una excepción. Y llega cuando quiere y te excluye, llega en medio de la noche, en medio del día, en medio de una reunión, en medio de una comida. Llega, es una llegada muy contundente y no se puede resistir sin que sufras más... La postura que adoptas es la de doblar las rodillas con absoluta humildad y dejar que te balancee hasta que termine contigo. Y con el tiempo terminará contigo. Y cuando termine, se irá. Pero si te resistes, te endureces y luchas, te lastimarás.

—Elizabeth Gilbert

Sabiendo que estos momentos vendrán y se irán, y vendrán y se irán, te invito a ofrecerte una de estas afirmaciones cuando lleguen. También te animo a crear una afirmación propia.

> ***afirmaciones***
>
> *Me doy permiso para inclinarme con humildad ante la fuerza de esta ola de duelo.*
>
> *Dejaré que mis lágrimas fluyan como una forma de orientarme en un mundo que gira.*
>
> *Me ofrezco gracia y compasión por la confusión que siento en este nuevo mundo.*

empieza cerca

¿CÓMO EMPIEZO?

"No puedo hacer esto".
"No quiero hacerlo".
"No sé cómo hacer esto".
"Ni siquiera sé por dónde empezar".

Justo después de la muerte de mi esposo, y en más momentos de los que puedo contar desde ese primer día, grité estas palabras al cielo. Se las dije a una de mis amistades mientras sollozaba de manera incontrolable, y me las dije a mí, en silencio, en la cama mientras las lágrimas corrían por mi rostro. Y para ser honesta, las palabras estaban acompañadas de muchas groserías.

Me pregunto si dijiste o sentiste algo similar.

YA EMPEZASTE

Sé lo desalentador, abrumador, aterrador, incluso imposible que es este punto de partida. Para ser claros, apesta.

Pero aquí estás. Ya comenzaste, aunque en primer lugar no querías y es probable que hubieras hecho cualquier cosa para no estar en este punto inicial.

Estás leyendo este libro y eso significa que ya diste algunos pasos hacia este nuevo capítulo, hacia esta vida en el "después". Después de la pérdida. Ya sea que hayan pasado semanas, meses, o incluso más tiempo, espero que de alguna manera la noticia de que ya empezaste se sienta como un poco de alivio. Ahora puedes decirte que ya tienes experiencia en cómo empezar. Y eso es algo.

Aunque eres la única persona que puede caminar en tus zapatos, yo también estuve al inicio del camino. Ya unas cuantas veces. También caminé junto a innumerables personas cuando comenzaron. Estoy aquí para caminar junto a ti en tu comienzo y ofrecerte orientación a lo largo del trayecto.

EN LA OSCURIDAD

Empezamos en la oscuridad. Por eso la primera temporada del duelo parece tan desalentadora. Estamos dando tumbos en la oscuridad, con las manos buscando cualquier cosa que nos guíe, los pies dando pasos tentativos para evitar cualquier obstáculo que nos ponga de rodillas. Ahí es donde todos empezamos. Parece imposible, pero desde ese lugar oscuro nos apoyamos en la esperanza.

EMPEZAR CERCA

Comenzar solo se refiere a la primera parte. El primer paso, la primera acción, la primera intención. No el paso perfecto, ni el correcto, ni el que alguien más tomó, solo el primero. Así que cada vez que empieces a sentirte abrumado sobre qué hacer a continuación o cómo *deberías* sentirte en un momento dado en tu duelo, recuerda que no es necesario que lo tengas todo resuelto.

En cambio, te invito a empezar cerca. Como nos recuerda el poeta y guía de duelo David Whyte: "Empieza cerca, no des el segundo paso ni el tercero, comienza con lo primero que esté cerca, el paso que no quieres dar".

Descubrí que empezar cerca es útil porque:

Ilumina lo que ya sabes. Has vivido en esta tierra desde hace algún tiempo, significa que ya aprendiste algunas cosas sobre los inicios. Probaste, practicaste, tropezaste, adaptaste y descubriste algunas cosas que te ayudan cuando estás comenzando a hacer algo nuevo. Empezar cerca te ayuda a recordar que tienes experiencia y conocimientos que pueden servirte. Te pone en contacto con la sabiduría y las habilidades que ya desarrollaste. Te ayuda a iluminar lo que ya sabes.

Cambia tu mirada. Este nuevo terreno del principio del duelo puede tentarte a concentrar toda tu energía en algún lugar lejano del camino. A eso lo llamo "tiempo-horizonte", un segmento de tiempo tan lejano que no puedes estar presente, mañana, la semana que viene, el año que viene, tu vejez. Nuestra necesidad humana de tener una historia por completo desarrollada significa que muchas veces intentamos descubrir cómo resultará todo. La verdad es que no podemos saberlo. Por cierto, eso es cierto en la vida, no solo en el duelo.

En cambio, la invitación a empezar cerca es un recordatorio para que veas el suelo bajo tus pies, ahora. Esa mirada es crucial para identificar el siguiente mejor paso.

> *Algunos días te sientes tan abrumado por la ausencia de tu ser querido que te resulta difícil concentrarte en cualquier otra cosa. En esos días, recuerda que tu única tarea en ese momento es respirar. Y a veces eso es todo lo que harás. Y eso será suficiente.*

Identifica el siguiente mejor paso (no el perfecto ni el correcto). Vivimos en una cultura obsesionada con los expertos, lo que nos hace creer que existe una manera perfecta o correcta de hacer casi todo, incluido cómo vivir el duelo. Piénsalo. Hay una lista de los diez mejores para esto y cinco formas de hacer X para aquello. Hay un blog/TikTok/artículo sobre cómo ser o hacer todo de la mejor manera. Esta cultura experta se extiende a cómo esperamos que nosotros y los demás sepamos cómo vivir el duelo bien, presionándonos para que creamos que existe la mejor manera posible.

Empezar cerca te ayuda a recordar lo que ya sabes, volver la mirada al momento presente y preguntarte: "¿Qué es lo mejor que puedo hacer por mí?". No lo perfecto. No lo correcto. Noticia de última hora: ninguna de estas cosas existe. Solo la mejor opción. A riesgo de repetirme, la respuesta a esa pregunta puede incluir pasos que parecen inacción pero que pueden ser igual de beneficiosos. Podrían incluir:

1. Dormir.
2. Sentarte quieto.
3. Llorar.
4. Gritar.
5. Cancelar planes.
6. Ver un álbum de fotos u otros artículos preciados.
7. Respirar.

CONOCIMIENTO ANTIGUO EN UN MUNDO NUEVO

Es fácil conectarse con tu sabiduría interior, la sabia voz en tu mente, parecida a Yoda, cuando el mundo que te rodea te resulta familiar. Es fácil hacerlo cuando recorriste esos caminos, estuviste en esos lugares y enfrentaste obstáculos similares. ¿Por qué? Porque practicaste. Desarrollaste una especie de memoria muscular, sabiendo de manera intuitiva cuándo y cómo implementar las habilidades, recursos y respuestas necesarias en circunstancias similares.

En el duelo, caminas por senderos que nunca habías recorrido, entras en espacios donde nunca estuviste y enfrentas obstáculos que nunca hubieras imaginado ni deseado. Esto es cierto incluso si ya viviste un duelo antes. Porque nunca habías sido esta versión de ti mientras lamentabas esta pérdida.

Pero es posible que esperes saber cómo hacerlo. Quizá te sientas frustrado contigo cuando el trabajo de respiración, la meditación, el ejercicio, el diario que debes llevar, el movimiento corporal, la terapia, el sueño, la medicación o cualquier cosa que te resulte útil parezca no funcionar. O tal vez ni siquiera tengas la energía o el interés en probar esas cosas en este momento. Lo entiendo.

La verdad es que es posible que las herramientas y acciones que te calmaron en el pasado ya no funcionen. O quizá no funcionen en este momento. O podrían requerir práctica en este nuevo entorno. Tal vez necesitan algunos ajustes.

LAS LECCIONES DEL ANTIGUO CONOCIMIENTO

En lugar de juzgarte por no intentar usar viejas habilidades o por intentarlo y sentir que no funcionan, te ofrezco una forma diferente de pensar en estos primeros pasos.

Hubo cientos, si no miles, de cosas que comenzaste a lo largo de tu vida: materias en la escuela, deportes, relaciones, idiomas extranjeros, trabajos, tecnología. Al inicio de cada emprendimiento, ni siquiera podías concebir todo lo que no sabías. No imaginabas que algún día lo que alguna vez fue desconocido te resultaría tan familiar, tan fácil y apenas requeriría tu concentración y atención.

Al principio, es probable que no tuvieras idea de por dónde empezar. Así que lo intentaste, tropezaste, ajustaste, modificaste, practicaste, practicaste, practicaste, ajustaste y practicaste un poco más. Es posible que cada acción no haya parecido o se haya sentido gran cosa. A veces dejó tu ego magullado y desinflado. Pero no todo fue en vano. Algunos intentos te enseñaron cómo no hacer las cosas. "Ups, eso no funcionó". Otras acciones parecían correctas de manera vaga, pero no fáciles al primer intento, ni al segundo ni al quinto. De todos modos, cada paso te ofreció información.

Con el tiempo, las cosas que parecían desconocidas e imposibles se volvieron familiares, reflexivas y se arraigaron en la memoria muscular. Trabajaste duro cada vez para aprender y desarrollar nuevo vocabulario, nuevas habilidades, nuevas formas de estar en el mundo. Te ofrezco eso como recordatorio de que, si lo hiciste antes, puedes hacerlo de nuevo.

APRENDER CON PACIENCIA Y COMPASIÓN

¿Viste a un niño dar sus primeros pasos? ¿Andar en bicicleta o intentar nadar por primera vez, o segunda (incluso décima vez)? ¿Qué pensaste cuando el niño tropezó, cayó o se negó a intentarlo? ¿Respondiste con juicio y decepción? Es probable que no. En cambio, es probable que fueras paciente, comprensivo, compasivo, incluso orgulloso de la voluntad del niño de intentarlo.

Imaginemos por un momento que criticas al niño por no hacer algo bien o por ser imperfecto. ¿Estaría el niño motivado y confiado para seguir intentándolo o se daría por vencido? Sé que sabes la respuesta.

Entonces, mientras das los pasos hacia esta nueva vida, te invito a ser amable contigo. Recuerda que ya empezaste. Ya tienes a tu disposición algunos conocimientos antiguos. Ya sabes lo que se siente al iniciar de nuevo y que se necesita práctica, práctica y práctica. Experimentaste que la práctica genera el progreso, no la perfección, porque la perfección es una ilusión.

Ofrécete paciencia, abundante autocompasión y un dulce estímulo para cada paso que des, sin importar cuán grande o pequeño sea, y recuerda que a veces tropezarás y eso está bien.

> *Ofrécete paciencia, abundante autocompasión y un dulce estímulo para cada paso que des, sin importar cuán grande o pequeño sea, y recuerda que a veces tropezarás y eso está bien.*

ꕤ UNA INVITACIÓN PARA TI ꕤ
practica el empezar cerca

Es fácil perderse en el tiempo-horizonte cuando intentamos con desesperación descubrir un lugar o un momento en el que no nos sintamos tan mal. En este primer momento de desesperación y confusión, muchos nos sentimos abrumados al decidir qué hacer a continuación. Recuerda, ya empezaste este viaje y, a lo largo de tu vida, adquiriste las habilidades necesarias para comenzar y aprender. Aun así, es posible que te sientas atascado o perdido porque, como muchos, esperas demasiado de ti ahora y miras demasiado hacia el futuro. Por eso te ofrezco algunas formas de practicar el empezar cerca:

> **La próxima vez que te sientas abrumado sin saber por dónde empezar o qué sigue a continuación, pregúntate:**
>
> *¿Me estoy centrando en el tiempo-horizonte o en el presente?*
>
> **Si la respuesta es el tiempo-horizonte, pregúntate:**
>
> *¿Qué es lo mejor que puedo hacer por mí en este momento?*
>
> **Es posible que la respuesta no llegue de inmediato. Solo quédate quieto y escucha.**

La próxima vez que escuches a tu crítico interior decirte que "no lo estás haciendo bien", intenta recordarte lo siguiente:

Este duelo todavía es nuevo y desconocido. Me ofreceré mucha paciencia, abundante autocompasión y dulce estímulo mientras hago lo mejor que puedo para avanzar durante el día.

Incluso podrías convertir eso en un mantra diario por un tiempo, tal vez repitiéndolo en voz alta mientras tomas el café o el té por la mañana.

La próxima vez que realices una acción (que puede parecer inacción, como tomar una siesta) que te haga sentir mejor o, mínimo, que tu dolor sea menos horrible, te sugiero que saques tu diario. Luego, explora las respuestas a estas preguntas y escríbelas.

¿Qué acción/inacción realicé?

¿Cómo me hizo sentir la acción/inacción?

¿Cómo se sintió mi cuerpo con la acción/inacción?

¿Qué circunstancias ayudaron a que la acción/inacción fuera fácil (o más fácil) de realizar?

¿Cómo puedo recrear estas circunstancias con más regularidad?

el desordenado punto medio

DESPUÉS DEL COMIENZO
Hace poco me topé con la frase "el desordenado punto medio". Eso sí, la encontré en el contexto del mundo empresarial y, no es de extrañar, se utilizó para animar a las personas a ser creativas y poder completar un proyecto, lograr un resultado, lanzar un producto y, en general, ser más productivas. Aun así, creo que hay algunas nociones y lecciones que podrían ayudarte a encontrar más compasión y gracia en esta fase de tu duelo.

Experimentamos el desordenado punto medio cuando la agudeza del duelo comienza a suavizarse un poco, pero no está tan lejos en el espejo retrovisor. Es una época de extraordinaria volatilidad. Un período lleno de incertidumbre, luchas, altibajos. Sí, en este desordenado punto medio hay altibajos. Y eso también resulta complicado.

LAS RUTINAS Y EL ESFUERZO TE ESTÁN MEJORANDO
En el desordenado punto medio, nuestras rutinas diarias cambian desde los primeros días del duelo. Es probable que sean diferentes de manera significativa a las de antes de la pérdida. Pero se están volviendo más familiares. Superamos los primeros días, el período inicial de empezar, practicar, caer y volver a levantarse.

Con suerte, ya empezamos a cuidar más aspectos de todo nuestro ser, incluido el bienestar cognitivo, físico y emocional. Eso incluye descansar, comer alimentos nutritivos y mantenerse hidratado. Podría significar que participamos en grupos de apoyo o tal vez nos inscribimos en terapia.

Incluso podría ser un período en el que estemos logrando tener algunos días buenos o, al menos, no tan horribles. Tal vez no estamos emocionados ni entusiasmados con el futuro, pero estamos construyendo una historia más coherente sobre cómo es la vida ahora y estamos abiertos a las posibilidades de lo que está por venir. Estas nuevas rutinas y esfuerzos ayudan. A veces.

Y LUEGO VIENEN LAS BAJAS

Aunque es normal, incluso necesario, que este pasaje intermedio esté lleno de altibajos, nos cuesta aceptar ese hecho. Nos encontramos con días en los que apesta más que antes, o igual, o quién sabe ya, y recordamos que no llegamos al final. Todavía estamos en el desordenado punto medio.

El desafío para la mayoría es que aceptamos la idea de que siempre hay una solución fácil: A o B. Esta poción o esa rutina diaria. Debe haber una línea recta de aquí a allá donde podamos evitar toda la basura de en medio. Así que nos atascamos pensando que debería haber un camino claro y simple, un puente que nos lleve a través de ese mar Medio hacia el lugar de la tranquilidad. Muchos buscamos esa voz familiar para confirmar nuestra duda. A menudo, aquí nuestra autocrítica se vuelve muy ruidosa.

CUANDO NO ERES "BUENO EN ESTO"... TODAVÍA

Históricamente, bueno, y todavía de vez en cuando, como en momentos a lo largo del camino mientras escribo este libro para ti, me siento incómoda con no ser "buena" en algo. Trabajo de manera constante para callar a la crítica interior ruidosa y mandona que piensa que de forma mágica debería sobresalir en algo después de una cantidad muy corta de tiempo y esfuerzo. Mi nombre para esa voz es Lucille, como la ficticia Lucille Bluth de la serie de televisión *Arrested Development*. Si al cabo de un rato no me siento cómoda con algo, Lucille intenta decirme:

- "¿Para qué te esfuerzas? Nunca serás buena en eso".
- "Eres una perdedora y *deberías* estar avergonzada".
- "Otras personas lo descubren con facilidad. Hay algo mal contigo".
- "*Deberías* copiar lo que hacen otras personas".
- Repite lo anterior en un bucle sin fin.

¿Tu crítico interior también te dice cosas malas como esas? ¿Le pusiste nombre? Como mencioné en "*debería* es una mala palabra (y no del tipo de las groserías)", ayuda ponerle nombre. Nuestro crítico interior parece hacerse aún más fuerte a medida que avanzamos por este pasaje intermedio. Mi crítica interior ha aparecido en muchas fases de aprendizaje de mi vida, llegando a algún lugar justo después de la línea de salida, juzgándome de manera inmediata por tropezar y caer.

Lucille estuvo ahí cuando intenté tocar la guitarra —todavía no lo logro— y entrené para mi primer medio maratón —ya recorrí cinco, muy despacio—. Apareció alrededor de un mes en cada trabajo que tuve. Era muy habladora cuando solo llevaba dos episodios de producir el *podcast*. ¡Maldita sea! Lucille apareció cuando mi hija, de entonces once años, dominó la resolución del cubo de Rubik y estaba confundida sobre por qué yo no podía aprenderlo. "Son solo algoritmos, mamá". Nota rápida: el récord de mi hija para resolverlo es de 5.4 segundos. Sí, dije segundos. Yo todavía no puedo resolver ni siquiera un lado y estoy bien con eso.

> *Lo que aprendí, bueno, sigo aprendiendo, es que la incomodidad, la frustración, incluso la duda son respuestas normales a esta parte intermedia. Aunque a veces se siente incómodo y de mierda, el desordenado punto medio nos invita a estar abiertos a nuevas posibilidades, nuevas formas de hablarnos, nuevos enfoques para tratar de ser mediocres en las cosas. Es una puerta a la experimentación y a la curiosidad.*

Lo que aprendí, bueno, sigo aprendiendo, es que la incomodidad, la frustración, incluso la duda son respuestas normales a esta parte intermedia. Aunque a veces se siente incómodo y de mierda, el desordenado punto medio nos invita a estar abiertos a nuevas posibilidades, nuevas formas de hablarnos, nuevos enfoques para tratar de ser mediocres en las cosas. Es una puerta a la experimentación y a la curiosidad.

LOS SEGUNDOS Y TERCEROS

Una de las muchas cosas sorprendentes del duelo es que los primeros no siempre son los hitos más difíciles de cruzar. Parece muy cruel e injusto. Invertiste tiempo. Cruzaste los primeros cumpleaños, los días festivos, los aniversarios de la muerte. Además de la pérdida original, estos primeros son los segundos momentos más aterradores de todos. Entonces, ¿por qué los segundos o terceros pueden parecer tan duros o, a veces, más duros que los primeros?

La respuesta es confusa y variada, no es de extrañar. Por una parte, se debe a que el *shock* desapareció. ¿Recuerdas ese adormecimiento que sentiste cuando no podías entender cómo el mundo seguía girando? Cuando llegan los segundos y terceros sientes la presión de reanudar las actividades diarias, en gran parte debido a la presión cultural de ser "normal".

Por otra parte, resulta más difícil porque la atención, el apoyo y la compasión iniciales que sentiste después de la pérdida disminuyeron, incluso desaparecieron. También se debe, en parte, porque la enorme distancia de ese momento, incluso el dolor agudo que sentiste, tal vez te hagan sentir más lejos, y eso también es aterrador y difícil.

TÚ ERES DESORDENADO Y YO TAMBIÉN

Aquí entre nos, todos somos un poco desordenados. Todo el tiempo. Eso no es una señal de nuestra debilidad o quebranto. Es un reflejo de que la vida es desordenada. En algunas temporadas de la vida somos niños pequeños y desordenados, cubiertos de marcador permanente y pegamento con brillantina, usando un pañal cargado. A veces, solo somos un poco caóticos, tipo "café derramado en camisa blanca". La realidad es que nuestro "control" es más o menos una ilusión. Es más exacto pensar en el desorden y la unidad como un espectro, no un lugar al que llegamos y nos quedamos.

Eso es cierto incluso en las épocas de nuestras vidas en las que no estamos viviendo el duelo de manera activa. Y es súper cierto cuando vivimos el duelo, incluido este lugar del desordenado punto medio. Hay muchos beneficios al darte permiso para ensuciarte aquí, en esta parte intermedia. Algunos incluyen:

- Cuando liberas la energía que te esfuerza por "recomponerte" en tu dolor, no solo ahorras energía desperdiciada al no tratar de cumplir con estándares poco realistas, sino que ayudas a mostrar a los demás que los mitos también son perjudiciales para ellos.
- Al aceptar el desorden hacemos descubrimientos, desde la alegría inesperada que podemos sentir en algunos momentos hasta las necesidades insatisfechas de nuestro yo físico, emocional o espiritual.

- El desorden también es dominio de los creativos. Desde el punto de vista neurobiológico, cuando nos permitimos ser juguetones y creativos, es decir, desordenados, enviamos una señal a nuestro sistema nervioso de que estamos a salvo.

EL TIEMPO CURA TODAS LAS HERIDAS (¡NO!)

Admito que la frase "el tiempo cura todas las heridas" alguna vez fue útil, apropiada o reconfortante. Si eres como yo, cuando alguien lo dice sientes un impulso violento de decirle que se vaya a la mierda. (Los británicos dirían *bugger off*, lo cual es mucho más encantador y menos vulgar que mi respuesta estadounidense).

Y, aunque el tiempo no cura todas las heridas (y nadie debería volver a decir eso nunca más), el tiempo sí influye. Como exploramos a lo largo de este libro, vivir un duelo no es algo que se puede hacer por completo y tampoco con prisa. No es algo que podamos completar marcando una lista de tareas pendientes. Maldita sea. Ojalá lo fuera.

Así pienso sobre el papel del tiempo en el duelo. El tiempo —mucho tiempo— nos da el espacio que necesitamos para vivir el duelo. El tiempo nos da el espacio para esto:

- Sentir y desmoronarnos y sentir un poco más.
- Descansar.
- Recibir compasión amorosa de los demás.
- Probar cosas nuevas, muchas cosas nuevas y, sobre todo, odiar la novedad de todo.
- Aprender y estar en el profundo malestar que ahí sucede.
- No saber qué sigue.
- Practicar la curiosidad y apartar los juicios y las expectativas una y otra vez.
- Reflexionar y cambiar perspectivas.
- Pedir ayuda y estar dispuestos a recibirla.

- Respirar. Mucho. Incluso cuando es difícil. Incluso cuando no tenemos ganas de hacerlo.
- Tropezar hacia adelante y hacia atrás, quedarnos quietos, sentarnos y volver a levantarnos.
- Sentir un poco más en profundidades y niveles de intensidad que no creíamos posibles.
- Practicar la autocompasión, incluso cuando no sabemos cómo se ve o cómo se siente.
- Redescubrir la alegría, sentirnos raros al sentirla y, con el tiempo, tropezando, aceptar que el duelo y la alegría pueden coexistir.

Solo el tiempo —de nuevo, mucho tiempo— puede darnos el espacio para hacer todo eso. Pero, como exploramos a lo largo de este libro, el tiempo es un ingrediente necesario, pero insuficiente para sanar. No basta con dejar pasar el tiempo. Durante ese tiempo, debemos atender nuestro bienestar cognitivo, emocional, físico, espiritual y relacional.

CUANDO SENTIRSE MEJOR SE SIENTE MAL

Otra señal de que estás en el desordenado punto medio es que empezaste a sentirte mejor, lo que eso signifique para ti. Pueden ser días sin lágrimas o algunas noches seguidas de buen sueño. Aumento de energía, interés por salir o expectativa de cosas nuevas pueden indicar que te sientes mejor. Recuerda, sentirte mejor no pretende denotar un estado permanente. No significa que, de ahora en adelante, siempre te moverás en dirección ascendente. Es solo un lugar en el continuo, está después de maldita mierda absoluta y antes de la felicidad. Estos tiempos mejores pueden durar horas o días seguidos. Vas notando que ya eres capaz de unir más de estos momentos que antes de tu pérdida.

> Recuerda, sentirte mejor no pretende denotar un estado permanente. No significa que, de ahora en adelante, siempre te moverás en dirección ascendente. Es solo un lugar en la continuidad, está después de la mierda absoluta y antes de la felicidad.

Pero con frecuencia hay un inconveniente para sentirte mejor durante el duelo del que no hablamos lo suficiente. Uf, por supuesto que hay un problema, porque el medio es, bueno, desordenado. El problema es que a veces sentirse mejor se siente mal, mal de manera sorprendente y devastadora. Sé que no tiene sentido en la superficie, pero quizá en el fondo ya sepas de qué estoy hablando. El duelo es extraño. Estamos desesperados por que el dolor y la intensidad desaparezcan y, cuando lo hacen, nos sentimos mal por lo que está pasando.

Nunca tuve un paciente afligido que, en el desordenado punto medio, no haya expresado tristeza o culpa por sentirse mejor. El paciente reconoce que, de alguna manera, con el tiempo, el amor, el dolor y el duelo se mezclaron. Se siente como si el dolor del duelo fuera la única expresión de amor que queda, el único vínculo restante de la vida que compartían el paciente y el ser amado.

A veces revolvemos o confundimos el sentirnos mal con la mejor manera de honrar a nuestros seres queridos. Es posible que sientas una profunda tristeza, creyendo que sentirse mejor representa un alejamiento de ellos cada vez mayor. Si estás en algún lugar del desordenado punto medio, tal vez te hayas sentido así. Si te sirve de consuelo, yo también lo sentí. Y por muy convincente que sea ese sentimiento, te prometo que no es cierto. Tu amor y tus recuerdos son parte de ti y te permitirán continuar el vínculo que compartiste. (Revisa "protege tus recuerdos").

UNA INVITACIÓN PARA TI
acepta el desorden

El desorden tiene mala reputación. La buena noticia sobre el desorden es que nos recuerda que las cosas no están escritas en piedra. El desorden significa que tenemos espacio para cambiar y crecer en direcciones que podríamos haber pasado por alto si hubiéramos seguido las reglas. Recuerda, las personas desordenadas suelen ser más espontáneas, flexibles y creativas. Resuelven mejor los problemas, no se preocupan por las cosas pequeñas y pueden vivir el momento. A medida que exploremos este libro, verás que todas esas son cualidades que nos benefician en nuestro duelo.

Muchas veces somos menos complicados de lo que pensamos. Nos sometemos a estándares imposibles y somos nuestros peores críticos. Aceptar el desorden es una forma de liberarnos de las expectativas dañinas y poco realistas que tenemos. En otras palabras, nos ayuda a deshacernos de los *debería* del duelo. Así que aquí tienes un comodín, una invitación importante para que aceptes el desorden.

intenta una o más de estas actividades
para aceptar el desorden

1. Haz algo novedoso, desordenado y divertido que no tenga ningún propósito.

Pon tu música favorita y organiza una fiesta de baile en solitario. Salta por el camino. Deja que tu niño pequeño te maquille la cara por completo. Saca un instrumento viejo que tengas por ahí. Si está lloviendo, sal a caminar bajo la lluvia o brinca en un charco de barro.

2. Escribe y reflexiona sobre cinco cosas en las que solías ser un desastre.

Escribe cinco actividades o habilidades en las que alguna vez fuiste una mierda o, en el mejor de los casos, mediocre cuando empezaste. Ve si puedes conectarte con la autocompasión por el desastre de aquel entonces. Tal vez puedas encontrar humor sobre el desastre que eras. Date un tiempo para pensar en cuántas horas o años te llevó sentirte competente.

3. Intercambia desorden.

Busca a una persona en la que confías, ya sea tu terapeuta, tu mejor amigo, tu hermano o tu estilista, y cuéntale que te sientes un desastre por algunos aspectos de tu duelo. Asegúrate de decirle que no buscas sugerencias, solo reconocimiento. Luego pídele que comparta algo que lo hace sentir un desorden. Recordar que todos somos desordenados, a veces nos ayuda a tener más autocompasión.

4. Elige tu propia aventura.

¿Qué te vino a la mente cuando te invité a aceptar tu desorden? Escríbelo aquí:

espera, ¿todavía estoy viviendo el duelo?

ENCUENTRA TU LUGAR

Puede llegar un momento en el que preguntes: "Espera, ¿todavía estoy viviendo el duelo?". Si te encuentras en las primeras etapas de tu duelo, es probable que ni siquiera estés leyendo este capítulo. Seguro viste el título y dijiste: "Siguiente". Lo entiendo.

Si alguien me hubiera dicho que, incluso dos años después de la muerte de mi esposo, me estaría preguntando: "Espera, ¿todavía estoy viviendo el duelo?", le habría respondido que estaba loco. Para ser honesta, mi respuesta habría sonado más como esto: "Vete a la mierda". Bueno, al menos en mi mente. Entonces, en caso de toparte con este capítulo por curiosidad o porque te gusta leer los libros en orden, quédate un rato. Tal vez no te sientas identificado con esta parte en este momento, pero te ofrecerá alguna idea que puedes guardar para algún momento más adelante.

RESPUESTAS CON CALIFICADORES

Para muchos, la respuesta a la pregunta "¿todavía estoy viviendo el duelo?" es esta: "Sí, por supuesto". Puede ser tu respuesta durante un año, diez años o para siempre. Y como comparto a lo largo de este libro, eso está bien. El objetivo no es superar el duelo, sino *avanzar* con él.

De alguna forma, es probable que te surja esta pregunta y, cuando pase, es una señal de que tu relación con el duelo está cambiando. Quizá notes que tu respuesta a esta pregunta cambia con el tiempo para incluir algunos calificativos que representan un cambio cualitativo en el significado de tu "Sí".

"SÍ... ALGO... QUIERO DECIR... SÍ"

Tal vez sea difícil de imaginar, pero algún día es posible que te encuentres respondiendo a la pregunta "¿todavía estoy viviendo el duelo?" con algo como esto: "Sí, todavía estoy viviendo el duelo. Bueno, más o menos, pero supongo que no es algo cotidiano ni lo tengo en la cabeza con tanta frecuencia como antes". Si estás en este lugar, te entiendo.

Como muchas personas, es posible que tengas sentimientos complicados sobre esta respuesta. Uno de esos podría ser la culpa. Para ti, esa respuesta podría significar que eres un mal compañero, padre, hermano o amigo. También podrías sentir anhelo. Anhelar un momento en el que estuvieras sufriendo de manera más activa porque tenía sentido, te resultaba familiar, incluso te ayudaba a sentirte conectado con tu persona.

Puede que sientas alivio o algo parecido a la felicidad cuando reconozcas que esta es tu respuesta. Y tener ese sentimiento podría desencadenar uno de los sentimientos mencionados con anterioridad. ¿Ves lo que quiero decir? Complicado. Si así eres tú, está bien. Te ofrezco este recordatorio: es normal que tus respuestas cambien, y eso no significa nada negativo sobre ti como persona o sobre tu compromiso con el amor que sientes por tu ser querido.

"AUNQUE PAREZCA EXTRAÑO, NO" (O "DIABLOS, NO")

Quizá eres una de las muchas personas que se pregunta si es normal que su respuesta sea "aunque parezca extraño, no", incluso "diablos, no". Sí, es por completo normal y válido que la respuesta a esta pregunta sea alguna versión de "No". Esa podría ser una respuesta a la que llegues muy pronto después de una pérdida o quizá años o décadas después. Sin importar el momento, está bien.

Hay varias relaciones, circunstancias y experiencias en las que, con el tiempo, el duelo casi desaparece. Esto podría incluir relaciones de corta duración que terminaron o el duelo por perder un trabajo o una casa. Esta podría ser tu respuesta respecto a la muerte de alguien con quien tenías una relación complicada o inexistente, o quizá el duelo por la muerte de una mascota de la infancia. Incluso podría ser el estado en el que te encuentras casi una década después de la muerte de alguien a quien amaste. Si enfrentaste tu duelo, en lugar de reprimirlo, y te sientes así, ¡está bien!

> *Precaución/Invitación a la respuesta "No"*
> Tengo una advertencia o invitación si tienes una respuesta definitiva de "No". Te invito a decir "No" en voz alta, y luego a mirar en tu interior y notar lo que surge en tu cuerpo. ¿Se pone rígido? ¿Aprietas la mandíbula o el pecho? ¿Sientes un impulso de correr o alejarte de manera física? Presta atención a los pensamientos o sentimientos lejanos que surgen. ¿Están surgiendo emociones persistentes o pensamientos que no abordaste?

Por múltiples razones válidas, muchos nunca aprendimos cómo darnos permiso, o recibirlo de otros, para lamentar ciertas pérdidas. (Revisa "acceso denegado"). Si realizas el ejercicio anterior y algo ocurre, este podría ser el momento de explorar lo que te impide vivir el duelo y buscar apoyo externo, como un terapeuta, para ayudarte a procesarlo.

Recuerda, el duelo no es algo que puedas desear que desaparezca. Es necesario verlo, sentirlo y reconocerlo. Esconderlo o huir de él en realidad no son opciones. El duelo encuentra la forma y termina afectándote de manera cognitiva, física, emocional, espiritual y relacional.

LLEGA EL ARTD

Un tercer escenario, más confuso, pero también común, es que en un momento de tu vida respondiste la pregunta "¿todavía estoy viviendo el duelo?" con "no, ya no" o alguna otra respuesta similar y luego... ¡pum! Meses, incluso años después, te sientes abatido por una ola de duelo por esa pérdida que creías haber dejado atrás y gritas "¡sí, por completo!" de nuevo.

Aunque por lo general nos referimos a este suceso como "olas de duelo", los teóricos lo llaman Aumento Repentino Temporal de Duelo o ARTD. ¿A quién no le encanta un buen acrónimo? ¿Sentiste un ARTD? Tuve muchos mientras escribía este libro. Sentí uno hace poco cuando mi hija, ahora adulta, me envió un video que su padre filmó cuando era bebé. El sonido de su voz me quebró por unas horas. Puede suceder de la nada. Pero en realidad no es así, ¿verdad? Ocurre en respuesta a un recuerdo, un objeto, un aroma, una canción, la vista de cierta persona, una película, una ocasión, la forma en que se ve el sol... La lista es interminable.

Ten la seguridad de que todos experimentamos ARTD y no son signos de retroceso. Es solo la naturaleza del duelo: no lineal y más parecido a olas rompiendo en la orilla o a la nube de polvo que rodea a Pigpen, un personaje de Charlie Brown y Snoopy. Aunque el ARTD es común, parece una traición a las respuestas anteriores. Es posible que te haga reevaluar y preguntar de nuevo: "Espera, ¿todavía estoy viviendo el duelo?". Recuerda, no existe una respuesta correcta. No es una mala nota para tu carácter, un demérito en el progreso de tu duelo ni una señal de alerta. Considera este tipo de preguntas como una invitación a obtener más información para determinar qué acción es necesaria.

Y LUEGO HAY REDUELO
Sí, dije "reduelo".

"¿Reduelo? ¿Qué maldita estupidez es esa? Para empezar, no quería vivir un duelo y, mucho menos, revivirlo". ¿Es eso lo que estabas pensando? Justo. Para tranquilizarte, reduelo no es empezar el duelo otra vez. En esencia, el término se refiere a los momentos y formas en que procesamos una antigua pérdida cuando llegamos a un hito significativo del desarrollo o a un acontecimiento profundo de la vida.

El reduelo es común al procesar las pérdidas profundas sufridas en la niñez. Los niños experimentan importantes etapas de desarrollo cognitivo y emocional hasta la edad adulta temprana. Por ejemplo, si un niño tenía cinco años en el momento de la pérdida original, cada nueva fase de adquisición del lenguaje o desarrollo social y emocional, cada nuevo hito, como el primer novio/novia, el baile o la fiesta de graduación, puede invitar a esa persona a reprocesar, a darle un nuevo sentido y a asignarle un nuevo significado a la antigua pérdida.

Y no es solo para niños.

Sin importar la edad, estaremos en una relación con el duelo por el resto de nuestras vidas. Eso significa que la intensidad, la frecuencia y la intimidad fluyen y refluyen. Pero hay ciertos hitos en la edad adulta que podrían provocar este cambio más profundo en la relación conocida como "reduelo". Estos momentos incluyen el matrimonio, la paternidad, la jubilación o un cumpleaños determinado. Por ejemplo, los adoptados a menudo experimentan reduelo después del nacimiento de su primer hijo, reconociendo de una manera nueva la profunda pérdida de no haber sido criados por sus padres biológicos.

NUEVAS RELACIONES Y VIEJO DOLOR

Hablando de relaciones, ya sean nuevas amistades, parejas románticas, hijos, incluso mascotas, la llegada de nuevas relaciones es una de las fases sorprendentes de tu vida, durante la cual vuelves a responder la pregunta "¿todavía estoy viviendo el duelo?" con "más o menos... un poco... sí". No te sorprendas si las nuevas relaciones son una fuente no deseada de ARTD. De hecho, tiene mucho sentido que las nuevas conexiones recuperen las que perdiste.

Si todo esto te suena familiar y estás experimentando estos ARTD a raíz de una nueva relación, escúchame. Si piensas cosas como "tal vez esto signifique que no estoy preparado para esto", "esto es vergonzoso; no quería que me vieran molesto", "me preocupa hacer sentir mal a mi nuevo _____" o algo así, déjame detenerte ahora mismo.

Recuerda algunas cosas clave que ya te compartí sobre el duelo: no hay un cronograma, no hay expectativas de olvidar a tu persona por completo y no hay ningún beneficio en suprimir tu dolor o tristeza para el consuelo de otra persona.

Bien, me detendré ahí.

Bueno, solo un recordatorio más. Puedes estar preparado para el amor, la paternidad o la posesión de una mascota y experimentar olas de duelo. Las personas en tu vida ahora están aquí para ti, incluidas las partes de ti que sienten oleadas de duelo. En lugar de ver estas olas como señales de advertencia y huir o apagarlas, recuerda que esto es completamente normal.

✥ UNA INVITACIÓN PARA TI ✥
ten compasión por la respuesta cambiante

Aunque de manera intelectual sabemos que no es así, muchos interiorizamos la presión de "seguir adelante" en el duelo. Creemos en el mito que insiste en que solo podemos sentir de una forma u otra, no "ambos/y". Llevamos la carga de que la respuesta a la pregunta "¿todavía estoy viviendo el duelo?" debe permanecer igual para siempre.

Te invito a que te escribas una nota. Date un tiempo para reflexionar sobre mi recordatorio de que es completamente normal que la intensidad y la presencia de tu dolor fluyan y refluyan. Con eso en mente, ¿qué quieres que recuerde tu yo futuro cuando luches con la carga del mito de seguir adelante? ¿Qué palabras de compasión puedes ofrecerte cuando notes que tu respuesta de hoy es diferente a la del mes pasado?

una nota para tu yo futuro sobre tu cambio de respuesta

Querido yo:

¿qué diablos me está pasando?

*ayudarte a ver el impacto de 360 grados
que genera el duelo
(no, no todo está en tu cabeza)*

todo apesta (y otros pensamientos negativos)

EN VERDAD APESTA MUCHO

¿Por qué la gente insiste tanto en intentar convencernos de que el duelo no apesta tanto? Supongo que no soy la única que a veces se enoja por las expresiones que la gente nos dice a la cara o en las tarjetas que nos envían, porque en su mayoría son intentos no tan sutiles de disuadirte de que no te sientas triste. Como lo dice de manera muy acertada el título del libro de Megan Devine: "¡Está bien que no estés bien!".

Hace muchos años, mi frustración me llevó a la acción: diseñar y lanzar una línea de tarjetas de empatía. Sí, dije empatía, no simpatía ni compasión, porque nadie quiere que le tengan lástima. Una de las primeras tarjetas que publiqué, y la más popular, decía: "No puedo decir nada excepto que esto es una maldita mierda y apesta muchísimo". ¿Por qué?

Porque *es* una mierda y apesta muchísimo, y lo único que queremos con desesperación es que, al menos, una persona vea el mundo como lo vemos nosotros. Alguien que no esté tratando de sacarnos del lugar oscuro, pesimista y muy negativo en el que nos encontramos.

LA NEGATIVIDAD ES NORMAL

Sentirse negativo es una respuesta muy normal a la pérdida. De hecho, ¿sabías que a veces estamos programados para sentirnos negativos? ¡Es cierto!

Estamos diseñados de manera evolutiva con un sesgo de negatividad que "es nuestra tendencia no solo a registrar estímulos negativos con más facilidad, sino también a insistir en estos eventos" (Kendra Cherry). No voy a ser una nerd con la ciencia del porqué, pero así es como nuestra especie logró mantenerse segura y sobrevivir a través del tiempo. Así que recuerda, sentirte negativo, a veces, es una parte esencial y normal de la condición humana.

> *No puedo decir nada excepto que esto es una maldita mierda y apesta muchísimo.*

La razón por la que te traigo este divertido dato científico es que hay mucha presión para ser positivo, en especial en la cultura occidental. Todo el maldito tiempo. ¿Sentiste eso? ¿Incluso en tu duelo? La positividad tóxica, como la llama la investigadora Susan David, perpetúa el mito de que una actitud positiva es el único estado humano normal. Eso puede hacernos sentir mal o como si estuviéramos fallando si no estamos alegres y llenos de pensamientos positivos. Pero te prometo que no te equivocas si te sientes negativo.

Tu cerebro clasificará justificadamente como algo negativo la muerte de un ser querido, un diagnóstico terminal o limitante de tu vida, la desaparición de una relación o cualquier pérdida que hayas tenido. Claro que estás viendo el mundo desde una perspectiva negativa. Por supuesto que tienes pensamientos negativos.

También significa que, al menos durante un tiempo, es normal que estés preparado para estar atento a otras posibles cosas negativas.

EL SESGO DE NEGATIVIDAD PUEDE SER COMPLICADO (Y TRAMPOSO)

Estar atento a la negatividad potencial también es donde las cosas se ponen difíciles. Sí, la negatividad es normal, incluso útil. Sí, es importante ser conscientes de nuestro sesgo de negatividad. Nos da espacio para ser más compasivos con nosotros y encontrar más gracia mientras navegamos por este difícil asunto. Y también debemos ser conscientes de las cualidades tramposas y complicadas de la negatividad, parecidas a una telaraña, porque cuando por accidente nos quedamos atrapados en su red, la utilidad de ese sesgo disminuye, mientras que el daño potencial aumenta.

Con razón no existe un cronograma para los beneficios de la presencia de la negatividad en el duelo. Y, al igual que el duelo, no es "todo o nada": ni está aquí o desapareció por completo. Puede ser engañoso y aparecer de la nada. Puede ser difícil y aparecer con más frecuencia en ciertos ámbitos de tu vida. Para ser sinceros, nos pasa a todos.

EVALUANDO SU VALOR

Algunos lugares para evaluar si tu sesgo de negatividad excedió su aceptación incluyen tus relaciones, tu proceso de toma de decisiones y tus percepciones de las personas. Aunque un nivel saludable de pesimismo o sospecha es importante para nuestra seguridad emocional general, llevarlo demasiado lejos puede dañar la confianza fundamental para las relaciones saludables.

Otra señal de advertencia es estar demasiado en sintonía con los comentarios negativos o las críticas, como las que recibimos con frecuencia de personas bien intencionadas que nos apoyan en el duelo, en vez de ver su valor o sus gestos de apoyo. Esto puede llevar a cortar de manera innecesaria o prematura relaciones que de otro modo serían beneficiosas. Soy culpable de esto. En palabras de la cantautora estadounidense Taylor Swift: "Soy yo. Hola, yo soy el problema, soy yo". Uf, odio cuando me dicen mis cosas. De verdad, estuve ahí e hice eso.

Nuestro sesgo de negatividad significa que el riesgo de pérdida, como es natural, cobra mayor importancia en nuestra imaginación que la posibilidad de obtener ganancias. Y, aunque la toma de decisiones es complicada por muchas razones válidas después de una pérdida (revisa "este es tu cerebro en duelo"), los dolientes tienen una mayor aversión a experimentar más pérdidas con la decisión equivocada. Quizá notes que se vuelve más complicado si te paralizas todo el tiempo y ni siquiera puedes tomar pequeñas decisiones. Estuve ahí, también sentí esto.

LAS CONSECUENCIAS DE LA REPETICIÓN

Sí, es por completo válido querer sentirnos vistos y escuchados mientras navegamos por nuestro dolor justificable. Y una de las consecuencias de hablar de manera interna o externa sobre lo negativo con demasiada frecuencia es que la negatividad se amplifica. Peor aún, proyecta una sombra y distorsiona nuestra visión de lo positivo, o al menos de lo neutral.

Cuando nos quejamos, aumentamos nuestra opinión de que el *locus* de control es externo. Si reformulamos, podemos ayudarnos a ver que tenemos agencia. En un episodio del *podcast Hidden Brain*, el invitado Mike Baer compartió que su investigación reveló que "la cantidad de quejas era un fuerte predictor del aumento de la ira y la disminución de la esperanza".

Suspiro. Otro "ambos/y" en el duelo. Por un lado, es válido sentirnos negativos por nuestra pérdida y las pérdidas secundarias que siguen. También sabemos que es útil encontrar a alguien que nos dé espacio y sea testigo de la verdad de nuestra experiencia, dolor y sensación de quebranto. Y ahora aprendemos que la repetición continua, sin ninguna oferta para replantear (tanto nuestros esfuerzos como los del oyente), aumenta nuestro sufrimiento al amplificar la ira y disminuir la esperanza.

CUANDO LA NEGATIVIDAD SE QUEDA ATASCADA
Entonces, si reconocer y honrar la negatividad es útil hasta que deja de serlo, ¿qué hacemos si se complica?

Percibe
Lo primero es practicar notando lo que está sucediendo. Parece simple y, como es tan natural o instintivo, muchas veces lo pasamos por alto. Darnos cuenta requiere que practiquemos ser más conscientes, una habilidad que es útil en todos los aspectos del duelo y de la vida. De manera básica, te invito a notar los pensamientos y sensaciones de tu cuerpo en el momento presente, sin juzgar. Siente curiosidad por saber cómo te hacen sentir estos pensamientos.

Interrumpe
Como huellas en la nieve, los patrones de pensamientos negativos crean huellas en las que nos deslizamos con facilidad. Cambiar las cosas es una herramienta útil para despegarse. Esto podría incluir algo tan simple como levantarse e ir a otra habitación, incluso a una nueva ubicación —me gusta todo lo relacionado con la naturaleza—. Por extraño que parezca, sonreír también funciona. Activa la oxitocina, esa sustancia química gratuita que nos hace sentir bien. Si sonreír no es una opción, se puede cambiar con escuchar música alegre o llamar a un amigo. Se trata solo de interrumpir el ciclo de pensamiento automatizado en el que te encuentras.

Evalúa y replantea

Una vez que hayamos notado el ciclo de negatividad, el siguiente paso es evaluarlo y replantearlo. Tal vez este sea un pensamiento negativo válido o útil, como el siguiente: "En verdad no me agradan estas personas porque todo el tiempo dicen cosas hirientes, incluso después de que les dije el daño que me causan de manera emocional". Pregúntate: "¿Es eso cierto? Si es así, ¿qué acción me invita a realizar? Quizá cortar esa relación sea válido".

A menudo esos pensamientos no son ciertos ni útiles. Podrían sonar algo así: "No puedo confiar en que nadie me apoye en el duelo. Nadie me entiende". Una señal de que la negatividad se volvió dañina es el pensamiento de "todo o nada". Tal vez te preguntes: "¿De verdad todo el mundo es inútil?". Puedes notar lo absoluto de tu pensamiento y ofrecerte un replanteamiento. Algo como esto: "Interactuar con X persona me hace sentir peor. Me doy cuenta de que me siento más apoyado con las personas que hacen tal y tal cosa". Eso te indica cómo tomar medidas útiles, por ejemplo, hacer planes con personas que hacen tal y tal cosa.

Practica la gratitud

Prometo que no estoy tratando de atraerte a la trampa de la positividad tóxica. Cultivar una práctica de gratitud no requiere que abandones tus pensamientos negativos. Eso es el pensamiento de "todo o nada" o "uno u otro" que aparece otra vez. Adoptar un enfoque consciente y tomarse el tiempo para apreciar las cosas grandes y pequeñas, a través de afirmaciones, actos aleatorios de bondad, incluso dando las gracias con detalles específicos de lo que agradeces, interrumpe lo pegajoso de los bucles de pensamientos negativos.

୫ UNA INVITACIÓN PARA TI ୧
replantea en voz alta

En mi experiencia, hablar en voz alta me ayuda a organizar el pensamiento, eliminar distracciones, mejorar la memoria y reforzar el mensaje. Hablar en voz alta, ya sea contigo o con los demás, resulta muy útil. Refuerza el mensaje que intentas comunicar.

¿Qué pasa si lo único que decimos en voz alta son expresiones de enojo, desesperanza, frustración, ausencia y todo lo que nos falta? Esos sentimientos son válidos y seguro es lo que estamos experimentando. Pero ¿son los únicos? No, no es probable. Sin embargo, el acto de dar voz a esas experiencias no solo refuerza la verdad de ese mensaje, sino que dificulta recordar o conectar con las experiencias neutrales o positivas de nuestras vidas. También da forma a lo que consideramos posible y a lo que no lo es.

Por eso hablo conmigo en voz alta todos los días. Llevo años pronunciando mis mantras en voz alta en el momento en que mis pies tocan el suelo por la mañana. A lo largo del día, hablo conmigo en voz alta sobre todo tipo de cosas. Cuando tengo la chispa de una idea a la que quiero aferrarme, la digo en voz alta y, a veces, la repito varias veces. Cuando me doy cuenta de que estoy cayendo en un pensamiento de "todo o nada", me ofrezco una alternativa de "ambos/y" en voz alta para cambiar el mensaje que estoy reforzando.

Si notas que la negatividad domina tu discurso, te invito a pensar en mensajes alternativos que puedan incluir declaraciones neutrales, incluso positivas o esperanzadoras. Dedica un tiempo para escribir los mensajes que tal vez quieras incorporar en conversaciones con personas que te apoyan en la vida o, como yo, las frases que quieres empezar a decirte en voz alta a lo largo del día.

mensajes que quiero reforzar diciéndolos en voz alta:

este es tu cerebro en duelo

CUANDO TU CEREBRO SE SIENTE FRITO

Antes de explorar por qué tu cerebro durante el duelo es como un huevo frito, quiero avisar que en los próximos tres capítulos separaré los temas del cerebro, el cuerpo y el trauma para que la información sea más digerible. Pero la verdad es que nuestro cerebro y cuerpo son una sola entidad, y experimentamos traumas en ambos y a través de ellos. Muchos —incluyéndome— luchamos por separar estos temas porque gran parte de nuestro sufrimiento es el resultado de la incomprensión colectiva de su interconexión.

FREÍR UN HUEVO

> *Este es tu cerebro. Este es tu cerebro en drogas del duelo.*
> *¿Alguna pregunta?*

Si tienes cuarenta años, cincuenta o más, es probable que te hayas reído con la cita anterior. Quizá también sepas a dónde quiero llegar con esta metáfora. Si no, esperen, niños. En la década de los ochenta, había un anuncio sobre prevención de drogas en el que aparecía un huevo. La cámara se desplaza hacia un simple huevo. El narrador dice: "Este es tu cerebro". Luego rompe el huevo en una sartén caliente. Entonces ves el huevo friéndose y escuchas una voz en *off* que dice: "Este es tu cerebro en drogas. ¿Alguna pregunta?".

No te preocupes, no estoy aquí para sermonearte sobre el consumo de drogas. Es solo que, al igual que las drogas, el duelo afecta tu cerebro y tu cuerpo, como descubriremos en "tu cuerpo lo sabe". Los efectos del duelo en el cerebro pueden persistir durante semanas, meses o tal vez más. ¿Cuáles son los efectos? Para empezar, cosas como dificultad para pensar, confusión, olvidos, lapsos de memoria y ansiedad. ¿Suena familiar? Entonces sí, tu cerebro está frito como un huevo. Una forma de describirlo más amigable para los veganos es solo "cerebro en duelo".

Este capítulo está lleno de metáforas para ayudar a que este concepto incomprensible sea más comprensible. Incluso si tuviéramos una explicación científica completa del cerebro en duelo, la cual no tenemos, te ofrezco diferentes maneras de entender lo que te está pasando para que puedas deshacerte de las expectativas y juicios poco realistas que tienes sobre ti acerca de cómo se *supone* que debes pensar y sentir. También aprenderás por qué cuidar la salud de tu cerebro es importante durante el duelo.

EL CEREBRO EN DUELO

Aunque todavía hay muchas incógnitas sobre cómo y por qué el cerebro y el cuerpo sufren durante el duelo, la investigadora Mary-Frances O'Connor nos ayuda a saber más. En nuestra conversación en el *podcast* (y en su fascinante libro *El cerebro en duelo*), explicó cómo ella y otros investigadores usan herramientas como máquinas de resonancia magnética funcional y otros enfoques científicos para ayudarnos a comprender qué pasa en el cerebro de las personas que viven un duelo.

Algunas de las muchas ideas y explicaciones que estamos descubriendo es que vivir el duelo es aprendizaje, como si nos enfrentáramos a un rompecabezas. Esto explica por qué sentimos como si la mente nos estuviera jugando una mala pasada. Aunque no tenía la ciencia detrás, esta idea se alinea de manera maravillosa con la metáfora del manuscrito destruido que usé todos estos años.

O'Connor explica: "El duelo es un problema desgarrador y doloroso que el cerebro debe resolver; vivir el duelo requiere aprender a vivir en el mundo con la ausencia de alguien a quien amas de manera profunda y que está arraigado a tu comprensión del mundo. Esto significa que, para el cerebro, tu ser querido ya no está y es eterno, y tú caminas por dos mundos al mismo tiempo. Estás navegando por tu vida a pesar de que te la robaron, una premisa que no tiene sentido y que es confusa y perturbadora al mismo tiempo".

EL APRENDIZAJE ES DESGASTE MENTAL

En momentos de duelo agudo —otra forma de llamar al principio del duelo—, aunque no hay un límite de tiempo específico, intentamos comprender lo incomprensible. Considera eso por un momento. Estamos tratando de comprender o intelectualizar algo que nuestra mente, corazón y cuerpo aún no pueden procesar.

Es como la primera vez que un estudiante abre un libro de texto de física o escucha una conferencia sobre universos paralelos. Está bien, uso muchas referencias científicas porque fueron mi némesis. Es bastante irónico, ya que mi padre es un científico espacial muy conocido. Para ser honesta, recuerdo abrir un libro de texto del que es coautor y ni siquiera podía entender el prólogo, ya ni hablemos de todo el libro.

Aprender, incluso cuando es algo que nos interesa, puede resultar muy cansado. Cuando se trata de algo que *no* nos interesa, por ejemplo, cómo vivir con el duelo, es en verdad agotador. Es un desgaste mental. Por eso es útil considerar el duelo como un aprendizaje. Sé que estás pensando: "Pero no quiero aprender a hacer eso". Lo entiendo. Y aunque no tienes opción, como exploro en "empezar cerca", la buena noticia —más o menos— es que ya tienes mucha experiencia en la vida aprendiendo algo nuevo.

Tras la pérdida, estás aprendiendo a escribir/editar/reescribir el manuscrito de tu vida. Estás descubriendo nuevas formas de encontrar tu lugar e identidad en el mundo. Estás aprendiendo nuevos roles, tareas y responsabilidades. Aprender esas lecciones implica mucho esfuerzo emocional, físico, práctico e intelectual, es probable que más del que jamás hayas realizado.

Pero eso sí, todos esperamos que —nosotros y los demás— sepamos cómo vivir esta nueva vida, que seamos buenos a la primera, que estemos en pleno funcionamiento, que tengamos energía ilimitada para ello... Ah, sí, y que seamos racionales. En el duelo, en especial al principio, somos cualquier cosa menos todo eso. Yo digo que al diablo con esas falsas expectativas. Está bien no ser ninguna de esas cosas. Está muy bien reclamar tu cerebro en duelo.

ENGAÑARTE

¿Alguna vez entraste a casa esperando que tu ser querido estuviera ahí? Tal vez hayas levantado el teléfono para llamar a tu persona con alguna noticia interesante. Me sorprendería que no lo hayas hecho. No estoy segura de haber conocido a ningún doliente que no se haya preguntado si estaba perdiendo la cabeza porque pensó, por un momento, que su ser querido de alguna manera seguía vivo.

Si nuestros seres queridos faltan, asumimos que solo están lejos y regresarán. Cuando nos encontramos esperando que nuestra persona cruce la puerta, no es una señal de que nos negamos a aceptar el hecho de su muerte o de que estemos evitando la agitación emocional que viene con la realidad. Es solo lo que O'Connor explica como la función "aquí, ahora y lejos" de nuestro cerebro.

El cerebro está diseñado para contener personas y lugares como un mapa para que podamos encontrar el camino de regreso cuando estemos separados. Ya sea que estuvimos presentes en su muerte o recibimos una llamada telefónica, almacenamos esa información en algo llamado memoria episódica. Se necesita más de uno de esos tipos de recuerdos para anular el trillado camino en el cerebro que nos hace esperar que nuestra persona esté en el mundo físico.

Esa función del cerebro también explica por qué algunas pérdidas son más difíciles de comprender y procesar que otras. La ambigüedad de algunas pérdidas, como cuando las personas desaparecen sin explicación, hace difícil sobrescribir la expectativa de su regreso. Millones de personas experimentaron este tipo de ambigüedad en medio de la pandemia de covid-19, cuando no pudieron entrar al hospital para presenciar la enfermedad o la muerte de su ser querido. La falta de recuerdos de la pérdida o de los motivos de la misma provocan que el proceso sea un desafío. (Revisa "la ambigüedad apesta").

PERDERTE, DE MANERA TEMPORAL

¿Alguna vez pensaste o dijiste en voz alta: "Me perdí"? Yo sí, y también lo hicieron casi todos los dolientes que conozco. Como exploraremos en "pérdidas secundarias: las más perras de todas", el cerebro en duelo hace que experimentemos una disminución leve, o a veces significativa, de funciones y habilidades cerebrales. Entonces, sí, nos perdemos muchas cosas, pero prometo que solo es temporal.

"¿Enfocarse dónde? ¿Concentrarse en qué?".

"¿Qué acaban de decir?".

"¿Por qué no puedo hacer esto? Acabo de leer las instrucciones".
"¿Qué acaba de pasar en el programa? Supongo que tendré que regresarlo. De nuevo".

¿Alguna vez tuviste alguno de estos pensamientos? De nuevo, no estás solo. En *A Grief Observed*, C. S. Lewis explica de manera perfecta la experiencia del cerebro en duelo: "En otras ocasiones [el duelo] se siente como estar un poco borracho o con una conmoción cerebral". Exacto, C. S. Eso es con exactitud lo que se siente.

> *En otras ocasiones [el duelo] se siente como estar un poco borracho o con una conmoción cerebral.*
>
> —C. S. Lewis, A Grief Observed

Yo era una lectora voraz antes de que Eric muriera. Por eso me molesté mucho la primera vez que tomé un libro unos meses después. No exagero si te digo que tuve que releer cuatro veces la primera página. CUATRO VECES. No podía concentrarme lo suficiente como para entender o recordar lo que acababa de leer. Aventé el libro al otro lado de la habitación después del cuarto intento. Tampoco es una exageración. Dramático, lo sé, pero fue muy preocupante. Casi un año después de mi rabieta, recuperé el libro arrojado y regresé al mundo de la lectura por primera vez. (Gracias a la comediante Tina Fey por escribir unas memorias divertidas y fáciles de leer).

Hice este libro en capítulos breves y digeribles con mucho espacio en blanco en las páginas porque leer parece casi imposible en las primeras etapas del duelo. Recuerda, si solo puedes manejar un capítulo, una página, incluso un párrafo a la vez, no estás solo.

Si necesitas releer cosas, está bien. Si necesitas tirar el libro al otro lado de la habitación, tienes mi permiso. Cuando estés listo, toma el libro, quítale el polvo y vuelve a intentarlo. Tu enfoque y concentración mejorarán con el tiempo. Mientras tanto, ten paciencia contigo.

Tiempo de duelo

Hace poco una paciente admitió vacilante que el tiempo se siente muy extraño. Se sintió rara al decirlo, pero describió el tiempo como "moverse rápido y lento... y quedarse quieto, todo al mismo tiempo". Le dije que lo entendía y le expliqué que es lo que yo llamo "tiempo de duelo". A veces, el tiempo de duelo se siente como si alguien presionara el botón de avance rápido x2 en un video. Otras veces es como si la persona hiciera una pausa. Otras veces, como si alguien hubiera presionado el temido botón de "empezar desde el principio".

Le aseguré, y te lo aseguro a ti, que el tiempo es en verdad extraño, pero no se sentirá así por siempre. Cuando esto suceda y te sientas mal, trata de recordarte: "Ah, este es el tiempo de duelo. No siempre será así". Aunque el tiempo en verdad puede ser desorientador, hay algunas cosas positivas que surgen de nuestra nueva relación con él, como la capacidad de estar presente y saborear las pequeñas cosas con más frecuencia.

Confusión

Sin importar si se trata de completar tareas que realizaste un millón de veces o de comprender instrucciones que recibes por primera vez, sentirse confundido y abrumado es muy común en las primeras etapas del duelo. Recuerda, tu cerebro está trabajando a toda marcha para entender lo incomprensible después de un evento significativo y profundo. Esto deja poco espacio para recordar parte de la información y las habilidades simples y mundanas que necesitas para la vida diaria.

Fatiga de decisión

Ay, qué ironía. Al mismo tiempo que el cerebro se vuelve papilla, se nos pide que tomemos muchas decisiones. Más decisiones de las que debemos tomar de manera habitual, y algunas de las cuales son enormes y trascendentes. Durante las primeras etapas del duelo, a menudo nos vemos obligados a tomar decisiones médicas, arreglos funerarios, decisiones financieras, arreglos de vivienda y mucho más. Incluso las decisiones más pequeñas pueden parecer abrumadoras, insignificantes o ambas al mismo tiempo. Para mí, una de esas primeras decisiones, en apariencia pequeñas pero abrumadoras, se centró en qué fotografías deberíamos usar en el funeral de Eric. ¿Qué hice? Pregunté a amigos y familiares, delegué la tarea de recopilar las fotografías y luego di la aprobación final. Creo. ¿Eso hice? ¿Alguien se acuerda?

Olvido

¿Estás olvidando cosas? ¿Más de lo usual? Al principio no me di cuenta porque Eric era mi guardián de la memoria. Incluso antes de quedar viuda, mi memoria era, en el mejor de los casos, normal. A medida que pasó el tiempo, noté que me costaba recordar lo que hice o dije una hora antes. Falté a citas que acababa de concertar el día anterior y estoy segura de que me perdí la celebración de cumpleaños de más de un amigo.

Luego me di cuenta de que no podía recordar otras cosas del pasado, como detalles de nuestro noviazgo. Ese olvido me provocó pánico, y muchas veces me sentí abrumada porque él no estaba ahí para llenar los espacios en blanco como siempre lo hacía. ¿Te pasó algo así? Lo lamento. Odio cómo se siente. Una vez más, no durará. Por eso más adelante discutiremos de qué manera los diarios, las notas adhesivas, incluso la aplicación de notas en tu teléfono serán una salvación.

ANSIEDAD

Ya sea que se trate de una muerte inesperada, traumática o del duelo anticipado que experimentaste tras un diagnóstico terminal, sentirse ansioso es común. Tras una pérdida, nos sentimos fuera de control y carentes de seguridad y certeza. Nuestro cuerpo-mente está haciendo su trabajo, en cierto modo, manteniéndonos alerta ante los posibles riesgos y peligros que existen. (Indica al superhéroe que permaneció en el personaje demasiado tiempo). Si esto te suena familiar, es importante apartar al crítico interior que dice que *no deberías* experimentar eso y, en cambio, sintonizarte para aprender de eso y determinar cómo aliviar la intensidad.

A veces, la ansiedad en el duelo surge porque tenemos miedo y evitamos ciertas emociones o recuerdos. Aunque con frecuencia asociamos la ansiedad con una preocupación persistente, también se manifiesta como irritabilidad y aislamiento. Los espacios seguros, tanto emocionales como físicos, son necesarios para abordar y aliviar los sentimientos de ansiedad. (Revisa "tu cuerpo lo sabe").

DEPRESIÓN O TRISTEZA

Aunque la depresión y el duelo no son lo mismo, comparten muchos síntomas comunes. Además, estar en un estado de estrés prolongado puede iniciar o empeorar un historial existente de depresión. Tanto el duelo como la depresión implican tristeza intensa y retraimiento. Por lo general, en el duelo, las olas permiten momentos de respiro, incluso buenos recuerdos o sentimientos, mientras que la depresión es prolongada, constante, sin respiros ni descansos. Si tienes antecedentes de depresión o te preocupa que no haya momentos de alivio, te invito a buscar un profesional calificado en salud mental, no solo a tu médico de cabecera.

SUEÑOS Y PESADILLAS

Los sueños de duelo pueden ocurrir antes de la pérdida, la fase anticipatoria del duelo, y después. Todavía se sabe poco sobre la causa de esos sueños, pero como explica Joshua Black, investigador y presentador del *podcast Grief Dreams*, hay temas comunes:

1. Sueños que no involucran a la persona, solo algunos sentimientos de duelo.
2. Sueños en los que se menciona a la persona, pero no se la ve.
3. Sueños en los que la persona está presente de alguna forma.

Hace años, compartí uno de mis sueños recurrentes en el *podcast* de Black. Los detalles exactos variaban, pero el sueño era más o menos así: me encontraba con Eric en algún lugar del mundo. Corríamos a abrazarnos, hablábamos de que todo había sido un terrible error y nos decíamos "te amo". Pero entonces, ambos nos dábamos cuenta de que estaba muerto y yo estaba ahí sola, reconociendo que había imaginado la conversación.

Luego despertaba en la vida real y otra vez me daba cuenta de que estaba muerto. Tuve versiones de este sueño muchas veces durante el primer año después de su muerte. En años más recientes, me visitó solo en raras ocasiones, pero ahora ambos sabemos que está muerto y quiere mostrarme algo, decirme algo o, de manera simple, recordarme cuánto me amaba.

Si no soñaste con tu persona, está bien. A lo largo de los años, tuve muchos pacientes que expresan sentimientos de culpa por no tener sueños. Les preocupa que no tener sueños específicos en los que su persona esté presente debe significar que no les importa lo suficiente. Aunque cada vez hay más investigaciones sobre los sueños, la verdad es que en realidad no sabemos por qué soñamos y es seguro que no tenemos control sobre cuándo, qué o cómo lo hacemos.

Entonces, te invito a dejar cualquier sentido de responsabilidad que tengas sobre soñar o no soñar. Para los que anhelan ver a su ser querido en un sueño y nunca lo hacen, reconozco el dolor y la angustia que sienten. Para algunos, ese dolor es casi insoportable.

PENSAR NO ES SUFICIENTE

¿Dónde están mis compañeros intelectuales, académicos e investigadores? Oh, cuánto desearía poder usar mi conocimiento intelectual para "acelerar el dolor". Después de todo, yo era trabajadora social clínica y directora de una organización sin fines de lucro de servicios familiares en el momento de la muerte de Eric. Seguro, concluí de manera errónea, puedo resolver esto y vivir bien el duelo. Tenía muchas creencias falsas de que "porque sé cosas" debería poder pensar en ellas. Lo siento. No puedes pensar en avanzar en tu duelo. Confía en mí. Lo intenté.

> *Lo siento. No puedes pensar en avanzar en tu duelo.*

Confía en mí. Lo intenté.

Sí, es útil aprender sobre el duelo, incluida la ciencia detrás de cómo se ven afectados el cerebro y el cuerpo. Te da contexto para lo que estás experimentando. Incluso te ayuda a dejar atrás, de manera repetida, los mitos y expectativas poco realistas que tienes sobre tu funcionamiento general. También te ayuda a pensar en incorporar algunas de las herramientas que necesitas para respaldar tu cerebro y sistema nervioso. Pero invertir en aprendizaje con la esperanza de navegar mejor por el duelo solo puede retrasar el viaje. El aprendizaje no reemplaza la necesidad de "sentarse en el vacío", como lo describe de manera tan acertada la invitada del *podcast*, Amber Emily Smith.

RECURSOS PARA EL CEREBRO EN DUELO
Primero, quiero que hagas una pausa por un minuto y veas si puedes sentir compasión por tu cerebro afligido. Reflexiona sobre toda la energía que gasta 24/7 para intentar resolver este complejo rompecabezas de pérdida.

Ahora centrémonos en algunos pasos pequeños, pero importantes, que puedes dar para nutrir tu cerebro a medida que avanzas en el duelo. Tal como sugiero en "tu cuerpo lo sabe", comienza con los pasos que te parezcan más accesibles. Recuerda, parte de la reacción de tu cerebro ante lo aterrador y fuera de control que te sucedió puede ser retirarse. Eso significa que requerirá algo de práctica, y tal vez sea necesario salir de tu zona de confort para probar algunos de estos recursos.

Deja de esperar que funcione como antes
Lo primero que puedes hacer por tu cerebro en duelo es dejar ir. Aparta la expectativa de que tu cerebro debería funcionar como antes. El inmenso autojuicio y la crítica que surgen de esa creencia poco realista nos lleva a una espiral de estrés, que puede disminuir aún más nuestra función cerebral. Como ya dije, el duelo es una carga para el cerebro. Así que recuerda que estas pérdidas y olvidos son temporales y no esperes que el cerebro sea diferente.

Escribe las cosas

Escribe las cosas. Me refiero a *todas* las cosas. Elimina la expectativa y la carga de recordar durante este tiempo. No puedes. También ten algunas copias de seguridad analógicas y digitales. Configura temporizadores y recordatorios para todo en tu teléfono o computadora. Esto podría incluir fechas de vencimiento de facturas, día de recolección de basura, horarios de recogida en la escuela, incluso cepillarte los dientes si es necesario. Yo utilicé diarios, blocs de notas, alarmas, notas adhesivas y la aplicación de notas de mi teléfono durante mucho tiempo.

Otra herramienta de escritura súper útil es llevar un diario. Lo sé, otro momento "uf" para algunos. Pero apartar tus pensamientos y sentimientos es terapéutico porque te ayuda a liberar cosas. Llevar un diario es una herramienta que te ayudará a separarte de tus sentimientos y pensamientos. Hace que tus expectativas poco realistas o tu duro diálogo interior sean más visibles. Además, das espacio para la claridad que anhelas y reduces parte de la ansiedad que llevas. Tener un registro a lo largo del tiempo también te ayuda a ver cómo van cambiando las cosas.

Busca apoyo, acepta ayuda

Como comparto en "es tu turno de respirar con un compañero", todos y cada uno necesitamos ayuda cuando vivimos un duelo, incluso cuando no. Deja la capa. No necesitas ser la Mujer Maravilla o Superman. No tienes que hacerlo todo, ni puedes hacerlo. Eso es una fantasía. Aceptar la ayuda de amigos, vecinos o colegas con algunas tareas complejas, o simples, te libera para usar tu energía cerebral, de momento limitada, para curarte.

Las personas cercanas suelen estar desesperadas por sentirse útiles, por lo que dejarlas hacer algo por ti también les ayuda. Además de entregar las comidas, mis amigos me ayudaron con cosas como arreglar y organizar citas de juego para mi hija. Una amiga incluso la inscribió en un campamento por mí. Sé que es muy duro. Acepta y recibe la ayuda. Te lo ruego.

Recordatorios conscientes

Ofrecerte una afirmación o un recordatorio diario que fomente la autocompasión y la gracia en esta fase del duelo es una herramienta poderosa para liberar las expectativas y la tensión en tu agotado cerebro.

Di tu afirmación en voz alta frente al espejo del baño o en voz baja cuando te despiertas por la mañana. Escríbelo en tu diario. Sea cual sea el método que elijas, recuerda que la forma en que nos hablamos influye en cómo nos vemos, en nuestra capacidad de sanar y en las acciones que creemos que somos capaces de realizar. Tal vez suene algo así: "Merezco compasión y gracia mientras mi cerebro se recupera de esta pérdida. Estoy haciendo lo mejor que puedo hoy y eso es suficiente".

> *Merezco compasión y gracia mientras mi cerebro se recupera de esta pérdida. Estoy haciendo lo mejor que puedo hoy y eso es suficiente.*

Descanso y respiro

Aunque descansar con moderación parece imposible durante el duelo, la ciencia es clara: la falta de descanso equivale a una función cerebral deficiente. No es lo que nuestro cerebro ya abrumado necesita. Así que encuéntralo donde puedas conseguirlo. Aunque dormir es una forma de descansar de manera física, a veces resulta difícil durante el duelo. Recuerda, dormir no es la única forma de descansar. El yoga, los estiramientos y los masajes también cuentan.

No es solo físico. ¿Sabías que existen siete tipos de descanso que nuestro cuerpo necesita? En su charla TED, la doctora Sandra Dalton-Smith explicó que más allá de la necesidad física de descanso, también necesitamos descanso mental, sensorial, creativo, emocional y espiritual. Pasa tiempo con un amigo hablando sobre algo más que el duelo. Escucha música o baila con tu canción favorita. Conduce a algún lugar pintoresco. Retoma un antiguo esfuerzo creativo o prueba uno nuevo. Practica saborear cada bocado de una deliciosa comida.

Come bien y toma agua

Hablando de comer, nutre tu cuerpo con alimentos saludables y bebe mucha agua. Recordatorios obvios e importantes, lo sé. Tal vez también piensas: "¿Quién tiene la energía para eso? ¿O el apetito?". Como quizá las personas te traen comida de cualquier manera, podrías pedir algunas opciones que hagan que tu cuerpo se sienta bien o solicitar un servicio de entrega de comida por un tiempo. Comer alimentos con las proteínas, vitaminas y minerales que tu cuerpo necesita ayudará a tu digestión y a la salud de tu corazón, lo que ayuda a tu función cerebral.

Ah, y beban, amigos míos. La deshidratación provoca dolores de cabeza y un mayor desgaste mental. Por desgracia, esto no se aplica al alcohol. El alcohol actúa como depresor de ese cuerpo-mente que intentas nutrir y restaurar. Así que mantenlo al mínimo.

Mueve tu cuerpo

Te prometo que no debes correr un maratón o cinco kilómetros, ni siquiera tienes que correr. Pero un poco de movimiento constante puede ser de gran ayuda. Más ciencia molesta: mover el cuerpo tiene un efecto positivo en la salud general del cerebro. El movimiento libera algunas cosas divertidas como endorfinas, dopamina y serotonina, que ayudan a aliviar la ansiedad y la depresión.

Una simple caminata de treinta minutos varias veces por semana reduce el desgaste mental. Si usas silla de ruedas o si te resulta difícil caminar, busca cualquier movimiento que se sienta adecuado para tu cuerpo. Todo movimiento aumenta el flujo sanguíneo, lo que también beneficia al cerebro. Si tienes acceso al aire libre y puedes obtener algo de vitamina D, obtendrás puntos extras. El movimiento puede ser una forma de meditación consciente, como comparte la invitada del *podcast,* J'Aime Morrison, en "tu cuerpo lo sabe".

Sigue aprendiendo

"Sigue aprendiendo" parece contradictorio como recurso cuando nuestros cerebros están vacíos de todo el aprendizaje que ya estamos haciendo durante el duelo. Pero mantener la mente ocupada de manera activa en algo nuevo y placentero puede ser el descanso creativo y el rejuvenecimiento que nuestro cerebro necesita. Los investigadores descubrieron que el entrenamiento cognitivo mejora la memoria y el pensamiento. Entonces, si tienes dificultades en estas áreas, intenta aprender algo nuevo. Por ahora, eso podría ser leer este libro.

❦ UNA INVITACIÓN PARA TI ❦
nutre a tu cerebro en duelo

"Mi cerebro está demasiado cansado". Dije estas palabras muchas veces al principio del duelo, a veces a mí, a veces a un amigo, pero siempre con un tono crítico o avergonzado: en total derrota. Para ser honesta, cuando decía estas palabras a otra persona, me sentía bien si la persona respondía: "Apuesto que sí" o "Eso tiene sentido". En caso de que te sientas derrotado y no tengas a nadie cerca que te apoye, imagina que te digo esto. "Por supuesto que tu cerebro está cansado, amigo mío. Es por completo comprensible. ¿Cómo puedo apoyarte para que lo sientas descansado y restaurado?".

También puedes pensar: "No sé por dónde empezar" o "Ni siquiera tengo la energía". Te invito a considerar las circunstancias que puedes crear para que nutrir tu cerebro en duelo sea un poco más fácil.

establece tu intención

Cuidarte parece la última prioridad en este momento. Pero establecer el objetivo de nutrir tu cerebro hará que sea más fácil lograrlo. Además, tener un cerebro con más recursos te ayudará a completar otras cosas que consideras prioritarias.

empieza pequeño

En nuestra cultura nos encantan las listas, con gestos grandes, amplios y con enormes resultados. Aquí eso no es necesario ni razonable. Piensa en una o dos cosas que puedas intentar hacer todos los días durante los próximos siete días. O solo por hoy.

encuentra a un amigo

Ya sabemos que tu cerebro no está funcionando a su máxima capacidad. Por eso es importante pedir estímulo, comentarios o apoyo a alguien de confianza.

reconoce lo que está funcionando

Quizá los resultados de estas prácticas no generen grandes momentos eureka. Por eso es importante hacer una pausa periódica para ver qué actividades o prácticas están ayudando, aunque sea un poquito. Es igual de importante evaluar lo que no te nutre, incluso si se trata de un hábito familiar y cómodo o una vieja rutina.

ajusta a medida que avanzas

Tu capacidad cerebral y tus necesidades cambian con el tiempo. No olvides usar lo que aprendiste cuando evalúes qué funciona y qué no. Ajústalo a medida que avanzas. Al principio, tal vez vuelvas a revisarlo cada semana y, luego, cada mes.

tu cuerpo lo sabe

NO TODO ESTÁ EN TU CABEZA

Como mencioné, el cerebro y el cuerpo se dividen en dos capítulos en este libro, en esencia para darle al cerebro lector un lugar para hacer una pausa. Es mucha información para absorber. Pero tu cerebro no es un órgano autónomo separado del cuerpo. Tal vez hayas escuchado la frase "conexión mente-cuerpo". Quizá crees que tiene sentido, pero en realidad no entiendes lo que significa. O, siendo sinceros, tal vez piensas que es un montón de tonterías *new age*. Es importante comprender cómo se conectan porque te ayudará a entender cómo y por qué tu cuerpo experimenta el duelo.

Es más exacto pensar en el cerebro y el cuerpo como puntos a lo largo de una compleja red de carriles para bicicletas, caminos laterales y autopistas con un tráfico que se mueve en ambas direcciones, todo el tiempo. En lugar de automóviles, estas vías están formadas por elementos como hormonas, sustancias químicas y neurotransmisores. Lo que se transmite entre el cuerpo y el cerebro son los componentes esenciales de funciones cotidianas como la digestión y la respiración. También la información que nos permite pensar, sentir y movernos.

La falsa suposición de que el cerebro y el cuerpo están separados significa que, a menudo, ignoramos al cuerpo y prescribimos, o no prescribimos, intervenciones para uno sin ver el impacto en el otro. Entonces, exploremos las señales de que nuestro cuerpo conoce el duelo e identifiquemos oportunidades para nutrirnos y cuidarnos por completo.

TENEMOS PODERES DE SUPERHÉROE

¿Sabías que tienes poderes de superhéroe? Aunque no podemos cambiar de forma, volvernos invisibles o superar edificios de un solo salto, tenemos la respuesta al estrés. Lucha, Huida, Parálisis y Adulación son los nombres de nuestros superhéroes. En serio, con solo percibir un peligro, real o no, el cerebro y el cuerpo entran en acción como una especie de superhéroe al rescate. No nos volvemos verdes como el Increíble Hulk, pero tan rápido como él lo hace, experimentamos una serie de cambios biológicos y fisiológicos en cascada en nuestra mente y en nuestro cuerpo que nos ayudan a mantenernos seguros y listos para responder al peligro. Quiero decir, eso es bastante rudo, ¿no crees?

Nuestros cuerpos y mentes pueden hacer cosas increíbles cuando nos convertimos en nuestra personalidad de superhéroe de estrés. La sangre bombea al corazón y los músculos están listos para luchar o huir, paralizarnos o apaciguar al enemigo. Pensemos en la madre que levanta un auto cuando su hijo está en peligro. Nuestro cuerpo también es igual de heroico en el día a día. En el duelo, eso podría parecer como quedarse despierto toda la noche para consolar a nuestro hijo afligido o realizar las tareas de preparación del funeral sin dormir.

NO SIEMPRE PODEMOS USAR LA CAPA

Algunas de nuestras funciones corporales en verdad obstaculizan el estilo de un superhéroe, por lo que se desconectan cuando estamos estresados. La digestión se detiene porque no queremos tener que detenernos a orinar cuando estamos corriendo. Las hormonas que nos dan sueño también pueden apagarse, porque no queremos quedarnos dormidos cuando el peligro acecha a la vuelta de la esquina. El impacto de este prolongado modo superhéroe es amplio y variado, pero incluye una serie de molestias, dolores, infecciones, incluso enfermedades graves y crónicas. Las señales de que estás sintiendo el duelo en tu cuerpo incluyen:

- *Dolor corporal.* Los músculos se tensan en respuesta a la activación del estrés, y esto provoca todo tipo de dolores y molestias en el cuerpo. La tensión muscular también dificulta la respiración.
- *Torpeza.* El estrés continuo en tu sistema nervioso hace que tu cuerpo actúe y reaccione de manera diferente, lo que resulta en mayor torpeza.
- *Disociación/Incorporeidad.* El estrés extremo o prolongado hace que te sientas desconectado de ti y del mundo que te rodea. Casi como si estuvieras separado de tu cuerpo. Esta desconexión también puede ser signo de una respuesta al trauma. (Revisa "demasiado, muy rápido").
- *Dolores de cabeza.* Seguro no te sorprende que el estrés, incluido el estrés del duelo, desencadene tensiones nuevas o intensifique las existentes y otros tipos de dolores de cabeza.
- *Problemas cardíacos.* Las hormonas del estrés hacen que el corazón bombeé más rápido para llegar a los órganos vitales. Por eso sientes palpitaciones en el pecho. Con el tiempo, un aumento sostenido de la frecuencia cardíaca y la presión arterial alta podrían provocar un ataque cardíaco.
- *Acidez estomacal.* El estrés aumenta la producción de ácido estomacal, lo que crea o exacerba los síntomas de acidez estomacal.
- *Niveles altos de azúcar en sangre.* El estrés libera azúcar extra en el torrente sanguíneo. Si esto sucede durante un período prolongado, aumenta el riesgo de diabetes tipo 2.
- *Problemas de deseo sexual, funcionamiento y fertilidad.* El estrés interfiere con el sistema reproductivo y provoca problemas de fertilidad tanto

en hombres como en mujeres. El estrés y la fatiga correspondiente que lo acompaña pueden afectar tu libido. El estrés en el cerebro interfiere con la capacidad de un hombre para lograr una erección. Las hormonas del estrés también provocan un caos en el ciclo menstrual, provocando períodos irregulares o, en casos extremos, la ausencia de períodos.

- **Dolores de estómago y problemas digestivos**. El estrés afecta el sistema digestivo del cuerpo, provocando dolencias como dolores de estómago y náuseas.
- **Inmunidad debilitada**. El estrés afecta las defensas naturales del sistema inmunológico, dejándolo más vulnerable a las infecciones.

SÍ, LOS ESTRESORES APESTAN

El estrés es una realidad de la vida. No es realista, ni siquiera posible, eliminar todos los factores estresantes de nuestras vidas. Pueden ser buenos factores estresantes, como empezar un nuevo trabajo o escuela, y malos, como divorciarse o ser despedido. Y cuando estamos viviendo el duelo, el volumen y la intensidad de los factores estresantes son más altos de lo normal.

Por todas las razones que ya exploramos, desde lidiar con emociones, pensamientos y recuerdos intensos hasta la toma de decisiones y la fatiga, nuestro cuerpo considera que los factores estresantes son amenazas. El estrés es una respuesta automatizada y arraigada no una elección racional. Por lo tanto, ver nuestro estrés como una especie de debilidad o fracaso moral es inexacto e inútil.

EL PROBLEMA ES QUEDARSE ATASCADO

Recuerda, nuestra respuesta a los factores estresantes debe ser temporal, lo que nos permitirá huir con rapidez a un lugar seguro. Es decir, cuando se activa la respuesta al estrés, debemos descargarla cuando ya no estemos en peligro. Así como Hulk necesita regresar a Bruce Banner para continuar con su vida diaria, debemos configurar nuestra personalidad de superhéroe para que funcione bien.

El desafío es que nuestra percepción del peligro es constante. Como resultado, quedamos atascados en nuestro personaje de Lucha, Huida, Parálisis o Adulación. Percibimos los pensamientos, emociones y recuerdos intensos como factores estresantes. Con mucha frecuencia nos encontramos atrapados en el estrés y ahí es cuando se convierte en un problema.

El cerebro y el cuerpo hablan idiomas diferentes. Seguimos pensando "estoy bien, solo necesito calmarme, es solo un factor estresante", pero el cuerpo no puede escuchar nuestros pensamientos. Debemos hablar el lenguaje del cuerpo. Necesitamos hacer algo para enviar una señal al cuerpo de que estamos a salvo.

Como explican Emily y Amelia Nagoski en su fenomenal libro *Hiperagotadas*: "Lidiar con el estrés es un proceso separado de lidiar con lo que lo causa. Para lidiar con el estrés, tienes que 'completar el ciclo del estrés'. Debes hacer algo que le indique a tu cuerpo que estás a salvo o permanecerás en ese estado, con neuroquímicos y hormonas que se degradan al no pasar nunca a la relajación. Tus sistemas digestivo, inmunológico, cardiovascular y musculoesquelético nunca reciben la señal de que están a salvo".

A diferencia de los días en que huíamos del peligro físico del tigre dientes de sable y buscábamos seguridad en una cueva con nuestra tribu, nuestros factores estresantes de la actualidad son, en su mayoría, cognitivos y emocionales. Esto hace que descargar el estrés sea más retador. Esto se debe en gran medida a nuestro malentendido de que el estrés está "en nuestra cabeza". Eso significa que estamos tratando de responder al estrés con el cerebro pensante. Por fortuna cada vez se reconoce más que el estrés está arraigado y que debemos responder con el lenguaje del cuerpo para liberarlo.

DESBLOQUEARSE

Por lo general, intentamos usar el cerebro racional para decirle a nuestros sabios cuerpos que dejen de protegernos del peligro. Primero, nos reprendemos a nosotros y a los demás por sentirnos estresados y, luego, tratamos de resolver el problema diciendo cosas inútiles: "No te estreses tanto. Todo va a salir bien". *Voilà*, problema resuelto.

Pues no, por supuesto que eso no funciona. Así que estemos todos de acuerdo en dejar de decir esas tonterías.

Si no podemos hablar o pensar para salir de un estado de estrés, ¿qué podemos hacer? La buena noticia es que existen muchas herramientas fáciles y accesibles que podemos utilizar, estrategias respaldadas por la ciencia para aliviar el estrés. El desafío que con frecuencia enfrentamos es convencernos de usar las herramientas que tanto necesitamos.

Llorar, lo creas o no, es una de esas herramientas. Muchos ya lo hacemos. ¿Qué otra cosa? Algunas de mis herramientas favoritas incluyen temas que exploramos con más profundidad a lo largo de este libro, como la actividad física, la creatividad, la risa, la meditación, incluida la relajación muscular progresiva, el afecto físico y la respiración.

Quizá te parezca extraño o aleatorio, pero quiero compartir esta herramienta de todos modos en caso de que te ayude. Hay una actividad de consciencia plena que hago cada vez que me siento atrapada en el estrés y luego me siento crítica por estar estresada. Me doy un momento para apreciar la terquedad de mi fisiología. Reconozco la protección que me ofrece. Incluso coloco mi mano sobre el corazón y me digo: "Querido cuerpo, qué manera de respaldarme. Te agradezco la preocupación. Sé que estás tratando de protegerme. Ya detente. No necesito tu ayuda ahora mismo. Estoy a salvo en este momento". Luego hago una de las actividades anteriores. Para mí, los "paseos de belleza" se convirtieron en mi estrategia preferida cada vez que aparece el estrés. (Revisa "busca recursos creativos").

CALENDARIO INTERNO

A veces no necesitas el calendario para saber qué día o temporada es. Lo sientes en tu cuerpo, corazón y alma. Sabes con todo tu ser que este es el aniversario del día que lo cambió todo.

Tal vez conozcas el sentimiento del que estoy hablando. Cuando tu cuerpo lo sabe antes que tu mente. Quizá despiertas más temprano de lo normal o no puedes dormir. Es probable que te invada un miedo abrumador y aterrador.

En lugar de ignorar esas cosas, trata de sentir curiosidad por saber por qué tu cuerpo se siente tan pesado. Observa la opresión en el pecho o el dolor en el cuerpo, la fatiga extrema o los gritos en tu cabeza. Esas alertas del calendario interno ocurren en diversos grados a lo largo de nuestro viaje de duelo. Lo prometo: no son contratiempos ni señales de que no estás sanando. Y sé lo aterradoras y abrumadoras que pueden sentirse.

> *A veces no necesitas el calendario para saber qué día o temporada es. Lo sientes en tu cuerpo, tu corazón y tu alma. Sabes con todo tu ser que este es el aniversario del día que lo cambió todo.*

Durante unos años no entendí lo que le pasaba a mi cuerpo y mente cada julio y agosto, mi temporada del calendario llena de minas terrestres. Dolores de cabeza, resfriados, fatiga, torpeza, lo que sea. Ignoraba al cuerpo y buscaba en los sueños y recuerdos lo que estaba provocando ese cambio extremo. Descartaba la constelación de dolores y problemas en mi cuerpo porque los sentimientos no estaban sucediendo en el *día* exacto.

Hay días obvios y otros no tan obvios. Para mí, los días obvios son: el día en que recibí la llamada de Eric y nos dijeron: "Los resultados de la resonancia magnética están disponibles y encontraron...". El día que celebramos lo que resultó ser nuestro último aniversario de bodas. El día de su primera cirugía cerebral. Al día siguiente, cuando escuché su voz por última vez. El día de su segunda cirugía cerebral y el día en que murió en mis brazos. Todos ocurren en el transcurso de dos semanas y media, pero el cuerpo me alerta que se acerca la temporada antes de la serie de aniversarios.

MOVIMIENTO Y DUELO

El duelo es como una corriente subterránea de agua cambiante y la consciencia plena nos ayuda a adaptarnos a él y a seguir adelante. Me encanta cómo la invitada del *podcast*, J'Aime Morrison, utiliza su sabiduría como profesora de teatro y movimiento para ayudarnos a comprender cómo el movimiento es una meditación que nos ofrece una forma arraigada de vivir el duelo.

Sus conocimientos también provienen de sus experiencias como viuda y surfista. "He llegado a creer —compartió Morrison— que el dolor profundo nos deshace, y que el duelo se trata tanto de lamentar nuestro amor perdido como de obligarnos a rehacernos. Al entender que el duelo llega en olas y que debemos aprender a aprovecharlas, descubrí que el movimiento, como meditación, como modo de transformación y como fuerza creativa para la curación, nos ayuda a sintonizarnos con cómo el duelo se manifiesta en nuestros cuerpos y cómo movernos a través de él, de manera creativa, de adentro hacia afuera. El movimiento no cambiará el terreno, pero puede ayudar a navegarlo".

❦ UNA INVITACIÓN PARA TI ❦
relaja el cuerpo

Prometo que no te voy a decir: "Solo relájate". Nuestro cuerpo responde al estrés tensando los músculos. De nuevo, gracias, cuerpo. El problema es que, con frecuencia, no somos conscientes de que caminamos con los músculos tensos, lo que refuerza el mensaje al cuerpo de que estamos estresados. Una de las mejores formas de romper ese círculo vicioso es con un ejercicio de relajación muscular progresivo. De manera básica se trata de llevar la conciencia al cuerpo, tensar con lentitud y luego relajar cada músculo. Puede ofrecer un alivio inmediato, y cuanto más practiques, más habilidades tendrás para relajarte.

Creé algunas indicaciones e instrucciones a continuación para que puedas guiarte a través de un ejercicio de relajación muscular progresiva. Si prefieres que te guíen, estoy preparada. Encontrarás un código QR al final del libro que te llevará a meditaciones guiadas que grabé solo para mis lectores.

Si quieres practicar ahora, te invito a que adoptes la posición más cómoda para tu cuerpo, donde te sientas sostenido y apoyado. Puedes mantener los ojos abiertos o leer las indicaciones a continuación y guiarte de memoria. Este ejercicio requiere que prestes atención a cada músculo, así que haz lo mejor que puedas para eliminar las distracciones de la habitación. Te invito a tensar cada músculo, pero no hasta el punto de sentir tensión o dolor. De hecho, si tienes lesiones o dolor, omite esa zona de tu cuerpo. A medida que avanzas, pon atención a las sensaciones que experimentas: la sensación del músculo cuando se tensa, la sensación de liberar tensión en cada músculo y la sensación de relajación resultante.

relajación muscular progresiva

comienza con una respiración consciente

Empieza respirando profundo y nota cómo se expanden tus pulmones. Aguanta la respiración durante unos segundos y luego suéltala poco a poco, y deja que la tensión libere tu cuerpo. Pausa y repite. Otra inhalación, lenta y profunda, que llene tus pulmones y expanda tu abdomen, luego exhala poco a poco, notando la tensión que abandona tu cuerpo una vez más.

progreso desde la planta de los pies hasta la parte superior de la cabeza

(ejemplo del proceso)

Lleva tu atención a los pies. Tensa y dobla los dedos de los pies y arquea, luego flexiona los pies. Mantén la tensión y nota la sensación. Mantén durante cinco segundos. Libera la tensión, poniendo atención a la sensación de relajación. Quédate con esa sensación durante unos segundos. Repite este proceso a medida que asciendes por tu cuerpo. Las pantorrillas, la parte superior de las piernas y la pelvis. Continúa hacia el estómago, luego hacia el pecho, repitiendo el proceso a medida que llegas a cada grupo de músculos. Luego, haz lo mismo con la espalda. Sube por los brazos, comenzando por los dedos, luego los antebrazos y la parte superior de los brazos. Sube hasta los hombros, el cuello y la cabeza y repite el proceso. Tensa los músculos de la cara, concentrándote en los músculos alrededor de los ojos, boca y mandíbula. Nota la sensación de tensión, sostén durante cinco segundos, luego libera la tensión, saboreando la sensación de relajación.

demasiado, muy rápido

NO HAY TIEMPO PARA PROCESAR

Trauma es una palabra que se usa mucho en nuestro lenguaje cotidiano, en especial en relación con el duelo. Creo que la naturaleza casual y desinformada de su uso puede ser problemática, tanto para la normalización del duelo, ampliando nuestra comprensión del duelo como una respuesta normal a la pérdida, como para las personas que sufren trastorno de estrés postraumático (TEPT).

NO TODO DUELO ES TRAUMÁTICO, PERO TODO TRAUMA IMPLICA DUELO

Mi teoría es que no todo duelo es traumático, pero todo trauma implica duelo. Esto significa que el duelo es una respuesta normal a la pérdida y, con el tiempo y el apoyo, no nos quedamos atrapados o secuestrados por un sistema nervioso a toda marcha. Por otro lado, todo trauma tiene que ver con pérdidas de control, de seguridad y de relación. Por tanto, todo trauma tiene un componente que requiere atención al duelo.

DEFINICIONES Y DESCRIPCIONES

Trauma

A menudo el trauma se explica como un evento angustiante en el que experimentamos "demasiado, muy rápido", lo cual imposibilita el integrarnos en nuestros cuerpos y mentes, lo que afecta la capacidad de adaptarnos y prosperar. El resultado es un sistema nervioso desorganizado que permanece hipersensible a las amenazas.

Aunque existen distintas definiciones de trauma, prefiero la del doctor Gabor Maté, médico y autor de renombre mundial: "El trauma no es lo que te sucede, es lo que sucede dentro de ti debido a lo que te sucedió. El trauma es esa cicatriz que te hace menos flexible, más rígido, menos sensible y más defensivo".

Traumas grandes y pequeños

En esencia, la diferencia entre el trauma grande y el pequeño es la escala o intensidad del evento externo que causó la reacción traumática en el individuo. El trauma grande (*Big T*) por lo general se relaciona con un evento que pone en peligro la vida, o con una situación muy angustiante o perturbadora. También puede tratarse de un trauma psicológico agudo, como un abuso repetido. Es cualquier situación que provoca sentimientos de extrema impotencia, miedo, falta de control y seguridad.

El trauma pequeño (*Little T*) también es muy angustiante, pero no se incluye en las descripciones anteriores. Algunos ejemplos son: lesiones que no ponen en peligro la vida, intimidación, abuso emocional, muerte de una mascota o el fin de una relación importante. A continuación, explicaré más, pero es importante tener en cuenta que dos personas pueden soportar el mismo evento y es posible que una no lo experimente como traumático.

Duelo traumático

Esto no es un diagnóstico, pero el duelo traumático es un término que se usa para describir el duelo que acompaña a una muerte inesperada o violenta. Por lo general, describe a una persona en duelo que experimenta mecanismos de supervivencia postraumáticos, además de los signos y síntomas tradicionales del duelo.

Resulta difícil diferenciar entre los síntomas del trastorno de estrés postraumático, el duelo y el duelo traumático. Aunque el miedo predomina en el trastorno de estrés postraumático, el duelo tiene que ver con la pérdida. Alguien que experimenta un duelo traumático tendrá al mismo tiempo una sensación subyacente de impotencia.

¿Es una descripción o término útil? No estoy segura, excepto si alguien busca una evaluación por un posible trauma. La intervención basada en el trauma es fundamental en el tratamiento de una persona traumatizada. El apoyo sin esa lente puede causar más daño y sufrimiento innecesario.

CUANDO EL MIEDO DOMINA TU DOLOR

Un desafío a la hora de distinguir el trauma versus el estrés "normal" tras una pérdida profunda es que el trauma puede aparecer en el cuerpo de las mismas formas que el estrés prolongado: sentirse abrumado o nervioso con facilidad, tener una opresión en el pecho, tensión muscular general, dificultad para dormir, problemas de memoria, confusión mental, ansiedad, depresión y disociación.

Si una persona en duelo experimentó una pérdida traumática, puede desarrollar trastorno de estrés postraumático. Se caracteriza por síntomas fisiológicos y psicológicos que ocurren mucho después del evento. Una vez más, aunque el estrés es normal, en el trastorno de estrés postraumático el cuerpo experimenta una respuesta de amenaza química y emocional mucho después de que el peligro pasó. Los comportamientos o síntomas de TEPT interfieren con el funcionamiento normal de la vida.

Una nota sobre las palabras *trastorno* y *desorden*: sí, es útil tener una etiqueta que nos ayude a ver si estamos funcionando de manera óptima. Pero el término me irrita, y a muchos médicos, porque alberga juicios y críticas a nuestros cuerpos, a las partes de nosotros que solo intentan mantenernos a salvo.

Aunque la lista de síntomas de trauma es amplia y expansiva, la terapeuta Suzy Fauria ofrece cuatro categorías amplias:

Excitación y reactividad

El trauma afecta la respuesta normal o básica del cuerpo ante los estímulos, desencadenantes, disparadores o factores estresantes cotidianos. Por un lado, puede reducir tu "ventana de tolerancia", el nivel apropiado de excitación que tu sistema nervioso necesita para funcionar y prosperar todos los días. En otras palabras, es ese punto óptimo donde puedes manejar situaciones estresantes y desencadenantes sin sentirte abrumado por completo.

Esto incluye una mayor intolerancia a situaciones angustiantes. Puede parecer que te sientas abrumado con facilidad hasta el punto de cerrarte o hundirte en un miedo o rabia extremos por situaciones que otras personas describirían como no desencadenantes.

La hipervigilancia es solo un estado elevado de conciencia, que escanea de manera constante el panorama y evalúa posibles amenazas. Para ser honesta, lo experimento hasta el día de hoy, es una de las respuestas traumáticas residuales que aparecen si no estoy trabajando de manera activa en la regulación de mi sistema nervioso, incluso después de mucha terapia de trauma.

Evitación
La evitación es otra categoría de respuestas al trauma que implementamos, muchas veces de forma subconsciente, para protegernos. Esto puede incluir evitar personas, lugares, actividades, pensamientos y sentimientos relacionados con el trauma.

Cambios de humor y cognición
Desde el autojuicio, la culpa y la vergüenza hasta la pérdida de interés y una visión negativa del mundo, el impacto del trauma puede provocar pensamientos distorsionados y cambios de humor a largo plazo. Lleva a un comportamiento autodestructivo y tiene un impacto negativo en el mantenimiento de las relaciones.

Reexperimentación
Revivir un momento o una experiencia aterradora del pasado, por ejemplo, fuiste testigo de una muerte violenta o encontraste el cuerpo del difunto, puede sentirse como ver una imagen o un video en la mente. También como la sensación de ser desencadenado por determinados olores, sonidos y vistas, de ciertos objetos o caras, donde tu cuerpo regresa a la sensación abrumadora, de impotencia y falta de seguridad que sentiste durante el evento traumático.

MITOS COMUNES
Todas las muertes violentas provocan un duelo traumático
Como el trauma es la respuesta interna a un evento externo, dos personas pueden experimentar con exactitud la misma pérdida de la misma forma, por ejemplo, el asesinato de uno de los padres, y responder de maneras diferentes. Los factores personales, la historia y las capacidades, como los estilos de afrontamiento, la regulación emocional, los esquemas cognitivos, los antecedentes de trauma y la inmediatez del acceso al apoyo, desempeñan un papel.

Aunque es más probable que las muertes violentas, inesperadas o fuera de orden resulten en un duelo traumático, todos los tipos de pérdidas por muerte tienen el potencial de abrumar el sistema nervioso y provocar un trauma.

El trauma es un signo de debilidad

Al desacreditar este mito, de verdad aprecié el enfoque de los Sistemas de la familia interna, un enfoque de intervención en trauma creado por Richard Schwartz. En esencia, nos invita a considerar nuestras conductas y respuestas relacionadas con el trauma como partes hermosas y necesarias de nosotros que actuaron para mantenernos a salvo después del evento abrumador. Los síntomas continuos que estamos experimentando o demostrando son partes que se adaptaron para protegernos pero que ya no nos sirven, incluso nos causan más daño.

Los traumas no se curan

La sanación tras un trauma es gradual y requiere mucho tiempo, paciencia y trabajo duro. Aunque quizá siempre serás susceptible a los desencadenantes, dado que el trauma original que provocó los síntomas no desaparece, los síntomas se pueden controlar.

APEGO, PÉRDIDA Y MIEDO

La relación entre apego, trauma y duelo es compleja. Una discusión completa al respecto está más allá del alcance de este libro. Pero a medida que exploramos y entendemos cómo y cuándo el trauma y el duelo pueden superponerse en nuestras vidas, debemos explorar un poco nuestro impulso primario de apego y las consecuencias de cuando se altera o se rompe.

De manera neurobiológica, estamos programados para sobrevivir y, cuando somos bebés, lo hacemos formando vínculos con uno o más cuidadores. En los casos donde el apego no se forma o se rompe de manera permanente, nuestros cuerpos tratan la falta de apego como una amenaza a nuestra seguridad. Como resultado, a menudo nos inunda un miedo que nos impulsa a actuar en consecuencia, a protegernos a través de una de las respuestas al trauma: huir, luchar, paralizarnos, apaciguar o disociarnos.

En esencia, vemos el mundo como un lugar peligroso. Los apegos rotos pueden provenir de experiencias como la adopción, el abuso, la muerte o desaparición de un cuidador parental principal. Incluso las oportunidades inconsistentes o poco confiables de apego desencadenan nuestra respuesta de miedo, manteniéndonos alerta ante cualquier señal de que el apego desaparecerá de nuevo. De cualquier manera, el miedo domina nuestra forma de ver el mundo y eso tiene un costo.

Si como yo sufres heridas de apego, estilos de apego ansioso, desorganizado o evitativo, es más probable que respondas a la pérdida de una figura de apego importante, por ejemplo, un padre o una pareja, con miedo. Esto es más probable si la pérdida fue abrupta o violenta. Como hija de padres que experimentaron un trauma y como sobreviviente de una violación en mi adolescencia y otros delitos en mi edad adulta temprana, tengo una historia de trauma y un estilo de apego inseguro. Aunque de milagro experimenté un apego seguro en mi relación con Eric, las circunstancias traumáticas de su muerte hicieron que esas viejas heridas y respuestas regresaran, y el miedo dominó mi duelo desde el principio.

¿Por qué te digo esto? Bueno, como me explicó hace poco mi exterapeuta, no es necesario que la pérdida en sí o nuestras experiencias pasadas sean etiquetadas como traumáticas, o que cumplan los criterios para un diagnóstico de trastorno de estrés postraumático, para considerar el valor de las intervenciones basadas en el trauma con un doliente. ¿Por qué? El miedo es primario, codicioso y bloquea la capacidad de experimentar nuestro duelo de manera "limpia", incluida la tristeza normal y profunda que lo acompaña. (Revisa "por supuesto que es complicado").

¿Cómo saber si las heridas de apego y miedo interfieren con tu duelo? Aunque parece diferente para cada uno, algunas señales reveladoras de que el miedo está a cargo incluyen el perfeccionismo, el miedo a correr riesgos, posponer, anhelar el control, comportamiento paralizante, problemas con la toma de decisiones, suprimir necesidades y complacer a las personas. Existen muchos recursos excelentes sobre la curación del trauma, incluido *The Tender Parts: A Guide to Healing from Trauma through Internal Family Systems Therapy* de Ilyse Kennedy (invitada del *podcast*), *El poder del apego* de Diane Poole Heller y *El mito de la normalidad* del doctor Gabor Maté.

Encontrar un terapeuta sabio, informado y especializado en habilidades de intervención en traumas marcó una enorme diferencia en mi proceso de duelo. Si el miedo predomina en tu duelo, sin importar la etiqueta de trauma, te recomiendo muchísimo que busques un proveedor de atención sobre traumas que te apoye en tu proceso de duelo.

SOPORTE ESPECIALIZADO

No es necesario, ni *deberías*, diagnosticarte tú mismo. Como ocurre con todo lo relacionado con el duelo, no es necesario que lo hagas solo. Obtener ayuda es fundamental. Si sospechas o sabes que experimentaste una pérdida traumática o tienes un trauma pasado no procesado que está afectando tu experiencia actual de duelo, asegúrate de consultar a un terapeuta u otro proveedor de salud mental que se especialice en trauma. Puede marcar una gran diferencia.

Intervenciones como EMDR (Reprocesamiento y Desensibilización a través del Movimiento Ocular), IFS (Sistemas de la Familia

Interna) y algunos medicamentos ISRS (Inhibidores Selectivos de la Recaptación de Serotonina) pueden ayudarte a recuperar la regulación de tu sistema nervioso para que puedas tolerar y vivir tu duelo. Incluso hay nuevas investigaciones que muestran los beneficios del uso controlado de psicodélicos.

ॐ UNA INVITACIÓN PARA TI ॐ
prueba ejercicios relajantes*

Toda persona que experimenta un duelo, sin importar un posible diagnóstico de trauma, se siente ansiosa y abrumada. Esta invitación consiste en probar dos de mis técnicas favoritas que uso de manera habitual, incluso en los días en los que estoy tranquila (de manera relativa). Usarlas con frecuencia ayuda a que las técnicas se vuelvan más instintivas, de modo que cuando las necesito, son accesibles con facilidad. Lo bueno de ambos ejercicios es que son efectivos, incluso si solo dispones de unos minutos.

*De nuevo, si sabes que tienes un historial de trauma o trauma relacionado con tu duelo, asegúrate de encontrar un profesional capacitado que te apoye en el desarrollo de prácticas que ayuden a calmar tu sistema nervioso.

---

piernas a la pared

Una de las formas más rápidas de activar esa parte de "descansar y digerir" de tu sistema nervioso es tumbarte en el suelo y apoyar las piernas en la pared.

Desliza tu trasero contra la pared, luego levanta las piernas y déjalas descansar sobre la pared.

Lleva la conciencia a tu cabeza y relaja los músculos de la cara y el cuello.

Coloca las manos sobre el abdomen o a los lados, en el suelo.

Observa si mantienes tensión o esfuerzo en cualquier otra parte del cuerpo y suaviza si puedes.

Quédate así de diez a quince minutos o lo que te resulte más cómodo.

exhalaciones prolongadas

Otra forma rápida de calmarse es alargar las exhalaciones el doble de las inhalaciones.

Encuentra una posición cómoda para ti. Puede ser de pie o sentado.

Date un momento para notar la posición de tus hombros. Si están encorvados hacia adelante o hacia arriba junto a las orejas, intenta girarlos hacia atrás y hacia abajo para crear una apertura en el pecho, lo que facilitará las respiraciones profundas.

Suaviza la mirada. Si te sientes cómodo, cierra los ojos.

Lleva tu conciencia al pecho, a tu respiración tal como es.

Luego empieza a respirar lento por la nariz, respirando hacia el abdomen y siente cómo se expande el pecho.

Después exhala con lentitud, por la boca, sintiendo que el pecho se contrae y el vientre se ablanda.

Cuando lo domines, comienza a exhalar aún más lento.

Puedes inhalar contando hasta tres y exhalar contando hasta seis. O podría ser una proporción de 2:4.

Recuerda, tu mente divagará, así que cuando lo haga, solo regresa tu atención a la respiración. Cuenta con la mente mientras inhalas en tres y exhalas en seis.

Puedes hacer esto durante diez minutos si quieres, pero incluso una sesión de dos minutos resulta muy útil.

emociones, sentimientos y estados de ánimo, ¡ay, Dios!

LOS SENTIMIENTOS TIENEN UNA HISTORIA

A estas alturas ya sabes que me encantan las metáforas, así que usaré una para que entiendas la diferencia entre emociones, sentimientos y estados de ánimo. Conocer los matices es útil para moverte a través del panorama emocional de tu mundo en duelo.

Las emociones son datos en bruto
Las emociones son automáticas. Aparecen sin tu permiso. ¡Malditas perras mal educadas! La explicación científica es que las emociones son un impulso neuronal que hace que un organismo actúe, provocando un comportamiento reactivo automático. Ese comportamiento se adaptó a través de la evolución como un mecanismo para satisfacer una necesidad de supervivencia. Las emociones son información y existen para protegernos, incluso si no queremos que lo hagan. Los científicos descubrieron que, si no interferimos, las emociones solo duran noventa segundos.

Los sentimientos son datos con historias
Los sentimientos tienen que ver con cómo percibimos nuestras emociones y surgen a través de un acto de interpretación. Las

historias que nos contamos, y que otros nos cuentan, sobre nuestras circunstancias afectan los sentimientos. Y luego están las historias que aprendimos sobre las etiquetas buenas o malas de cada sentimiento (felicidad = bueno; ira = malo). Como los sentimientos involucran historias, tenemos la oportunidad de explorar qué tan confiable o útil es, o no, el narrador. Por desgracia, muchas veces nosotros actuamos como narradores poco confiables e inútiles. Después de unos noventa segundos, experimentamos sentimientos basados en las historias que asociamos a las emociones.

Los estados de ánimo ocurren cuando las historias se afianzan
Aunque la definición de estado de ánimo incluye la palabra *temporal*, nuestro uso diario implica algo más largo. ¿Cuánto tiempo? Yo diría que algo entre "más que fugaz" y "menos que para siempre". Los estados de ánimo surgen cuando las historias adjuntas a nuestros sentimientos se afianzan y generan un surco. Piensa en las huellas de un camino lleno de lodo durante lo que en el norte de Vermont llaman "temporada de barro".

TODO EL MALDITO ALFABETO
Las emociones que experimentamos tras la pérdida podrían llenar el alfabeto. Pero la historia colectiva de emociones del duelo apropiadas y permisibles parece atascada en las letras T y D: tristeza y dolor. Aunque dichos sentimientos son predominantes, esa estrecha visión niega la infinidad de sentimientos muy reales y válidos que podemos experimentar tras una pérdida. Por cierto, este analfabetismo emocional también nos afecta fuera del duelo.

En *Atlas del corazón*, la investigadora, trabajadora social y una de mis muchas guías sobre el duelo, Brené Brown, explica que tenemos ochenta y siete emociones y experiencias. ¡Ochenta y siete! ¿Ves cuán absurda es la creencia cultural de que, en respuesta a la pérdida más profunda de nuestras vidas, solo debemos mostrar unas pocas?

No enumeraré las ochenta y siete aquí, pero sí diré que reconocer que existe una amplia gama de las llamadas respuestas emocionales apropiadas ante la pérdida me brindó alivio a mí y a muchos de mis pacientes. Algunos de los sentimientos que personas como tú pueden experimentar durante el duelo incluyen ira, angustia, ansiedad, confusión, calma, desesperación, pavor, miedo, alegría premonitoria, frustración, culpa, angustia, dolor, celos, alegría, soledad, nostalgia, vergüenza, incluso alivio. Podemos tenerlos todos, sentirlos todos, y más, y no necesitamos creer en los límites.

Si alguien juzga tus emociones, incluso si ese alguien eres tú, canaliza la sabiduría de Hermione Granger de los libros y películas de *Harry Potter* y responde: "El hecho de que tengas el rango emocional de una cucharadita no significa que todos tengamos el mismo".

SIGUE EL CAMINO AMARILLO

Lo creas o no, tenemos algunas cosas en común con los personajes de la película *El Mago de Oz*. Mientras Dorothy y sus amigos siguen el camino amarillo, temen a los leones, los tigres, los osos y las brujas ¡Dios mío! Pasan casi todo el viaje sin darse cuenta de que siempre tuvieron la fuerza dentro de ellos para encontrar, sobrevivir y prosperar. Lo mismo ocurre con nosotros mientras vamos por el camino de las trampas explosivas que surgen al enfrentar los sentimientos, emociones y estados de ánimo que rodean nuestro duelo. Y sí, a veces parece como si hubiera extraños monos voladores en cada esquina.

DEJA QUE SUCEDA

Ya sea que las llames emociones o sentimientos, debemos dejar que sucedan. Y me refiero a todos. Este es un recordatorio importante y difícil para los que tendemos a ignorar ciertas o todas las emociones. Para mí, la ira es esa emoción. Tengo muchas historias dañinas que trato de desaprender sobre la ira porque reconozco que se interponen en mi camino. Me recuerdo que la ira es solo un catalizador; no es buena ni mala, es solo que aferrarme a ella no le permite hacer su trabajo de llevarme a la acción. Por ejemplo, cuando alguien que quiero mucho está viviendo un duelo y otra persona dice algo bien intencionado pero dañino, mi enojo por ese daño me obliga a hablar, interrumpir a la persona y consolar a mi ser querido. Entonces, el primer paso es aprender a estar con nuestros sentimientos. Todos. Me pregunto si sabes cuáles son los tuyos.

Esta sabiduría proviene en parte de otro maestro del duelo, el poeta Rainer Maria Rilke, quien dijo: "Deja que te suceda todo: belleza y terror. Solo continúa. Ningún sentimiento es definitivo".

Su invitación es muy profunda, pero muy difícil de lograr. Una de las consecuencias de nuestra cultura analfabeta sobre el duelo es que, como criticamos y a veces patologizamos la mayoría de los sentimientos, aparte de la felicidad, tenemos muy poca práctica en estar con nuestras emociones. La falta de práctica provoca malestar con muchas de las emociones que sentimos. Luego, a menudo confundimos la incomodidad con una señal adicional de que son sentimientos equivocados o malos y que, en primer lugar, somos malos por tenerlos.

Evitar el duelo significa que muchos heredamos creencias limitantes sobre qué sentimientos son aceptables, o no, después de una pérdida. Esas creencias sobre las emociones en el duelo vienen acompañadas de otras reglas vagas, pero impuestas por la sociedad sobre cuánto tiempo deben durar las emociones, quién debe tenerlas, etcétera, lo que dificulta aún más el arduo trabajo del duelo.

Es más difícil porque, además de experimentar el profundo dolor del duelo, muchas veces estamos plagados de juicios y ansiedad cada vez que surge una emoción que no está en esta lista preaprobada. "¿Alivio? ¿Está bien que sienta alivio? ¿Soy una mala persona por sentir un momento de alegría tan pronto?". Si eres como yo en los primeros momentos de duelo, esas preocupaciones te harán sentir más aislado y solo. (Revisa la "Introducción" para obtener más información sobre las creencias sobre el duelo).

Muchos tenemos creencias sobre lo apropiado de tener y expresar ciertas emociones durante el duelo. Algunas creencias son útiles y positivas, por ejemplo: "Está bien expresar tristeza y dolor por la muerte de mi ser querido". Pero muchos tenemos reglas sobre las emociones durante el duelo que no solo son inútiles para nuestra curación, sino que con frecuencia son dañinas, por ejemplo: "No tengo derecho a sentir nada acerca de esta muerte porque (llena el espacio en blanco)".

Aunque no puedo deshacer años de mala educación con unas pocas frases, lo intentaré.

No eres tus emociones.
No eres tus emociones.
No eres tus emociones.

Las emociones no tienen valor inherente y, por lo tanto, tú tampoco lo tienes por sentirlas. Las emociones pueden ser dolorosas e insoportables, pero no representan nada bueno o malo. Solo son información. Cuando surjan, date un momento para estar con tus emociones. Siéntelas todas. No importa lo pegajosas, dolorosas o incómodas que sean.

Haz tu mejor esfuerzo para notar tus emociones con amabilidad y compasión. Cuando notes que las juzgas, di: "Ah, esta es una creencia sobre las tramposas emociones del duelo que me advirtió Lisa". Notarlas mientras están presentes te da la oportunidad de aprender de ellas. Confía en que te atravesarán… como todas y cada una de las emociones que experimentaste en la vida.

> Las emociones no tienen valor inherente y, por lo tanto, tú tampoco lo tienes por sentirlas. Las emociones pueden ser dolorosas e insoportables, pero no representan nada bueno o malo. Solo son información.

DESCUBRIENDO NUESTRAS HISTORIAS

A lo largo de la vida desarrollamos las creencias sobre el duelo en torno a las emociones. Muchas de las más arraigadas en nuestra forma de ver el mundo se desarrollaron en la infancia. Aprendimos las reglas de las emociones basándonos en las reacciones que obtuvimos de los cuidadores cuando mostramos ciertas emociones. Por ejemplo, si cuando eras pequeño te aislaban y castigaban cada vez que expresabas enojo, tal vez hoy tengas una historia negativa sobre el enojo. Podrías decir: "La ira hace que no sea digno de ser amado o que no sea digno de estar cerca". Si cuando eras adolescente, un cuidador o familiar te dijo que "ya lo superaras" solo días después de tu primera ruptura, es posible que aprendieras que la tristeza por perder a una pareja, durante cualquier cantidad de tiempo, es inaceptable. Precaución: en este tema, evita pensar en "todo o nada"; es muy probable que tus cuidadores también te hayan inculcado creencias positivas o útiles.

¿Eso significa que debes ignorar tus sentimientos porque podrían estar basados en historias o creencias poco confiables? No, claro que no. Necesitas hacer espacio para sentir todos tus sentimientos. Son necesarios, bienvenidos e informativos. Y es importante no tomarlos como hechos. Puede resultar útil sentir curiosidad de vez en cuando para descubrir si una historia se arraigó en torno a una determinada emoción recurrente que estás experimentando (o la ausencia de ciertas emociones que esperabas sentir). He aquí algunos temas útiles que podrías buscar y preguntas que podrías hacerte.

Binario
¿Mi historia incluye mucho pensamiento de "uno u otro"? ¿Y de "todo o nada"? ¿Blanco o negro?

Duración
¿Dejo que las historias sigan y sigan? ¿Las repito en voz alta o solo para mí? ¿Me mantienen con los sentimientos aún más tiempo? ¿O mis historias insisten en que cierre el acceso a ciertas emociones? ¿O ambas opciones, dependiendo de la emoción?

Tono
¿Mis historias están llenas de lenguaje compasivo o declaraciones críticas?

Propiedad
¿Las historias son mías? ¿Representan lo que creo respecto a las emociones o son historias que heredé de otro lado?

Utilidad
Cuando experimento sentimientos fuertes o grandes, las historias que escucho de manera interna ¿apoyan mi curación o me hacen daño?

Cuando me siento triste, sola, irritada, enojada, frustrada, etcétera, aprendí a escuchar en silencio las historias que me dan vueltas en la cabeza. Me llevó algo de tiempo y mucha práctica. Pero sigo practicando porque los viejos hábitos son difíciles de erradicar.

Tras la muerte de Eric, los sentimientos de soledad me acosaron durante mucho tiempo, algo comprensible al principio, cuando el amor de mi vida estaba muerto. Todo el tiempo lloraba. Incluso años después de su muerte, noté que la soledad persistía durante largos períodos. A veces, la soledad desaparecía unos instantes, pero regresaba con la misma intensidad. Cuando me oí decir las mismas cosas sobre la soledad a un querido amigo por centésima vez, sentí curiosidad. Bueno, para ser honesta, primero me frustré y luego sentí curiosidad.

De verdad traté de ser una observadora externa. Puse atención a cómo me hablaba antes de que apareciera la soledad y después de que llegaba. Escuché un montón de pensamientos de "todo o nada": "Siempre estaré sola", "nadie tiene tiempo para mí" y "soy la única que alguna vez se acerca". Observé con atención cuánta verdad había en esas historias. Noté que cuanto más me decía esas cosas y a ese amigo, más se hacían realidad las historias y más sola me sentía.

Me llevó tiempo, pero comencé a buscar excepciones y me aseguré de notarlas, como cuando pasaba tiempo de calidad con mi familia y cuando mis amigos se acercaban primero. También cuestioné mi suposición de que era trabajo de otras personas acercarse primero. No negué los sentimientos que tenía, pero al interrumpir las historias cuando aparecía la soledad, la intensidad disminuyó y la soledad se convirtió en una visitante menos frecuente. A continuación, analizaremos ese proceso.

RECONOCER Y CAMBIAR TU RELACIÓN CON LAS EMOCIONES

Las creencias sobre el duelo toman la forma de historias que desarrollas en la cabeza y que exacerban tu relación con ciertas emociones o que las hacen más graves. El proceso de cambiar la relación con tus emociones no es lo mismo que ignorar o negar tus sentimientos. Se trata de encontrar una manera de distanciarte un poco de ellas para poder observarlas, permitir que se muevan a través de ti y limitar tu propensión a quedar atrapado en las historias que no te permiten crecer ni sanar.

Cualquier emoción que sentimos de forma intensa o que nos causa malestar, como la ansiedad, puede convencernos de que *somos* el sentimiento y él está a cargo de nosotros. Esa no es una relación saludable. Estos son los pasos que seguí, basados en la experiencia que compartí antes, para cambiar mi relación con las emociones y las historias que cuento sobre ellas:

1. Estar con el cuerpo

Recuerda, las emociones son impulsos neuronales que viven en el cuerpo, por eso es importante regresar al cuerpo. Encuentra una manera de estar con tu cuerpo, en especial cuando experimentas emociones poderosas. Estar en el cuerpo, o estar presente, te permite hacer conciencia y luego moverte con intención basándote en lo que descubriste. Como explica una de mis profesoras de duelo, Prentis Hemphill: "Estar en el cuerpo es ser consciente de las sensaciones, los hábitos y las creencias de nuestro cuerpo que nos dan información sobre nosotros. Estar en el cuerpo requiere la capacidad de sentir y permitir las emociones del cuerpo. Esa conciencia de estar en el cuerpo es necesaria para realinear lo que hacemos con lo que creemos".

¿Un camino para lograrlo? Haz algo que te aterrice, algo que detenga la narración, te saque de la mente preocupada y te regrese al presente: caminar, balancearte, tararear o respirar profundo. ¿Otra cosa útil? Agrega música alegre o relajante para invitar a un estado más positivo. Combinar todo eso puede cambiar tu estado de ánimo.

2. Exteriorizar el problema
Tú no eres tus pensamientos y sentimientos. Pero los pensamientos y sentimientos son complicados porque la mayor parte del tiempo no se controlan. En terapia narrativa, a eso le decimos "exteriorizar el problema". Imaginar los pensamientos y sentimientos fuera de ti te permite verlos separados y dejar de reaccionar ante ellos de forma impulsiva. Estás reemplazando "me siento solo" por "la soledad está aquí de visita" o "tengo el sentimiento de soledad".

Puedes hacer esto escuchando con atención tus pensamientos o escribiéndolos durante quince minutos y luego leyendo lo que escribiste; es importante aprender a ser testigo de tus pensamientos.

3. *Interrumpir la reproducción automática*
Por alguna razón, a menudo caemos en la rutina de contar y recontar las historias en ciclos (a nosotros y a cualquiera que quiera escucharnos). Aunque necesitamos y merecemos que nos vean y abracen en nuestro duelo, repetir las mismas historias cargadas de sentimientos nos mantiene atrapados en un bucle emocional, reforzando un estado de ánimo que tal vez no nos sirva. Interrumpir tu historia es importante porque el cuerpo experimenta las emociones como si estuvieran sucediendo en el momento.

4. Notar las historias de excepción

Darte cuenta de si tus historias tienen un patrón de "todo o nada" es una práctica útil cuando tu relación con las emociones es difícil, ya sea porque tienes dificultades para acceder a ellas o porque se exceden cuando les das la bienvenida. Esta práctica requiere que seas curioso, compasivo y perspicaz, no crítico.

¿Tu malestar con la emoción está ligado a una creencia de duelo? ¿Esas creencias son inútiles? Tal vez suena como esto: "La tristeza es un signo de debilidad, así que *no debería* sentirme así. Sentirme así me convierte en una mala persona. Me dificulta estar cerca de otras personas y me hace indigno de ser amado".

Qué pasaría si una historia alternativa sonara así: "Por supuesto que estoy triste. ¿Cómo podría ser de otra manera? Esta persona significaba todo para mí, y la tristeza es una respuesta normal a perderla". El cambio en la historia de tristeza, ¿de qué manera influiría en la duración de la emoción o en cómo te sientes contigo durante y después?

Identificar la excepción para tus historias dominantes de emociones también es una práctica útil cuando te encuentras atrapado en una emoción que quizá se alargó más de lo esperado, como la soledad para mí. Si descubres que ciertas emociones persisten con la misma intensidad, frecuencia o regresan de forma repetida durante estadías prolongadas, esta herramienta te será útil.

Notar la historia de excepción en el caso de arrepentimiento puede significar que escuchas algo así de manera continua: "*No debería* haber hecho (completa la acción/inacción). Si tan solo hubiera (acción/inacción) diferente, el resultado habría cambiado por completo. Todo es mi culpa". La próxima vez que escuches esa historia, considera una versión alternativa: "Tomé una decisión y, en ese momento, era la mejor con la información que tenía. Si hubiera sabido las consecuencias o el resultado, habría tomado una decisión diferente".

Una metáfora que me gusta utilizar para encontrar un equilibrio saludable entre reprimir mis sentimientos y quedarme atrapado en ellos es tratarlos como visitantes que comparten una taza de café. Escribí un poema hace años como una ofrenda para que consideres una relación diferente con tus sentimientos.

Pasaron por una taza de café

Mientras estabas ocupado, tus emociones pasaron por una
    taza de café.
Son solo visitantes que buscan un respiro cálido y acogedor,
estos viajeros llegaron a tu puerta con historias y
    conocimientos.
Paseantes que deseen transmitir la sabiduría que descubrieron
en el camino recorrido y la senda que queda por delante.

Mientras estabas ocupado, tus emociones pasaron por una
    taza de café.
El miedo tocó con nerviosismo, luego tamborileó y después
    golpeó la puerta.
La tristeza vagaba con lentitud por el camino de entrada.
El enojo llegó sin previo aviso y tocó el timbre de forma
    repetida.
La confusión zigzagueó hasta que llegó a la terraza.

Mientras estabas ocupado, tus emociones pasaron por una
    taza de café.

La luz radiante de la alegría se atenuaba tras las cerradas
cortinas.
Los regalos del asombro se quedaron sin abrir.
La brillante sonrisa del placer pasó desapercibida a través de la
puerta cerrada.
El consuelo de la gratitud se convirtió en inquietud esperando
que la dejaras entrar.

Mientras estabas ocupado, tus emociones pasaron por una
taza de café.
Estos intrépidos visitantes todavía están esperando en tu
puerta,
solo quieren sentir la calidez de ser vistos y sostenidos por ti.
Están desesperados por compartir la sabiduría de sus viajes...
y no seguirán su camino hasta que les invites una taza de café.

AGRIDULCE Y OTRAS COMBINACIONES

No solo experimentamos docenas de emociones diferentes en respuesta a una pérdida profunda, también podemos sentir más de una al mismo tiempo. Estas emociones no son mutuamente excluyentes y, a veces, se presentan en combinaciones extrañas y sorprendentes.

La alegría fatídica es un gran ejemplo. Ocurre cuando la alegría se ve interrumpida por el pensamiento: "¿Qué pasa si sucede algo malo?". Este pensamiento es la forma de protegernos de ser vulnerables, lo cual no es de sorprender dado que acabamos de experimentar una pérdida profunda y no nos gustaría volver a repetirla. Muchas veces esa es una de las primeras formas en las que se manifiesta la alegría en el duelo.

Tiempo después de la fase inicial de mi duelo, encontré algo agridulce, la combinación de tristeza y felicidad. Ahí supe que había cruzado el umbral imaginado hacia el desordenado punto medio. *Agridulce*, escrito por la guía de duelo Susan Cain, fue revelador.

Cain define lo agridulce como "una tendencia a estados de anhelo, intensidad y tristeza, una aguda conciencia del paso del tiempo, y una alegría curiosamente penetrante ante la belleza del mundo. Lo agridulce también tiene que ver con el reconocimiento de que la luz y la oscuridad, el nacimiento y la muerte, lo amargo y lo dulce, están siempre emparejados". Ella nos da permiso y aliento para sostener "ambos/y":

Sonrellorar

Sonreír por algo hermoso o bueno que está sucediendo y llorar porque tu persona no está ahí para experimentarlo contigo.

"Sonrellorar" es un término emocional que creé hace años, tras experimentarlo demasiadas veces. Sabes que me encantan las palabras y necesitaba una etiqueta para describir lo que me estaba pasando. La gente me veía sonreír y llorar y quedaba muy confundida. Yo también lo estaba las primeras veces que sucedió. "Sonrellorar" es la combinación única de alegría o felicidad y anhelo o nostalgia. Es el momento en el que sonríes por algo hermoso o bueno que está sucediendo y lloras porque tu persona no está ahí para experimentarlo contigo.

Según la investigadora Naomi Rothman, experimentar emociones mezcladas, alias ambivalencia emocional, nos ayuda a ser más adaptables, creativos y receptivos al apoyo. Aprender a nombrar y etiquetar los sentimientos específicos que tenemos nos da la oportunidad de realizar algunas de las actividades anteriores, por ejemplo: observarlos, descubrir lo que intentan enseñarnos, discernir si hay historias inútiles adjuntas y decidir qué queremos hacer con ellos.

EMOCIONES DIFÍCILES, DESAFIANTES E INCOMPRENDIDAS
Tristeza versus angustia
La cantidad de definiciones vagas y superpuestas de tristeza, dolor y angustia señalan que, a menudo, nos cuesta identificar las diferencias cuando experimentamos dichas emociones. Con frecuencia, la tristeza se define como un sentimiento de infelicidad resultante de una pérdida y puede variar de leve a extrema. El dolor es un sentimiento profundo de angustia, desilusión o tristeza. La angustia se explica como un severo dolor o sufrimiento físico o mental.

Vergüenza, arrepentimiento y culpa del sobreviviente
Según Brené Brown, la vergüenza es un "sentimiento o experiencia muy doloroso donde creemos que tenemos defectos y, por lo tanto, somos indignos de amor y pertenencia". La vergüenza es un juicio de valor contra tu humanidad, con historias que dicen: "Soy malo". A diferencia de otras emociones, la vergüenza no es informativa ni productiva. La vergüenza impide la curación. Como describe Brown en *Atlas del corazón*, las condiciones que incrementan la vergüenza son el secreto, el silencio y el juicio. La empatía es la cualidad más importante para interrumpir la vergüenza.

Aun así, muchos sentimos vergüenza por el duelo, ya sea por nuestro comportamiento relacionado con la vida o la muerte del ser querido. En mi *podcast*, Lizzie Cleary explicó cómo aparece la vergüenza en la pérdida y el duelo: "Muchas veces, la vergüenza se experimenta con la pérdida y el duelo. La vergüenza de desear haber hecho algo diferente, sentir que había alguna manera de detenerlo. Creo que los sobrevivientes de un trauma a menudo experimentan una vergüenza similar, no igual, pero similar. Pensar que, si hubieras hecho algo diferente, podrías haberlo detenido o evitado". Como muestra la descripción de Cleary, con frecuencia nombramos de forma errónea o combinamos sentimientos de vergüenza, arrepentimiento y culpa en el duelo.

La culpa del sobreviviente es la respuesta a un evento en el que otra persona murió o experimentó una pérdida y tú no. Los arrepentimientos incluyen sentirse decepcionado por cosas que dijimos o hicimos con nuestros seres queridos (a menudo involucran cosas o acciones que no se dijeron o no se hicieron). En nuestra vida cotidiana, la culpa y el arrepentimiento pueden ser emociones útiles cuando se usan con la autocompasión como herramienta de evaluación. Estas emociones nos ayudan a descubrir cuándo actuamos en contradicción con la moral y, por lo tanto, cuánto daño nos causamos o le causamos a otros. En esos casos, cuando las emociones no están enterradas en la vergüenza por nuestro valor como humanos, nos permiten crecer, arreglarnos y experimentar el perdón, de nosotros y, a veces, de los demás.

NO LO SIENTO

Aunque la expresión del duelo no siempre implica lágrimas, para muchos es una gran parte de la forma en que liberamos emociones. En algún momento del camino, a muchos nos enseñaron que llorar es algo que debe hacerse en privado, una señal vergonzosa de debilidad. El mensaje era claro: las lágrimas eran síntoma de un problema que *debería* causarnos vergüenza.

No estoy segura de haber tenido un paciente que no se haya disculpado por derramar lágrimas durante una sesión individual, incluso en meditaciones guiadas. Así que te diré lo que les digo a ellos: no es necesario disculparse cuando lloras. No me importa si lo haces en el consultorio del médico, en la cola de la caja del supermercado, en una fiesta, en medio de un concierto. Sí, admito que estos son ejemplos personales, solo algunos de los lugares en los que derramé lágrimas profundas, agitadas y feas.

Como mencionamos en capítulos anteriores, llorar es una forma de completar el ciclo del estrés, por lo que se demostró científicamente que es bueno para nosotros. Activa el sistema nervioso parasimpático, lo que ayuda a relajarnos. Libera esas sustancias químicas que te hacen sentir bien, incluida la oxitocina, que ayuda a aliviar el dolor físico y emocional. Libera endorfinas que, por irónico que parezca, mejora nuestro estado de ánimo y bienestar general. Llorar también es un gran calmante para el estrés porque nos ayuda a eliminar el cortisol acumulado.

Una vez más, siente curiosidad por la historia que le atribuiste a la tristeza y a las lágrimas. No permitas que las suposiciones, los juicios o la impaciencia de los demás te desanimen de recorrer el viaje de duelo a tu manera. Recuerda, las expectativas de los demás no cambian lo que necesitas. Repite conmigo: "Llorar es una hermosa expresión de toda mi humanidad, no una señal de que soy débil".

Repite conmigo:
"Llorar es una hermosa expresión de toda mi humanidad,
no una señal de que soy débil".

❦ UNA INVITACIÓN PARA TI ❦
practica RPIA

RPIA es una técnica que aprendí de la guía de meditación de Tara Brach sobre cómo estar con mis sentimientos de duelo. RPIA es una sigla de un enfoque de atención plena que significa: reconocer, permitir, investigar y nutrir. Es fácil de usar para afrontar dificultades emocionales.

Usa RPIA como una práctica regular de meditación o cuando surjan emociones difíciles en tu duelo.

Dedica algún tiempo para notar cómo se siente estar en tu cuerpo con esta conciencia. Reconoce cualquier sensación de paz o suavidad que hayas creado para ti. El beneficio de esta práctica es que te ayuda a desatascarte o a dejar de identificarte demasiado con un sentimiento o creencia en particular.

---

practica RPIA

reconocer

"¿Qué está pasando?". Puedes susurrar esto mientras haces una pausa para identificar los sentimientos presentes. De nuevo, notar las sensaciones en el cuerpo hace que sea más fácil identificarlas.

permitir

Permite que la experiencia esté ahí tal como es. Anota cualquier pensamiento crítico sobre lo que estás notando. Cada vez que tu mente crítica se vaya o te lleve, respira y regresa a la conciencia presente. Esto podría parecer como darse permiso, susurra: "Está bien sentirse así" o "Esto tiene sentido".

investigar

Investiga tu experiencia con interés y cuidado. Esto implica ser curioso de forma amable. Pregúntate: "¿Qué quiere decirme esta emoción? ¿Qué necesita que yo sepa?". Ten cuidado con volverte intelectual. Asegúrate de conectar con la sensación "sentida" en tu cuerpo.

alimentar

Alimenta tus emociones con autocompasión (y a ti también). Esta emoción ¿qué necesita de ti? ¿Comodidad? ¿Seguridad? ¿Perdón? Dale lo que quiere con un susurro compasivo. Puede ser algo como lo siguiente: "Te amo. Lamento que estés sufriendo" o "Estoy aquí y te escucho". Recuerda, las emociones están en tu cuerpo, así que tal vez sea útil hacer un gesto de atención, como colocar una o ambas manos sobre el corazón.

otro trabajo de tiempo completo

UN TRABAJO QUE NO PEDISTE

Lamento darte la noticia, pero tienes otro trabajo de tiempo completo que no querías. Ahora trabajas en el duelo. El comediante Michael Palascak dice este chiste sobre la paternidad: "Dicen que ser padre es un trabajo de tiempo completo, pero se siente más como una horrible pasantía no remunerada. En los primeros cinco años, todos los días le llevas el almuerzo a tu jefe y la mitad de las veces lo tira". También se parece al trabajo de duelo.

EL PROBLEMA DEL TRABAJO DE DUELO

El término "trabajo de duelo" se usa para describir la energía y el esfuerzo que se necesitan para vivir un duelo. La verdad, el término recibió respuestas mixtas por una buena razón. Por un lado, la teoría y la metáfora del trabajo de duelo son útiles si se considera que cualquier tipo de crecimiento, desarrollo o sanación rara vez ocurre por sí solo. Es necesario reconocer que tienes una meta o un lugar al que quieres llegar. Requiere poner atención, esforzarse, aprender y utilizar nuevos recursos. ¿Otras cosas necesarias? La orientación de personas que ya hicieron el trabajo y la reducción de fuentes de interferencia o daño, obstáculos que podrían interponerse en el camino. Estas actividades suenan como cosas que hacemos en el trabajo, ¿verdad?

También creo que la metáfora del trabajo de duelo puede ser problemática, incluso sin querer, para los que vivimos un duelo. La cultura laboral occidental está llena de expectativas e ideales perjudiciales, tanto para nuestro trabajo en la vida real como para la forma en que esos valores se filtran en las expectativas de nuestro trabajo de duelo.

Como mencioné en la introducción, la cultura en occidente, incluida la cultura laboral, está obsesionada con la productividad, el destino, la simplicidad, el estoicismo y tener un alto IQ. Esos valores no se alinean bien con las realidades del duelo. De hecho, son contradictorios. El duelo es un camino complicado y no lineal. Se necesita un tiempo largo e indeterminado. El duelo requiere vulnerabilidad, inteligencia emocional y agilidad. Nuestro cerebro intelectual, alias nuestro funcionamiento cognitivo, está temporalmente comprometido. Es demasiado complejo, el camino de cada uno es único, y los resultados no siempre son visibles durante bastante tiempo.

REGLAS Y RESPONSABILIDADES

Las reglas y las responsabilidades para la publicación de trabajos de duelo, como la mayoría de las ofertas de trabajo, son inexactas, poco claras, poco realistas y diseñadas para hacerte sentir como si estuvieras fallando cuando no es así. Este capítulo es mi manera de ayudarte a apartar cualquier creencia de la cultura laboral que estés incorporando al "trabajo" de tu proceso de duelo. En los términos más claros, las reglas del duelo son estas: no hay reglas. Tus únicas responsabilidades son concentrarte en tu bienestar cognitivo, físico, emocional, espiritual y relacional.

> *En los términos más claros, las reglas del duelo son estas: no hay reglas. Tus únicas responsabilidades son concentrarte en tu bienestar cognitivo, físico, emocional, espiritual y relacional.*

ENTRENAMIENTO

Como compartí en "este es tu cerebro en duelo", el duelo es aprendizaje. Por muy aplicado que seas, no existe un plan de estudios que te enseñen en la escuela y que te prepare de forma perfecta para el éxito en el primer día de tu carrera profesional. Bueno, pues de forma similar mucho de lo que aprenderías en un aula de duelo no se aplicaría en el mundo real del trabajo de duelo.

Cuando empiezas en este trabajo, no existe un programa de capacitación ni un manual de instrucciones. Hay orientación o supervisión limitada, muy pocos colegas útiles y, a menudo, evaluaciones críticas de desempeño no deseadas por parte de personas que apenas conoces. Incluso si tomas una clase sobre el duelo —yo doy un curso de Pérdida y Duelo—, nada te prepara por completo para la realidad de este trabajo.

El trabajo, vivir un duelo por esta pérdida, no es algo que nadie haya hecho antes ni que tú hayas hecho antes. Así que deshazte de cualquier expectativa que tengas sobre ser bueno en esto el primer día, el primer mes, el primer año. Irás aprendiendo sobre la marcha y por eso te sientes abrumado, agotado e inseguro de si estás preparado para el trabajo. Lo prometo, tienes lo necesario. Solo tomará tiempo sentirse así.

GUARDIAS

Las exigencias del trabajo de duelo hacen que te sientas, al menos en la fase inicial, como si estuvieras de guardia 24/7, incluyendo fines de semana. Te llevas el trabajo a casa. Te sigue hasta la tienda de la esquina. Incluso aparece en tu otro trabajo, al que tuviste que regresar demasiado pronto debido a una licencia por duelo limitada o nula. Quizá asumiste este trabajo además de los otros que ya tenías: tu(s) trabajo(s) remunerado(s), ser padre, ser adulto, ser cuidador, etcétera.

ILUSIÓN DE EQUILIBRIO ENTRE TRABAJO DE DUELO Y VIDA LABORAL

Mientras tratas de cumplir con todo, te descubres diciendo o pensando cosas como las siguientes: "Ando muy flojo", "no hice nada para X" o "no estoy poniendo suficiente atención a Y". ¿Te suena familiar? Sí, lo entiendo. Yo también caí en esa trampa muchas veces a lo largo de los años. Pero he aquí lo que siempre debes recordar (yo también): todos esos son pensamientos de mierda, nefastos, estúpidos y obsesionados con la productividad. Punto.

La verdad es que el duelo es una tarea rutinaria, en especial al principio. Es agotador de forma mental, física, espiritual y emocional. Así que la próxima vez que te escuches decir "ando muy flojo estos días" intenta reemplazarlo con esto: "El trabajo de duelo es duro, y hoy me esforcé mucho. Creo que me tomaré un merecido descanso con (cualquier cosa que te resulte reconfortante o reparadora)".

HABILIDADES

Aunque los requisitos laborales de cada persona son únicos, existen algunas habilidades universalmente beneficiosas en el trabajo de duelo. Los exploro a lo largo de este libro y en profundidad en "este es tu cerebro en duelo". A continuación, incluyo un breve resumen de algunos de los hábitos más útiles que tal vez quieras adquirir. Ten en cuenta que, como todos los hábitos, requieren práctica.

1. Duerme con regularidad, incluso más de lo habitual.
2. Toma agua durante todo el día y come alimentos nutritivos.
3. Practica el diálogo interior amable y la autocompasión.
4. Sé consciente y no juzgues lo que estás experimentando.
5. Mueve el cuerpo de manera que calmes el sistema nervioso.
6. Encuentra personas que fomenten tu crecimiento.
7. Desarrolla rituales o ceremonias que te sirvan.
8. Pide y, más importante aún, acepta ayuda.

❧ UNA INVITACIÓN PARA TI ☙
tómate un descanso del trabajo de duelo

Te invito a tomar un descanso del trabajo de duelo. ¿Sorprendido? Sé que a lo largo del libro te ofrezco diferentes maneras de afrontar tu duelo. Recordándote que debes cuidar tu bienestar cognitivo, espiritual, físico y emocional. Diciéndote cosas como "Invítales una taza de café a tus emociones" y "Sé un detective del *debería*". Lo sostengo. Pero aun así, como cualquier trabajo, necesitas un descanso. ¿Cómo se vería?

Dado que cada uno se encuentra en un lugar diferente en su duelo, no ofreceré actividades (o no actividades) de descanso específicas. En vez de eso, te invito a utilizar las siguientes indicaciones para ayudarte a descubrir más sobre las ocho habilidades que quizá ya tienes y a comprender cómo ponerlas en práctica cuando estés listo.

Responde cada pregunta y, cuando estés listo, empieza a practicar.

Me resulta más fácil descansar cuando:

Una forma de ayudarme a tomar más agua y comer sano sería esta:

Una frase amorosa que me ofreceré cada día:

*Cuando tenga sentimientos difíciles, practicaré ser consciente
de ellos de la siguiente manera:*

*Incluso cuando estoy cansado, me siento mejor si muevo
el cuerpo haciendo:*

*En este momento, la persona que mejor me ayuda
a reflejar mi crecimiento:*

Los tres rituales o ceremonias que más me ayudan en mi duelo:

La última vez que acepté ayuda, me dio la oportunidad de esto:

relacionarte contigo y con los demás (o no)

*(re)descubrirte y (re)descubir tu relación
con los demás en el duelo*

todo el mundo tiene estilo (a su manera)

TIENES ESTILO
Tienes estilo. De verdad. Incluso si sientes que solo te pusiste una sudadera y una gorra, tienes estilo. Y todos tenemos un estilo de duelo, es decir, una forma de vivir el duelo. Aunque cada uno le pone su sello personal, en general, los estilos se dividen en categorías amplias. Si te preguntas: "¿Existe un estilo mejor?". La respuesta es "No". No existe un mejor estilo ni un estilo correcto porque, como la moda, es subjetivo. A veces, los estilos de las personas chocan; otras veces, nos gusta mezclar y combinar estilos. ¿Alguno de estos te suena?

Emocional/Intuitivo
Si usas este estilo, es probable que experimentes una gama amplia de emociones, incluso que te sientas cómodo con las fuertes. Eres sensible a tus sentimientos y a los de los demás. Estás menos concentrado en encontrar la lógica, ser racional o intelectualizar el dolor. Buscas espacios y lugares para compartir lo que sientes y eres menos propenso a ocultarlo. Este estilo puede parecer un poco caótico o desorganizado para los demás.

Creativo

No es necesario ser artista o diseñador de moda para lucir este estilo. Tampoco significa que hayas creado un *collage* o construido un monumento físico. Tener un estilo de duelo creativo significa que gravitas hacia salidas creativas para expresar la experiencia de duelo. Tal vez no seas elocuente, pero experimentas y expresas tu duelo creando algo propio.

Es posible que también te guste participar en el trabajo creativo de otras personas que representan mejor cómo te sientes. Por ejemplo, escuchar letras de música melancólica o ver películas antiguas. Usas esos medios para lidiar con las emociones fuertes y difíciles del duelo. Este estilo puede parecer interesante para los demás. A algunos les resulta difícil de entender.

Racional/Instrumental

El doliente racional/instrumental está interesado en la función más que en el estilo. Si usas este estilo, experimentas y expresas tu duelo de forma más intelectual y tal vez física. Tiendes a anhelar información y siempre estás buscando hechos. Te inclinas por completar tareas prácticas y tácticas. Tu forma de sentirte mejor es hacer algo e intentar crear orden. Te sientes menos cómodo con las intensas emociones del duelo y tiendes a mantenerte ocupado. Este estilo puede hacer que los demás te vean estoico, incluso insensible ante la pérdida.

CUANDO TU ESTILO ES UN CAOS

Hay una quinta opción llamada disonante. Aunque no es un estilo en sí, la disonancia ocurre cuando lo que muestras por fuera no coincide con lo que sientes por dentro. Existe cierto nivel de conflicto interno entre el estilo que mejor te conviene y tu comodidad o confianza para expresarlo de forma externa.

Esto se debe a una falta de confianza. Para muchos, proviene de la presión explícita e implícita que sentimos por parte de los demás para cambiar nuestro estilo. Comentarios explícitos como "los hombres no lloran", "no seas tan emotivo" o "la ropa sucia se lava en casa" hacen que reprimas tu estilo natural. También te pueden influenciar los comportamientos implícitos y las inacciones de los demás, incluidas las personas que no tienen la imagen de la persona a la vista o cambian de tema cuando surge la muerte en una conversación. De cualquier manera, esos mensajes te disuaden de asumir tu auténtico estilo de duelo.

NO ASUMIR TU ESTILO

Si la descripción del estilo de duelo disonante te tocó una fibra sensible, debes saber que no estás solo. Muchos se sienten así hasta cierto punto. Si notas que esto pasa solo de vez en cuando, pon atención. Trabaja para encontrar más espacios y lugares donde puedas lucir tu estilo de forma libre y apoyada.

Si te das cuenta de que te sientes disonante la mayor parte o todo el tiempo, te entiendo. En vez de pensar que esa información es una derrota, te invito a sentir curiosidad. Pregúntate:

1. ¿De quién son las expectativas y necesidades que estoy anteponiendo a las mías?
2. ¿Qué suposiciones estoy haciendo sobre lo que otros esperan de mí en el duelo?
3. ¿Cómo compruebo esas suposiciones y con quién debo hablar sobre ellas?
4. ¿Con quién o dónde podría ser un espacio seguro para explorar el duelo de una manera que me resulte natural? ¿Es con cierto grupo de amigos? ¿Un grupo de apoyo en el duelo? ¿Con un terapeuta o guía de duelo?
5. ¿En qué parte de mi agenda puedo crear más tiempo para los rituales y actividades que me ayudan a vivir el duelo a mi manera?

CHOQUE DE ESTILOS

¿Tuviste algún un momento eureka con lo anterior? ¿Te dio alguna pista sobre por qué tienes conflictos frecuentes con algún miembro de la familia desde la muerte de un ser querido? ¿Te diste cuenta de que te identificas con un estilo y esa persona con otro? Tal vez alguien usa tenis y playeras viejas de conciertos mientras la otra luce ropa lujosa de pies a cabeza. Sucede. Mucho. No estoy segura de haber conocido una familia cuyos miembros no hayan tenido diferentes estilos de duelo.

La diferencia no es un problema en sí. El desafío surge cuando hay reglas explícitas o implícitas que te hacen sentir mal con tu estilo, incluso sentir la necesidad de ocultarlo por completo. Si esto sucede en tu familia, considera hablar de forma directa con la persona del estilo diferente sobre lo que estás notando. Incluso podrías comenzar compartiendo este capítulo con ella. Si eso parece imposible, ¿es una opción encontrar un tercer miembro de la familia, incluso un terapeuta, para mediar una conversación? Si la respuesta sigue siendo no, considera las preguntas anteriores, que incluyen: "¿En qué parte de mi agenda puedo crear más tiempo para los rituales y actividades que me ayudan a vivir el duelo a mi manera?".

LOS ESTILOS PUEDEN CAMBIAR

Así como algunas personas ya no usan *skinny jeans* —yo todavía los uso—, tal vez notes que estás viviendo este duelo de manera diferente a los anteriores. Es normal. La forma en que vivimos un duelo puede no ser la misma que otra. Hay una infinidad de razones para ello: nuestra edad de desarrollo, nuestra relación con la persona que murió, el tipo de pérdida, nuestro historial de otras pérdidas, nuestros sistemas de apoyo actuales o la falta de ellos. La lista sigue.

En caso de que reconozcas y, lo más preocupante, te juzgues porque estás viviendo el duelo de una pérdida de manera diferente a otra, no te preocupes. Está bien que tu estilo cambie. Si crees que es el resultado de una de las razones anteriores, recuerda que es normal y está bien. Si por alguna razón crees que se debe a alguna presión percibida para vivir el duelo de cierta manera, entonces revisa "no asumir tu estilo" y ve si algo ahí te suena.

❦ UNA INVITACIÓN PARA TI ❦
*prueba un enfoque de Marie Kondo para tu estilo de duelo**

¿Oíste hablar de Marie Kondo y el método KonMari? Su filosofía para poner orden es conservar solo las cosas que hablan al corazón y descartar las que ya no provocan alegría. Quiero decir, ¿ese concepto no te calienta el corazón?

Sé que en este momento la alegría puede parecerte muy lejana. Está bien. Pero te invito a pensar en las partes de tu estilo de duelo que te brindan alegría o, al menos, te ofrecen cierto nivel de tranquilidad o apoyo. ¿Qué actividades, lugares, personas y comportamientos te hacen sentir más nutrido, aunque sea de forma gradual o temporal?

En la siguiente página, también te sugiero que hagas un registro de las cosas de tu estilo que no te sirven, que te causan dolor y sufrimiento innecesarios o que te agotan aún más. Quizá quieras volver a esta actividad después. Siéntete libre de escribir con lápiz o agregar esto al diario que empezaste. Incluso, esto puede ser una herramienta útil para explorar con tu consejero o terapeuta.

*Recordatorio amable: podemos vivir un duelo por las cosas que decidimos dejar ir. Entonces, si al hacer tu lista de descarte, percibes sentimientos sobre tu decisión de dejar ir lo que ya no te sirve, también date permiso de vivir un duelo por eso.

mantener
(alegría, tranquilidad, apoyo, nutrir)

actividades:

lugares:

comportamientos:

gente:

descartar
(dolor, sufrimiento, agotamiento)

actividades:

lugares:

comportamientos:

gente:

conocer y honrar tus necesidades

¿QUÉ NECESITAS?

¿Qué necesitas hoy para que tu duelo se sienta más ligero o para sobrellevarlo con más gracia? De verdad te lo estoy preguntando ahora mismo. ¿Qué necesitas? Piensa en esa pregunta durante unos minutos.

Ahora te tengo algunas preguntas más para considerar: ¿Cómo te hizo sentir pensar en lo que necesitas? ¿Qué pasó en tu cuerpo cuando leíste esa pregunta? ¿Había tensión en alguna parte? ¿En la garganta, pecho, tal vez en las entrañas? ¿Sentiste una ola de cansancio o se formaron algunas lágrimas? ¿Qué hay de los pensamientos? ¿Cuáles surgieron? ¿Sonaron como "no tengo idea", "no importa lo que necesito", "nadie puede ayudarme" o "un maldito descanso"?

¿No es extraño que solo pensar en una pregunta pueda provocar todos esos pensamientos, sentimientos y sensaciones? Con frecuencia, pensar en lo que necesitas provoca niveles de frustración, ira y resentimiento. Sucede porque, en el fondo, la verdadera respuesta es esta: "¡Necesito recuperar a mi persona!". Es importante honrar ese pensamiento y los sentimientos que lo acompañan. Pero también es igual de importante no quedarnos atascados ahí.

> *otra pausa*
> Antes de explorar por qué te cuesta trabajo responder las preguntas anteriores o por qué experimentas reacciones viscerales, te invito a hacer una pausa. Quédate quieto, respira profundo varias veces y lleva tu atención a cualquier lugar del cuerpo que estés apretando con fuerza. Lleva tu atención ahí y ve si puedes suavizar esos puntos de alguna manera. No juzgues lo que descubras. En vez de eso, lleva bondad ahí. Tal vez puedes cruzar un brazo sobre el otro y darte un gran abrazo. Dedica a esto todo el tiempo que necesites. Estaré aquí cuando regreses.

INTENTAR, INCLUSO CUANDO ES DIFÍCIL

No solo identificar tus necesidades resulta difícil. Ya que las nombramos, priorizarlas y actuar en consecuencia puede ser un desafío aún mayor. Recuerda, podemos hacer cosas difíciles. Hacer lo difícil de mirar en tu interior y descubrir tus necesidades durante el duelo de manera regular tiene muchos beneficios, entre ellos:

Redescubrirte

La práctica de mirar en tu interior para descubrir tus necesidades te ofrece la oportunidad de verte y estar contigo como no lo habías hecho en algún tiempo. Es una manera de sentirte reconectado, incluso de descubrir nuevas partes de ti que están surgiendo. Esa desconexión que sentimos es una de las dolorosas y sorprendentes consecuencias de la pérdida. (Revisa "¿quién te respalda?").

Encontrar tu poder

Sentir que todo nos está pasando y que estamos fuera de control es uno de los resultados más aterradores de una pérdida profunda.

Muchas veces nos sentimos sin rumbo y sin poder. Un beneficio de aprender a identificar lo que necesitas es ver qué puedes hacer para satisfacer esas necesidades. Tener ese conocimiento es importante porque te permite sentir capacidad, agencia y voluntad, como si tuvieras el poder de hacer que las cosas pasen en vez de sentir que todo te está pasando a ti.

Sentirte más y mejor apoyado
No podemos hacerlo solos. Pero a veces la ayuda no parece muy útil. A menudo, se debe a que quienes nos apoyan en el duelo no saben lo que necesitamos, por lo que la ayuda que ofrecen no da en el blanco. A veces ni siquiera se molestan en intentarlo. Tu mejor oportunidad para sentirte apoyado en el duelo es saber lo que necesitas para poder comunicarlo a las personas que quieren respaldarte y te preguntan: "¿Qué necesitas?".

Practicar lo hace más fácil
Cada vez que identificas una necesidad y actúas para satisfacerla, ya sea por tu cuenta o pidiendo apoyo, obtienes beneficios. Te sientes más conectado contigo, tienes capacidad de actuar y sientes alivio cuando se satisface tu necesidad. Esos beneficios pueden ser difíciles de conseguir porque no tomamos esas medidas con suficiente frecuencia. Por muy molesto que pueda resultar el cliché, de verdad es cierto: entre más practicas, se vuelve más fácil.

Pero si es tan útil, ¿por qué nos resulta tan difícil hacerlo? Porque a lo largo de la vida aprendimos lecciones que lo vuelven complicado. Desarrollamos algunas creencias y nunca aprendimos habilidades que lo hicieran más fácil. Eso es justo lo que exploraremos a continuación.

ESTÁ BIEN TENER NECESIDADES

¿Sabías que está bien tener necesidades? En la superficie, parece una pregunta ridícula. No estoy siendo sarcástica, aunque lo parezca. Gracias a las lecciones que aprendimos de la familia y de la cultura en general, muchos tenemos una creencia muy arraigada de que no está bien tener o expresar las necesidades. O que solo ciertas necesidades son aceptables... o que las nuestras siempre deben ser las últimas.

De forma consciente o inconsciente, muchos equiparamos tener necesidades con ser débiles. Confundimos el autocuidado con el egoísmo. El sacrificio y el agotamiento se consideran insignias de honor. Esta forma distorsionada de pensar sobre nuestras necesidades es la razón por la que tal vez tuviste una reacción instintivamente negativa cuando te pregunté qué necesitas para sobrellevar tu duelo. Entonces, el primer paso para identificar, priorizar y actuar en función de tus necesidades es creer que son válidas y que vale la pena satisfacerlas. Por favor, créeme: tus necesidades son válidas.

¡Y ACCIÓN! (O NO)

Buenas noticias. A medida que empiezas a practicar la escucha interior, descubrirás categorías en tus necesidades de duelo que puedes satisfacer por tu cuenta (mejorando tu bienestar físico, cognitivo y espiritual). No es necesario negociar, pedir permiso ni pedir ayuda a otros. De verdad, entiéndelo.

Curiosamente, muchas de las mejores formas de satisfacer tus necesidades incluirán no hacer algo. Esto incluye no inscribirte, no ofrecerte como voluntario o, en general, no decir "Sí" a cosas que ya no te resultan beneficiosas. Es una gran opción para cubrir necesidades como tomar más tiempo para descansar. También puedes darte permiso para cancelar compromisos, de forma temporal o permanente, que asumiste antes de la pérdida.

Sé que esto parece difícil y hace que te preocupes de decepcionar a los demás. Pero aquí está la cuestión: si mantienes todos los compromisos, te estás decepcionando a ti. Recuerda, tus necesidades importan. Hay formas de atender tu bienestar que tal vez no requieran negociar con los demás. Eso podría incluir comenzar una terapia, inscribirte en un programa de entrega de comidas, recibir un masaje, salir a caminar todos los días o tomar una siesta.

SOLICITUDES Y NEGOCIACIONES

A veces se requieren solicitudes y negociaciones. Si necesitamos más tiempo libre en el trabajo, tendremos que negociar con nuestro jefe. Si somos padres de niños pequeños y necesitamos hacer ejercicio para sentirnos mejor, quizá debemos negociar con la pareja sobre el cuidado infantil o contratar una niñera. Para dormir más por la noche, puedes pedirle al compañero que ronca que duerma en otra habitación. Quizá negociar nuestras necesidades con los demás sea un desafío debido a las creencias que tenemos, como que nuestro valor proviene de no necesitar.

LA CLARIDAD ES AMABLE (Y EFECTIVA)

Así como se necesita esfuerzo para descubrir lo que necesitas, aprender a comunicar esas necesidades de manera efectiva también requerirá práctica. La claridad y la franqueza en la comunicación son clave, pero, ¡ay!, muy difíciles de lograr.

Primero, debes creer en el valor de tu necesidad y en tu derecho a negociarla o pedir el apoyo de otros. Ya que lo logres, debes comunicarte con claridad, siendo directo sobre la importancia de la solicitud y aclarando los detalles de lo que estás pidiendo. Recuerda, como dice Brené Brown: "La claridad es amable". No bromeo cuando te digo que practiqué pedir cosas frente al espejo y busqué a un amigo de confianza para jugar roles. Puedes probarlo también.

USA LA PALABRA CON L

En ocasiones necesitamos comunicar con claridad algo que no es un favor o una negociación para tener más tiempo. Eso requiere un tipo diferente de acción. A veces necesitamos la "palabra con l". No, esa no. Me refiero a *límites*.

A menudo, establecer un límite con alguien es una manera de sentirnos más tranquilos en el duelo. Es una acción difícil pero necesaria. Es difícil para mí. La verdad trabajo mucho para practicar el establecer límites. Mi tasa de uso no es tan alta como me gustaría. Pero cuando establezco un límite compasivo, ¡guau! El retorno de la inversión (ROI) es del cien por ciento.

Lucho por establecer límites porque aprendí la creencia que dice que es un acto de agresión o confrontación. ¿También es tu experiencia? En el camino aprendí que mi capacidad para satisfacer las necesidades de otras personas, incluso a expensas de las mías, me hacía valiosa. ¿Te suena familiar?

Sigo trabajando para desaprender eso. Descubrí los pensamientos de la terapeuta, maestra somática y organizadora política Prentis Hemphill sobre los límites y me parecieron muy valiosos. Hemphill dice: "Los límites son la distancia a la que puedo amarte a ti y a mí de forma simultánea". Me encontré compartiendo otros conocimientos de Hemphill con pacientes, por ejemplo: "Los límites nos dan el espacio para hacer el trabajo de amarnos a nosotros. Podrían ser la primera y fundamental expresión del amor propio". ¿Qué te parece eso? ¿Cambia tu voluntad de establecer límites para satisfacer tus necesidades?

Cuando se trata de establecer límites para satisfacer tus necesidades durante el duelo, algunas áreas a considerar incluyen:

Física

Las violaciones de los límites físicos se sienten como un contacto incómodo, abrazos cuando no los quieres, o negaciones a tus necesidades físicas, que te digan que te pares cuando estás cansado y necesitas sentarte. Incluyen que alguien invada tu espacio personal de una manera incómoda. Establecer un límite físico podría sonar así: "No me siento cómodo con los abrazos. Preferiría que, de ahora en adelante, cuando nos veamos, nos demos la mano".

Emocional

Es posible que debas establecer un límite emocional si descubres que las personas sobreestiman tu capacidad para asimilar lo que comparten. Este también podría ser un límite que te pusiste de alguna manera, como decidir no compartir tus sentimientos de duelo con ciertas personas que tienen un historial de responder mal. Comunicar un límite emocional podría sonar como esto: "Me gustaría que primero revisaras cómo me siento antes de hablar sobre los factores estresantes de tu vida. Mi capacidad emocional es limitada".

Temporal

El tiempo siempre es valioso, pero debido al limitado ancho de banda emocional, cognitivo y físico durante el duelo, este límite se cruza con facilidad. Eso incluye personas que ofrecen apoyo y se queden más tiempo del que esperabas o te gustaría. Tal vez debas establecer un límite de tiempo si una reunión familiar se prolonga. Comunicar con claridad y amabilidad un límite de tiempo podría sonar: "Estoy feliz de venir a X, pero estos días solo puedo socializar durante una hora a la vez. Me iré a X hora".

Laboral

Muchos regresamos al trabajo antes de estar preparados de forma cognitiva, emocional o física. Como madre soltera, no podía permitirme perder el trabajo, así que regresé a trabajar dos semanas después de la muerte de Eric. Pero es posible establecer límites. Esto podría parecer como informar a los colegas tu preferencia al mencionar el tema de la pérdida. Puede resultar útil establecer tu necesidad de realizar descansos frecuentes para caminar o apagar la cámara para las videoconferencias. Establecer un límite en el lugar de trabajo podría realizarse a través del correo electrónico. Podría sonar así: "Gracias, colegas, por su preocupación por mi pérdida. Acepté trabajar en el proyecto X o Y, así que no me envíen copias de ningún otro proyecto durante los próximos tres meses".

> *No siempre puedes conseguir lo que quieres. Pero si lo sabes y lo hablas con claridad, es posible que obtengas lo que necesitas.*
> —Adaptado del clásico de los Rolling Stones, You Can't Always Get What You Want

CUANDO TUS NECESIDADES ENTRAN EN CONFLICTO CON LOS DESEOS DE LOS DEMÁS

Una "necesidad" es algo necesario para sobrevivir. Un "deseo" es algo que podría mejorar la calidad de vida, en otras palabras, algo bueno para tener. Muchas veces nos encontramos en conflicto entre necesidades y deseos. Esto puede suceder de forma interna. A menudo tenemos esa batalla entre deseos y necesidades cuando el carrito de compras de Amazon está lleno o cuando fuimos a la tienda por una sola cosa y regresamos a casa con diez artículos.

Por supuesto, también ocurre en las relaciones interpersonales. Como cuando los niños quieren correr por la calle, pero los padres necesitan mantenerlos seguros. Sucede en las relaciones románticas cuando uno de los miembros de la pareja quiere que la pareja asista a una reunión nocturna, pero el otro necesita dormir después de trabajar un doble turno.

Incluso cuando descubres lo que necesitas y encuentras el coraje para comunicárselo a alguien de forma clara y amable o establecer un límite, no siempre resulta como esperabas. Llegará un momento, tal vez muchos, donde la necesidad de cuidarte en medio de tu duelo cause conflicto con las personas que no quieran respetar tus límites o ceder sus deseos. Como no conozco los detalles de la batalla entre tus necesidades y los deseos de los demás, te ofrezco cinco recordatorios importantes:

1. Tus necesidades en el duelo son válidas.
2. Expresar tus necesidades no es un acto de agresión ni un signo de debilidad.
3. Eres la mejor persona para determinar qué inacciones, acciones y límites te parecen necesarios y curativos.
4. Es probable que te sientas resentido y te comportes mal si priorizas los deseos de los demás sobre tus necesidades.
5. No puedes servir de una taza vacía, por eso priorizar tus necesidades es necesario, no egoísta.

Ten cuidado de no permitir que las suposiciones, juicios o impaciencia de los demás te desanimen a recorrer el viaje de duelo a tu manera. Recuerda, sus expectativas no cambian lo que tú necesitas.

⚡ UNA INVITACIÓN PARA TI ⚡
consulta tus necesidades todos los días

Las necesidades y prioridades cambian a medida que crecemos. Cierto en la vida antes del duelo y muy cierto tras la pérdida. En algunas épocas de nuestras vidas, como al principio del duelo, las necesidades cambian muy rápido, a veces de un día para el otro. Incluso en tiempos sin duelo, muchos no somos capaces de sintonizar con nuestro interior y descubrir qué necesitamos. Es importante practicar esta habilidad, como cualquier cosa en la que queramos ser buenos o convertir en un hábito.

Te invito a cultivar la práctica diaria de mirar en tu interior. Saber qué necesitas en un día determinado te ayudará a navegar por el duelo con un poco más de facilidad y gracia. Recuerda, las respuestas incluyen una variedad de acciones, inacciones, decir "Sí" o "No" a algo, cambiar tu diálogo interior o pedir ayuda. Mis respuestas para hoy son:

1. Dar un paseo al mediodía.
2. Conectarme por mensaje de texto (o video si es posible) con mi mejor amigo.
3. No revisar mis correos electrónicos de trabajo.

¿qué necesito hoy para sentirme más a gusto?

Te animo a que hagas este ejercicio cuando tus pies toquen el suelo por primera vez en la mañana, antes de levantarte. Empieza con una agradable inhalación por la nariz y deja escapar una exhalación que se escuche "Ahhh".

Luego, coloca una o ambas manos sobre el corazón. Es un pequeño gesto de cariño, pero de verdad te ayuda a sintonizar con tu voz interior. Puedes preguntar en voz alta o en silencio. Y luego espera. Escucha sin juzgar.

1.

2.

3.

Antes de levantarte, piensa cómo poner tus respuestas en acción.

oh, cuán lejos llegas y con qué personas te encuentras (y por qué es agotador)

IR A LUGARES Y VER GENTE ES AGOTADOR

Si vives o viviste en un lugar frío, sabes que se necesita una increíble cantidad de planeación, tiempo y energía solo para salir de casa en invierno. Debes ponerte mallas, calcetines extra, botas, suéter, chamarra, bufanda, guantes y gorro. Luego palear los escalones de la casa, el camino de entrada y raspar el hielo del parabrisas del auto.

Cuando abres la puerta del auto, hay que prender la calefacción y descongelar las ventanas para que, cuando logres salir de casa, puedas ver a dónde vas. Por fin, el auto se calentó y los vidrios están despejados, ahora estás empapado de sudor, pero de alguna manera congelado, y ni siquiera saliste del camino de entrada.

Así se siente ir a algún lugar cuando estás viviendo un duelo. En especial al principio. Recuerda, el duelo afecta cada parte de ti, así que si te preguntas: "¿Cuándo se volvió tan agotador? ¿Seré yo?". La respuesta es no, no eres tú.

Ir a lugares requiere tomar decisiones, planear y, a veces, manejar un transporte… y todo se vuelve un desafío para el cerebro en duelo. Debes vestirte y tal vez bañarte, dependiendo de cuántos días hayan pasado, y eso requiere energía que tu cuerpo no tiene debido al estrés continuo y a la falta de sueño. Además, parece que sentiste más en las últimas veinticuatro horas que en todo el año. Tus emociones están desreguladas y, como un niño pequeño en un berrinche, solo quieres tirarte al suelo.

Y luego está la idea de ver gente. Uf. Gente.

Existe la posibilidad de que veas a personas que conoces y saben tu "situación". Tal vez tengas una ligera esperanza de que su presencia te haga sentir mejor, pero lo que más te aterra es romper a llorar y salir del encuentro sintiéndote peor que antes. También existe una gran probabilidad de que veas a personas que no conoces y que no saben lo que pasó. Y como no lo saben, te tratarán con la molestia casual de los extraños y te sentirás tan frágil que temes que cualquier indicio de descortesía te haga pedazos. Tendrás que negociar las conversaciones de cualquier manera, y eso también requiere trabajo.

Entonces no, no eres tú. Ir a lugares es agotador.

GENTE NUEVA: ¿DECIR O NO DECIR?

Cuando vemos a alguien de la categoría "no lo saben", hay un momento en cada encuentro en el que consideramos si mencionaremos la pérdida (para mí, eso sonaría como "soy viuda, mi esposo murió hace poco por un tumor cerebral no diagnosticado") o evitaremos el tema por completo. Grillos.

Tal vez nos sentimos ansiosos de que un extraño nos haga una pregunta incómoda: "Oh, ¿estás casado?". Curiosamente, a veces nos preocupa que los conocidos no mencionen la pérdida en absoluto o que extrañen una gran parte de lo que somos ahora. De cualquier manera, imaginamos cómo responderá la gente y evaluamos si es digna de ser testigo de nuestro dolor. Eso supone mucho trabajo cognitivo y emocional incluso antes de abrir la boca.

En el camino se lo contaremos a algunas personas y, a veces, nos sentiremos mejor. Nos sentiremos vistos, una cualidad importante para establecer conexión con alguien nuevo. A veces serán unos ladronzuelos de duelo, hablarán de ellos o tratarán de relacionarse de una manera que nos resulte insultante. Una vez mencioné en una cena que mi esposo murió de un tumor cerebral y el chico nuevo en la mesa dijo: "Oh, es como la esposa de mi amigo que tuvo un tumor cerebral y un montón de cirugías. Pero ahora está bien". Sí. Así lo dijo. Esos son los momentos en los que lamentamos haber dicho algo.

Ojalá pudiera decirte que existe un sistema de alerta, pero no lo hay. Así que solo comparte si tienes la esperanza de que eso te hará sentir mejor o creará una conexión importante. Recuerda que no le debes tu historia a nadie. De hecho, no todo el mundo merece oírla. La próxima vez que pases tiempo con alguien nuevo y te preguntes qué compartir, pregúntate: "¿Esta persona se ganó el derecho a escuchar mi historia?".

Al principio, temía todas las situaciones y evitaba decir mucho, por lo que el tema de Eric y mi pérdida no surgía. Luego, durante un tiempo, insistí en mencionar mi condición de viuda a todas las personas que conocía. Me aterrorizaba que la gente me conociera solo como Lisa. No como la Lisa que estaba casada y profundamente enamorada de su esposo Eric. Eso se sentía mal.

En años más recientes, me adapté a un enfoque de "tómalo como viene". Aparté la mayoría de los *debería* que tenía en esos encuentros, incluida la noción de que *no debería* decir algo porque podría incomodar a la otra persona. Tal vez estés en la fase de "nunca mencionar el tema" o en la fase de "hablar sin parar sobre ello". De cualquier manera, está bien. Mi única sugerencia es reflexionar después de cada interacción y adaptar lo necesario para la siguiente. Haz lo que mejor te convenga y recuerda que lo "mejor" cambiará con el tiempo.

SU OPINIÓN SOBRE TI NO ES ASUNTO TUYO

"Lo que los demás piensen de ti no es asunto tuyo". ¿Escuchaste alguna versión de esto? A nivel intelectual, con sinceridad, creo que es verdad.

Al mismo tiempo, somos seres sociales influenciados por normas culturales, que a veces incluyen las opiniones de los demás. Entonces, la noción de que siempre seremos capaces de no preocuparnos por las opiniones ajenas no es realista. En especial, esto es difícil cuando pasamos tiempo con personas que nos conocieron en el "antes", antes de que ocurriera la pérdida. Es imposible no preguntarse si nos están comparando con lo que éramos antes o juzgando nuestro comportamiento en función de sus creencias sobre el duelo.

Al principio de mi duelo, admito que me preocupaba por todas las opiniones de los demás. Cuando aparecía en espacios con otras parejas que me conocían como parte de un "nosotros", me preguntaba qué estarían pensando. Si de alguna manera me encontraba feliz en una discusión sobre un libro o riéndome de la historia de un amigo, sin previo aviso, mi mente comenzaba a dar vueltas. Me preguntaba: "¿Qué piensan de mi comportamiento? ¿Su mejor amigo me miró y me juzgó por sonreír de nuevo? ¿Mis amigos concluyeron de forma errónea que eso significa que 'ya lo superé'?".

Sería fácil para mí decir que las opiniones de tus amigos y familiares, incluso de los extraños, no son de tu incumbencia. Podría recordarte que ellos nunca caminaron en tus zapatos, nunca experimentaron tu pérdida y, por lo tanto, no tienen derecho a juzgar. De hecho, lo estoy haciendo. Y lo que te estoy diciendo es verdad. Y sé que parece imposible no caer en esa trampa de vez en cuando.

NO NECESITAS ACTUAR

Hay mucha presión para actuar feliz cuando vas a lugares y ves gente. Mencioné cómo la obsesión general de nuestra cultura con mantras como "la felicidad es una elección" desalienta a los dolientes a traer su yo auténtico a la mayoría de las habitaciones. Tampoco proviene solo de fuentes vagas como la cultura. Es posible que escuches estas cosas: "Sería bueno que sonrieras. Después de todo, es la boda de tu hermana" o "Cuando lleguemos, ¿puedes decirles a todos que estás mejor?".

Lo contrario también es cierto. Tampoco es necesario que actúes triste. Por mucho que nos sintamos presionados a seguir adelante y parecer felices y agradecidos, a veces también recibimos el mensaje opuesto. Aquí me viene a la mente la expresión "no se puede ganar perdiendo". Escuchamos los comentarios, los juicios y los ejemplos en los medios de que a los seres queridos "claramente no les importaba" o "ya deben haberlo superado" porque parecían de buen humor, contentos, incluso alegres en ocasiones. Yo digo que a la mierda la ignorancia de los demás. No es necesario que ocultes señales de los buenos días que estás teniendo. Tómalos como vienen. Saboréalos.

TENER RESPUESTAS PARA PREGUNTAS INOCENTES
Cuando salimos, las personas preguntan. ¡Cómo se atreven!

Ya en serio, de forma colectiva las habilidades de conversación no son particularmente conscientes del duelo, lo que significa que cuando vamos a lugares y vemos gente, recibiremos preguntas que parecen inocuas para los demás, pero que para nosotros son como un golpe en el estómago. Preguntas como "¿tienes hijos?" o "¿cuántos hijos tienes?" suenan bastante inocentes, pero si perdiste a un hijo, sientes un golpe en tu interior. Una de las estrategias que animo a mis pacientes a considerar es encontrar respuestas estándar con las que se sientan cómodos para que sientan que tienen más control en la conversación. No hay respuesta correcta. Tengo una amiga cuyo primer hijo murió, pero ahora tiene dos más.

En general opta por decir: "Tengo tres, uno de los cuales está en el cielo". Otro paciente, al hablar de su estado civil dice: "Estuve casado con el amor de mi vida", y lo deja así.

CONTAGIOSO

A veces, cuando vamos a lugares y vemos gente, sentimos como si los demás pensaran que nuestro duelo y dolor son contagiosos. Desde un lenguaje corporal incómodo y distante hasta cambiar de tema o cortar la conversación por completo, puedes sentir como si estuvieras en cuarentena, incluso cuando estás en compañía de otras personas.

Aunque tal vez no sea un consuelo para ti, la aversión de los demás a tu dolor tiene mucho que ver con ellos y nada que ver contigo. Muchos no aprendimos a lidiar con el sufrimiento, por lo que nos asustamos y callamos cuando presenciamos el dolor en los demás. Al hablar con alguien de quien te gustaría recibir apoyo, te animo a que menciones lo que necesitas. Podría sonar como esto: "Oye, estoy seguro de que no estás haciendo esto a propósito, pero me tratas como si fuera contagioso. Eso me hace sentir aislado. Me vendría muy bien tu cercanía y apoyo".

Este tratamiento es cierto, en especial cuando la pérdida es abrupta, violenta o inesperada, como la muerte de un niño. Mi amiga Rachel Carnahan-Metzger pasó una década trabajando en cuidados paliativos pediátricos y ahora es trabajadora social en un hospital de enfermos terminales. En su primera aparición en el *podcast* compartió cómo fue testigo de este tratamiento con las familias con las que trabajaba. "Cuando conoces a alguien y le sucede tu peor pesadilla, es difícil estar presente. Y las familias afligidas pueden sentir eso. Lo saben. Pueden sentir lo difícil que es para los demás presentarse ante ellos sabiendo que son la peor pesadilla de alguien".

UNA INVITACIÓN PARA TI
para sentirte mejor preparado

Sobre todo, al principio del duelo y, la verdad, cada vez que conocemos gente nueva, nos sentimos a merced de las emociones, de la dinámica o del poder de las personas. Eso provoca que ver a otras personas sea una perspectiva desalentadora y hace que abandonemos las interacciones con sentimientos de autocrítica o arrepentimiento. Quiero decir esto otra vez porque es importante: en tu duelo *no* es necesario que actúes para los demás. No le debes a nadie nada más que tu yo auténtico. Eso no significa que debas desnudar todo lo que sientes. Tampoco que lo ocultes para apaciguar la posible incomodidad de alguien con tu dolor.

Hay algunos temas o preguntas comunes que te hacen sentir como un ciervo ante los faros cuando ves a personas en duelo, por ejemplo: "¿Cómo estás? ¿Tienes hijos? ¿Cuántos hijos tienes? ¿Dónde viven tus padres? ¿Estás casado? ¿A qué se dedica tu pareja?".

Aunque la respuesta con la que te sientas cómodo cambie con el tiempo y con las circunstancias, te invito a darte un tiempo para pensar en algunas respuestas estándar que te harán sentir bien. Asegúrate de anotar las cualidades específicas de la persona o interacción que hacen que esta sea la respuesta correcta para la situación.

respuestas que me funcionan
Cuando alguien pregunta:

Una respuesta que me gustaría usar:

Cualidades de la persona o interacción:

respuestas que me funcionan
Cuando alguien pregunta:

Una respuesta que me gustaría usar:

Cualidades de la persona o interacción:

respuestas que me funcionan
Cuando alguien pregunta:

Una respuesta que me gustaría usar:

Cualidades de la persona o interacción:

respuestas que me funcionan
Cuando alguien pregunta:

Una respuesta que me gustaría usar:

Cualidades de la persona o interacción:

la gente dice estupideces

LAMENTO QUE LA GENTE TE DIJERA ESO
¿La gente te dijo estupideces en tu duelo? Y cuando digo estupideces, me refiero a frases ignorantes, hirientes, desdeñosas y, a veces, ofensivas. ¿Sabes a cuáles me refiero? Comentarios como estos:
  "Todo pasa por una razón".
  "Al menos ya no está sufriendo".
  "Ahora está en un lugar mejor".
  "Encontrarás el amor otra vez".
  "Todavía tienes/puedes tener hijos".
  "Solo necesitas seguir adelante".
  La noche que le quitaron el soporte vital a mi esposo, de cuarenta y cuatro años, escuché la primera de una serie de expresiones estúpidas. Invitamos a amigos y a familiares al hospital para que se despidieran de Eric. Una persona se me acercó y dijo (supongo que con buenas intenciones): "No te preocupes, Lisa, al menos pronto estará en un lugar mejor".
  ¡¿Qué?! Me quedé en *shock* por toda la experiencia. Aunque estaba sin palabras, sé que pensé: "Vete a la mierda". También quería darle un puñetazo en la cara. No te preocupes, no lo hice. No apruebo la violencia. Aunque, aquí entre nos, disfruté imaginándolo de vez en cuando durante las semanas siguientes.

Como si el duelo no fuera suficiente, tener gente alrededor diciendo cosas hirientes, despreciativas o francamente groseras se siente como sal en las ya profundas y dolorosas heridas del duelo. ¿Tienes una lista pequeña o grande de ocasiones en las que te pasó esto? Después de tu pérdida, ¿alguien abordó tu duelo comenzando una oración con "al menos..."? ¿Fue raro? ¿Ocasional? ¿Parece que sucede todo el tiempo? Sin importar la frecuencia, lamento que también te haya pasado.

> *Como si el duelo no fuera suficiente, tener gente alrededor diciendo cosas hirientes, despreciativas o francamente groseras se siente como sal en las ya profundas y dolorosas heridas del duelo.*

UPS, QUIZÁ TAMBIÉN TÚ DIJISTE ESAS ESTUPIDECES

No puedes verme, pero tengo la mano levantada. Me estremezco cuando miro al pasado y considero algunas de las cosas que dije a los dolientes. ¿Y tú? ¿Te arrepientes de algo? Parece imposible evitarlo porque vivimos en una cultura analfabeta sobre el duelo. Nuestros modelos de consejos de apoyo incluyen las históricamente desagradables tarjetas de pésame, alias lástima, que ofrecen estas expresiones trilladas y dañinas.

Muchos ni siquiera reconocemos esas expresiones como dañinas hasta que pasamos por nuestro infierno y nos encontramos en el lado receptor. Saber que todos dijimos cosas estúpidas te ayuda a tener un poco de compasión por los demás cuando te dicen esas cosas. Y puede que no te digan eso. Quizá todavía no. Está bien. Aun así, es importante que todos reconozcamos las consecuencias de las palabras, sin importar sus intenciones.

LA MOLESTIA CON EL DOLOR ES UN PROBLEMA PARA TODOS

La incomodidad de los demás con tu dolor es su problema, no el tuyo. De manera colectiva, somos pésimos para soportar el dolor emocional, tanto el nuestro como el de los demás. En especial cuando ese dolor parece ira o rabia. La incapacidad para soportar el dolor tiene importantes consecuencias para nuestro crecimiento, curación, relaciones y viaje de duelo. Ponemos el consuelo de los demás antes que nuestras necesidades emocionales, incluso frente a nuestra gran pérdida y sufrimiento.

Reprimimos los sentimientos dolorosos para no causar problemas, crear incomodidad o abrir la puerta a los demás para que nos digan qué está mal con nosotros, con cómo nos sentimos o cómo podemos arreglarlo, como si nuestro dolor fuera injustificado o fuera algo que cualquiera puede arreglar. Esa obsesión por la amabilidad, por evitar el malestar a toda costa no mencionando nuestro dolor, es tóxica para todos.

EDUCAR, REGAÑAR O IGNORAR

Las personas ya dijeron la cosa. ¿Ahora qué? Ya sea que las palabras provengan de un extraño, de alguien que sufre la misma pérdida que tú, o de un amigo/colega que está "a un lado del duelo", un término que escuché de la sabia e ingeniosa Nora McInerny, la decisión de responder, o no, es tuya. Hasta donde yo sé, solo hay tres opciones: educarlas, regañarlas o ignorarlas.

Educar requiere que indiques con claridad cómo te hicieron sentir sus palabras. Prepárate para explicar por qué lo que te dijeron no estuvo bien. Esta opción es beneficiosa porque les da la oportunidad de reconocer el daño y, con suerte, cambiar su comportamiento contigo y los demás en el futuro.

Como dije, regañar es otra opción. Eso puede implicar groserías y malas palabras o algo más sutil, como poner los ojos en blanco o negar con la cabeza. Esta opción es satisfactoria en el momento, pero no siempre es buena a largo plazo, dependiendo del objetivo.

La tercera opción es solo ignorar y cambiar de tema o alejarte de la persona. Esta opción es buena para tu tranquilidad y conserva tu energía para cosas más importantes.

La verdad, cualquiera de estas opciones es aceptable. Usé todas. El uso de cada una depende de lo siguiente:

1. ¿Cuánto valoras la relación?
2. ¿Qué tanto sabes sobre la capacidad de esa persona para hacerse responsable de sus actos?
3. La gravedad del daño o impacto de sus palabras.
4. Si se trató de un hecho aislado o es algo frecuente.
5. El entorno y la entrega (en público/privado, en persona, teléfono, correo electrónico, mensaje de texto).
6. La cantidad de energía que tienes (alias cuántos "vete a la mierda" tienes para decir).

Nota: Si quieres enmendar la estupidez que dijiste, pero la persona decidió ignorarte, te sugiero que te acerques más tarde y le digas: "Me doy cuenta demasiado tarde, me temo, de que las palabras fueron hirientes cuando te dije (llena el espacio en blanco). Quiero que sepas que lo lamento. También estoy trabajando para ser más reflexivo en mi apoyo con el duelo en el futuro".

PERDIDO EN LA TRADUCCIÓN

Hay una categoría extraña de cosas problemáticas que la gente dice a los dolientes. Son frases que se dicen como si fueran un cumplido o una observación, pero que en general dejan al doliente sintiéndose más incomprendido y aislado que antes. La verdad, a veces pienso que los dolientes y los no dolientes hablan dos idiomas diferentes, y el significado se pierde en la traducción.

Cuando la gente me decía "eres muy valiente", yo escuchaba "tu vida me asusta". Si un colega decía "eres muy fuerte", yo escuchaba "debes mantener la compostura en todo momento". Cuando alguien me decía "no sé cómo lo haces", yo escuchaba "no puedo identificarme contigo".

Comentarios bien intencionados como los anteriores nos hacen sentir aún más como el "otro". Nos afirman que ya no podemos identificarnos con nosotros, que somos irreconocibles y, en cierto modo, estamos perdidos. Así que, en caso de que te preguntes por qué algunas de esas frases te irritan, ya lo sabes. Además, tu reacción a ellas cambia todos los días, cada hora o minuto, sobre todo al principio. Es normal.

Por eso los compañeros de duelo suelen ser un consuelo, como exploraremos a continuación en "¿quién te respalda?". Me encantó cuando el personaje de Christina Applegate en la serie de televisión *Dead to Me* dijo: "Gracias por no decir y hacer las mismas estupideces que todo el mundo dice y hace… Eso solo te hace sentir más solo de lo que ya estás, ¿sabes? Y gracias por no sentir repulsión por mi versión del duelo".

UNA INVITACIÓN PARA TI
di lo que necesitas escuchar

Ya exploramos las expresiones dañinas y el dolor que sentimos cuando las personas usan clichés y otras frases similares a tarjetas de Hallmark para abordar nuestro duelo. Es importante reconocer el dolor y, si te sientes capaz, interesado y seguro, comunicarlo a los demás.

Te invito a que dediques un tiempo para pensar en lo que de verdad quieres y necesitas escuchar de los demás. Podría ser lo que te resulta útil cuando sientes el peso del duelo de forma intensa. Podría ser lo que agradecerías en momentos cuando el duelo se siente más ligero, pero todavía quieres que los otros se aparezcan. Tal vez no estés seguro de "cuándo", pero tienes el presentimiento de algo que será útil o beneficioso para ti.

Te invito a escribir, al menos, cinco cosas que te gustaría escuchar de otras personas en el duelo. Cuando termines, puedes leerlas en voz alta para ti.

Si te sirve un ejemplo, he aquí cinco cosas que pondría en mi lista:

1. "Estaba pensando en la sonrisa de Eric el otro día. Vaya, iluminó la habitación".
2. "Sé que este mes es el aniversario de su muerte. ¿Cómo puedo apoyarte?".
3. "¿Qué es algo que quieres que la gente sepa y recuerde sobre él?".
4. "Odio que estés pasando por esto. Es una maldita mierda y apesta muchísimo".
5. "Está bien sentir lo que sea que estés sintiendo en este momento".

5 cosas que me gustaría escuchar de los demás en mi duelo

1.

2.

3.

4.

5.

¿quién te respalda?

¿NO ES IRÓNICO?

La soledad profunda es uno de los sentimientos más experimentados durante el duelo. Nos sentimos solos cuando no se satisface la necesidad de un contacto social gratificante. La soledad también parece como si nadie nos respaldara. Una de las cosas más irónicas de las pérdidas importantes es que justo la persona a la que acudiríamos en busca de apoyo emocional y conexión social… es la que se fue. No tiene sentido. No puedo decirte cuántas veces lloré y dije en voz alta: "Eric, desearía que estuvieras aquí para ayudarme con esto".

Quizá hiciste algo similar.

Y todavía hay más ironía. En el informe "Nuestra epidemia de soledad y aislamiento", el General Cirujano de Estados Unidos, Vivek Murthy, indicó que, según muchos estudios y mediciones, los estadounidenses parecen estar menos conectados de forma social. Incluso a medida que nos adentramos en un mundo globalizado, nuestro sentido de conexión está disminuyendo. Esa estadística no es solo estadounidense. Entonces, dondequiera que estés leyendo este libro, este tipo de desconexión social y soledad también se aplica a ti. No intento ser un fastidio con esta noticia. Estoy tratando de explicar por qué es normal que te sientas increíblemente solo y por qué es tan importante descubrir quién te respalda y cómo dejar que te apoyen.

DESCONEXIÓN EN TRES PARTES

Una forma de experimentar la soledad es sintiéndonos desconectados. Tras una pérdida, esto sucede en tres partes.

1. Persona. Primero está la desconexión que sentimos de nuestros seres queridos muertos o lejanos. La ruptura de ese sentido de "nosotros" es devastadora y desgarradora. También es la desconexión que más se reconoce.

2. Mundo. La desconexión que sentimos del mundo que nos rodea es menos perceptible para quienes no viven el duelo. Para algunos, esta desconexión se siente como un "nadie me entiende". Para otros, notamos esta desconexión solo con determinadas personas. De forma curiosa o extraña, con frecuencia sucede con las personas que pensamos que estaríamos más conectadas después de la pérdida.

3. Nosotros mismos. La desconexión de nosotros es la tercera y quizá la más desconcertante de todas. Cuando Eric murió, me sentí perdida y desconectada de mí. No reconocía quién era porque mi identidad se sentía destrozada. La investigadora del duelo Mary-Frances O'Connor explica de forma maravillosa por qué sucede esto. O'Connor nos recuerda que los títulos esposa, madre, amiga expresan de forma inherente las relaciones que tenemos con los demás.

Entonces, cuando esa persona muere o desaparece, nuestro sentido de identidad se rompe. El cerebro lucha por darle sentido al nuevo título. Piénsalo. La etiqueta "mamá" implica dos personas: madre e hijo. "Hermano" implica dos personas. Amigo, abuelo, pareja, tía, tío, sobrina, sobrino… todos incluyen una identidad intrínsecamente ligada a otra persona. Y ahora esa otra persona ya no está.

SOLO UNA MALDITA LLAMADA O VISITA

Muchas veces, en los primeros días del duelo, sentí ganas de gritar: "¡Muestra que estás presente! Muéstralo por favor. ¡Aunque sea haz una maldita llamada o visita!". No creo que sea la única. ¿También gritas eso?

Seguro grité esas palabras decenas de veces cuando estaba sola. Todavía lo hago de vez en cuando a medida que pasan los años. En especial, en los días de minas terrestres: aniversario de la muerte, cumpleaños, días festivos, etcétera. Eso no significa que la gente no viniera a verme. Lo hacía, y estoy eternamente agradecida. Varios todavía lo hacen, lo cual es notable porque a medida que pasa el tiempo, las personas dejan de aparecer.

¿Oíste la expresión "ten cuidado con lo que deseas porque puede hacerse realidad"? ¿Qué pasa cuando los acompañantes aparecen? Sí, muchas veces es sorprendente y justo lo que necesitábamos, incluso si no lo sabíamos. Pero aquí también aparece la ironía. Porque, aunque la mayoría tuvimos ganas de gritar "¡aparécete!" debido a un profundo dolor, soledad, miedo y tal vez enojo, a veces sucede algo extraño cuando los acompañantes aparecen. Te sientes raro e incómodo. A veces su presencia o sus palabras te entristecen más. Otras veces te sientes enojado y resentido, deseando que solo desaparezcan. ¿Quién te entiende? ¿Te pasó? A mí sí.

CUANDO SE HACEN PRESENTES

Cuando la gente se presenta para ofrecerte apoyo, ¿te preguntaste por qué te sientes mejor después de esos encuentros? ¿Incluso si un amigo te trae el mismo platillo congelado y aburrido y otro llega con helado de chocolate y vino? Es porque algunas personas saben cómo dar espacio y ser testigo. ¿Cómo se ve o se siente eso? Esas personas saben cómo aprovechar el tiempo juntos, para ti y tus necesidades, de una manera que te haga sentir reconfortado y cuidado, no compadecido ni juzgado.

Practiqué una meditación sostenida sobre cómo dar espacio y ser testigo durante décadas. Fue el tema de mi tesis de maestría. La persona que se presenta para dar espacio y ser testigo requiere algunos elementos clave, por ejemplo:

- Establecer su energía antes de llegar.
- Llegar sin expectativas de querer "arreglarte".
- Crear seguridad.
- No priorizarse.
- Mantener la atención en ti.
- Aceptarte.
- No juzgarte.
- Mostrar compasión por ti.

TE ENCUENTRAN ROTO, PERO NO NECESITAS ARREGLO

Aunque te sientas roto, no necesitas que te arreglen. Sé que tal vez eso no se sienta así. Lo que necesitas es sanar. Pero la curación no es instantánea. Se necesita tiempo, paciencia y autocompasión, todas las cosas de las que hablamos en este libro. Incluso si quisieras que las personas que te apoyan en el duelo te curaran, no podrían. Ellas solo pueden estar ahí para aguantar el peso por un tiempo u ofrecerte algún alivio (amor, aceptación, compasión, bondad).

Pueden levantarte cuando la pesadez del duelo te deprime. Mejor aún, pueden tirarse al suelo para hacerte compañía mientras descansas.

Fuera del amigo al que llamas de forma específica para que te ayude a arreglar la fuga de la tubería o la podadora rota, no andas llamando a los amigos para que te ayuden a arreglar cosas. Sobre todo, no esperas que se presenten para tratar de arreglarte. Pero mucha gente lo hace.

POR QUÉ RESPALDAR ES MÁS DIFÍCIL DE LO QUE PIENSAS

Presentarte de manera significativa no parece ser tan difícil. Entonces, ¿por qué casi siempre lo hacemos mal? Bueno, es un desafío para muchos porque a menudo nos dan justo el consejo opuesto sobre lo que significa ayudar. ¿No es nuestro trabajo presentarnos y arreglar todo con opiniones, sugerencias y clichés? ¿No son los grandes gestos y el amor las mejores opciones? No. No lo son. Eso lo hace difícil. El apoyo curativo que necesitamos de los demás en nuestro duelo es todo lo contrario. Con frecuencia es tranquilo, quieto, inactivo, sin prejuicios, requiere revisiones breves pero continuas y rara vez resulta en alguna solución o momento eureka.

> *Cuando reúna el coraje para decirte que me siento destrozado, no intentes convencerme de que estoy completo.*

PEDIR A ALGUIEN QUE "SOLO ME VEA COMO SOY"

Las personas que nos aman sufren mucho al vernos devastados y destruidos. Por eso intentan convencernos (y a ellas) de que estamos más enteros de lo que estamos.

Se necesitan un enorme valor y una tremenda vulnerabilidad para ser vistos en nuestra humanidad plena, desordenada y rota, pero eso nos ayuda a sentirnos menos solos y más conectados. Cuando nos cuesta reconocernos por el dolor de nuestra pérdida, uno de los gestos más sanadores es que alguien nos vea y nos ame tal como somos.

Es probable que te parezca injusta la carga de educar a las personas para que ayuden bien. Lo entiendo. Por desgracia, la gente tiende a necesitar un poco de formación en esta área. Si te sientes con ganas y tienes una persona cuya idea de ayuda es tratar de arreglarte, di algo como esto:

> Sé que quieres ayudarme, por eso quiero compartir esto contigo. Necesito que reconozcas y afirmes lo que digo. Llegará un momento cuando será bienvenido decirme todas mis fortalezas, actitudes y sabiduría. Pero por ahora, en este momento, cuando te digo que me siento destrozado, por favor solo honra y afirma mi experiencia. Confía en que haré el trabajo de arreglar y sanar, pero primero, solo necesito que me veas tal como soy.

Si a ambos les gusta la simplicidad y las malas palabras, puedes decirle esto:

> A veces, lo más útil que puedes decirme es lo siguiente: "Esto es una maldita mierda y apesta muchísimo".

COMPARTIR EN EL DUELO SE SIENTE BIEN (A VECES)
Se siente bien estar cerca de otros dolientes, ¿no? Creo que sí. Bueno, excepto cuando no es así. Es complicado. En realidad, no estuve con otros dolientes en los primeros años tras la muerte de Eric. Algunos amigos cercanos habían experimentado la pérdida

de sus padres. Sí, fui por un tiempo a un grupo de apoyo por pérdida de pareja porque mi hija asistía a un grupo en el mismo centro. En general fue útil. Creo. No sé. No recuerdo mucho de esa época.

¿Cuándo no se siente tan bien? Cuando un compañero de duelo lo niega o se aferra a la teoría del duelo de "seguir adelante" y trata de que sigas ese camino. ¿En qué otras ocasiones? La verdad, a veces, al principio de mi duelo, cuando estaba con otra persona que también estaba de luto por Eric, no me sentía bien. Odio admitirlo, pero sucedió. Me resultó difícil explicar, incluso a mí, por qué algunas veces se sentía bien que las personas compartieran conmigo su duelo por Eric y otras veces me enojaba. ¿Te pasó alguna vez?

Pero sí, estar con otros dolientes a menudo se siente bien. Maravilloso, en realidad. A lo largo de los años, conocí y me hice amiga de muchos más dolientes, en parte gracias al trabajo que hago ahora. Noto que es más fácil sentir una conexión profunda e instantánea con ellos, más que con los que no están viviendo un duelo. ¿Por qué? En general, es menos probable que digan estupideces o actúen de manera incómoda cuando se enteran de que soy viuda. Suelen aparecer en esos días difíciles cuando otros no lo hacen. Es menos probable que intenten arreglarme o disuadirme de mis sentimientos. Su mera existencia me hace sentir menos extraterrestre. En las conversaciones rara vez hay momentos "perdidos en la traducción". En otras palabras, ellos son más hábiles para apoyarme y me siento bien porque sé cómo apoyarlos también.

La teóloga Julia Watts Belser, otra guía en mi duelo, describe esta experiencia de manera perfecta:

> *Un día te escucharé decir: no puedo. Es demasiado difícil. Y sentiré la verdad hasta los huesos, recordaré aquel otro día, en una hora diferente, donde yo te dije esas palabras. No me dijiste mentiras. No me alimentaste con temas cual perlas empalagosas. Respondiste: lo sé. Me ofreciste una mano, esa firma silenciosa de carne y aliento. Me ofreciste una pausa. Y luego ambos seguimos adelante.*
>
> —Teóloga Julia Watts Belser

OJALÁ TUVIERAS UN AMIGO COMO JOE

Una de las personas más importantes en las primeras etapas de mi viaje de duelo fue mi amigo Joe. No vivía en mi ciudad. No tenía hijos ni mucha familia. Pero hacía tiempo que era miembro honorario de nuestra extensa familia. Conocía a Eric, y estoy segura de que también vivía un duelo por él. Aun así, de alguna manera, logró estar ahí como nadie más. Se comunicaba con regularidad, pero nunca con el tipo de vibra: "Me preocupa que te estés volviendo loca, ¿estás bien?". Se quedó despierto hablando, o sin hablar, por teléfono incontables noches en esos primeros meses cuando yo no podía dormir. No tenía miedo de hacer bromas, maldecir o solo sentarse en silencio conmigo al otro lado de la línea. Me envió videos estúpidos y listas de reproducción favoritas. Nunca me hizo sentir mal por tener momentos felices ni me cuestionó cuando esos momentos terminaban en un enorme llanto agitado y feo.

Lo sorprendente es que Joe hizo todo esto mientras su cuerpo avanzaba con lentitud hacia los estragos de la distrofia muscular, una enfermedad que había tenido desde que lo conocí. Después, fue mi turno de estar presente para él; de cuidarlo sin juzgarlo ni compadecerlo; de seguir llamándolo. Y al final, estuve a su lado cuando exhaló el último aliento, apenas unos años después de que Eric hiciera lo mismo.

Espero que encuentres un amigo como Joe en tu duelo. Alguien que esté presente y:

- No necesite nada de ti.
- Sea estable, esté presente y se reporte con frecuencia.
- Esté disponible para mensajes de texto o llamadas telefónicas de pánico en mitad de la noche, durante las cuales solo necesitas estar seguro de que hay alguien ahí.
- No se ofenda cuando cancelas planes en el último minuto.
- Deje/envíe café, un bote de helado, una botella de vino o todo sin previo aviso.
- Mande tarjetas por correo llenas de malas palabras para validarte que toda esta situación apesta muchísimo.
- No intente arreglarte, animarte ni pedirte que veas el lado positivo.
- Sepa cómo estar presente, callarse y escuchar.
- Siga apareciendo.

❧ UNA INVITACIÓN PARA TI ☙
identifica lo que te ayuda

Sé que puede parecer imposible saber lo que necesitas, en especial al inicio del duelo. Identificar tus necesidades también parece un objetivo en movimiento, que cambia de un día a otro y, a veces, de una hora a otra. Es normal. Pero eso dificulta el descubrir quién podría apoyarte o cómo respaldarte.

Por eso te invito a que dediques un tiempo para pensar en cómo se sentiría un buen apoyo en el duelo. Hoy. Te doy dos ideas. La primera: en estos momentos, ¿quién me hace sentir apoyado y cómo lo hace? Sé lo más detallado que puedas. Tal vez en lugar de decir: "Derrick me trae comida todas las semanas", podrías escribir: "Derrick se comunica conmigo de forma semanal, y luego me trae comidas preparadas pero saludables. Me gusta cuando se ofrece a guardarlas en el refri".

A veces no contamos con suficientes personas que nos apoyen o no podemos entender qué hacen. En ese caso, intenta con la segunda idea: Me siento apoyado en el duelo cuando la gente (llena el espacio en blanco). De nuevo, escribe tantos detalles como puedas: "Me siento apoyado en el duelo cuando la gente hace contacto visual y se ofrece a darme un abrazo".

P. D.: Diferentes personas pueden respaldarte de formas diferentes. No juzgues.

---

personas que me hacen sentir apoyado:
(su nombre y cómo lo hacen)

me siento apoyado cuando la gente:
(incluye detalles, incluso los pequeños)

por supuesto que es complicado

ES COMPLICADO
El *Diccionario Merriam-Webster* ofrece dos definiciones para la palabra *complicado*. Son diferentes de forma significativa en tono y en efecto. Algo similar sucede cuando usamos esa palabra para describir el duelo.

1. "que consta de partes intrincadamente combinadas"
Esta definición parece una descripción precisa de lo que pasa cuando vivimos un duelo, ¿no? Estamos interconectados de forma profunda con los que amamos, lo que explica el dolor y la confusión que soportamos los dolientes al sentirnos destrozados. Cuando experimentamos la respuesta a la pérdida en todas nuestras partes (cognitiva, emocional, física, espiritual), recordamos nuestra naturaleza compleja. La forma única de cada una de las experiencias de duelo es el resultado de un conjunto de factores intrincadamente conectados, que incluyen las circunstancias de la pérdida, la relación con la persona, los recursos de apoyo, las expectativas que el mundo tiene de nosotros y mucho más.

2. "que es difícil de analizar, comprender o explicar"

Este tiene un tono muy diferente, pero también describe el duelo con precisión. Para empezar, parece imposible usar el intelecto o las habilidades analíticas para resolver el enorme enigma que la pérdida genera en nuestro cerebro. Luchamos por comprender lo incomprensible y nos resulta difícil entender de verdad que la persona se fue para siempre. Además, muchas veces resulta difícil comunicar nuestra experiencia interna de duelo o explicar por qué nos sentimos como nos sentimos en un día determinado del viaje de duelo.

Dadas ambas definiciones, creo que tiene mucho sentido el frecuente uso de *complicado* refiriéndose a la experiencia de duelo.

CIRCUNSTANCIAS Y ESCENARIOS QUE PUEDEN COMPLICAR LAS COSAS

Al momento de experimentar tu profunda pérdida no eras un recipiente vacío, sin historia. Eso significa que las experiencias y circunstancias de tu vida, pasadas y actuales, combinadas con el escenario que rodea la pérdida pueden agregar complejidad adicional a la experiencia.

Lo que sigue no es una lista exhaustiva, solo algunos de los factores que, por lo general, contribuyen a la complejidad del duelo. Si te reconoces en alguna de estas categorías, recuerda que solo es información. Considéralo una invitación a descubrir si hay más que aprender o algún apoyo adicional que puedas necesitar. Sobre todo, si algo de esto te resuena, espero que te sientas más visto y sostenido en tu complejidad. Incluso puede que te sientas aliviado porque no eres el único. Como muchas personas, solo estás teniendo una respuesta compleja a un conjunto complejo de experiencias..., y eso es normal.

Causa o momento de la muerte

Existen algunas causas de muerte que hacen mucho más complejo el proceso de duelo. Entre ellas se incluyen muerte por suicidio, negligencia médica, muerte accidental, homicidio o cualquier tipo de muerte violenta. Cuando un niño o un joven muere, lo que a menudo se denomina "muerte fuera de orden", el duelo es complejo para los padres o seres queridos que nunca esperaron sobrevivir a su persona. Otra forma en que el momento complica el duelo es cuando se retrasa el descubrimiento de la muerte. Trabajé con pacientes que descubrieron la muerte de su ser querido meses, incluso años, después porque la persona había desaparecido de sus vidas por una u otra razón.

Pérdidas no relacionadas con la muerte

Las pérdidas no relacionadas con la muerte suelen ser ambiguas e incluyen cosas como lesiones catastróficas y enfermedades crónicas o terminales. Hay complejidad cuando los seres queridos todavía están presentes, pero no en la forma como los conocías. Esto podría incluir a seres queridos con la enfermedad de Alzheimer o que luchan contra la adicción. A veces hay ambigüedad y complejidad porque solo tenemos su presencia en nuestra mente y corazón, no de forma física. En estos casos, cuando alguien desapareció de nuestra vida por cualquier motivo, es un proceso complejo aceptar la pérdida y encontrarle sentido a la vida que aún nos queda.

Trauma

Exploramos la relación entre el trauma y el duelo en "demasiado, muy rápido". Lo que agregaré aquí es que el trauma es la fuente más común de complejidad en el duelo que vi en mi trabajo. Es algo que también impactó a mi familia. Vi la forma en que un trauma no resuelto, ya sea relacionado con la pérdida o del pasado, incluido el trauma relacionado con problemas de apego en la infancia, complica la capacidad de una persona para moverse a través del proceso de duelo. Si experimentaste un trauma y sientes que tu proceso de duelo es complejo, asegúrate de encontrar a alguien especializado en trauma para obtener apoyo adicional.

Relaciones difíciles, abusivas y ausentes
"No hables mal de los muertos". Todos oímos esa frase antes, ¿no? Pero a veces los muertos no fueron tan buenos con nosotros en la vida. A veces nos trataron mal, fueron abusivos o negligentes. Otras veces desaparecieron mucho antes de que ocurriera su muerte. Algunas veces no tuvimos la oportunidad de formar una relación, como en el caso de las adopciones, y otras veces, desaparecieron después de que nos conectamos, como cuando un padre deja la familia.

A veces no se extraña a estas personas. Tal vez porque el trabajo emocional, psicológico y físico que implicaba tener una relación con ellas era demasiado. En su ausencia, algunos sentimos alivio. La fuente de la complejidad se debe al conflicto que sentimos entre la presión social para vivir el duelo por la pérdida y la forma en que de verdad nos sentimos. También es posible que solo nos perdimos partes, aspectos o nuestra historia con la persona. De hecho, muchas veces no lamentamos a los seres que murieron, sino la relación idealizada que nunca llegamos a tener con ellos. Otras veces la complejidad surge porque lamentamos la oportunidad perdida de reparar las relaciones.

Sentirse en conflicto sobre las personas que perdimos es más común de lo que piensas. Hay tanta presión para idolatrar a los difuntos que no se nos concede permiso para tener nada menos que pensamientos, sentimientos y recuerdos dignos de elogio. En caso de que te sientas en conflicto, déjame recordarte que lo que sientes ¡está bien! Es aceptable y perfectamente razonable que sientas tristeza y enojo. Es comprensible que sientas alivio y anheles su regreso. Incluso está bien si todavía no estás bien seguro de lo que sientes.

Te negaron el derecho a reclamarlo
Que te nieguen el derecho a nombrar y reclamar tu duelo o expresarlo en el estilo que mejor te convenga también conduce a una complejidad significativa en el proceso. Este problema es más generalizado de lo que piensas y lo exploramos con más detalle en "acceso denegado".

Sentirse en conflicto sobre las personas que perdimos es más común de lo que piensas. Hay tanta presión para idolatrar a los difuntos que no se nos concede permiso para tener nada menos que pensamientos, sentimientos y recuerdos dignos de elogio. En caso de que te sientas en conflicto, déjame recordarte que lo que sientes ¡está bien!

EMOCIONES Y PATRONES DE PENSAMIENTO COMPLICADOS
En "emociones, sentimientos y estados de ánimo, ¡ay, Dios!" explicamos que es más útil considerar la presencia de las emociones como información, en vez de que tengan un valor inherente de bueno o malo. Cuando las personas tienen una relación complicada con el duelo surge un conjunto de emociones y patrones de pensamiento con mayor intensidad, frecuencia y persistencia. Esto no es de sorprender dadas algunas de las circunstancias antes enumeradas.

Algunas emociones y formas de pensar comunes que se manifiestan con intensidad y larga duración, indicando una experiencia de duelo más compleja, incluyen adormecimiento, ambivalencia, terror, culpa, arrepentimiento, remordimiento, resentimiento, duda, vergüenza y culpa del sobreviviente.

Quizá todos tuvimos estas emociones y patrones de pensamiento de vez en cuando. Tener uno o más no es malo ni una señal de estar atascado. Experimentar una o más con mayor regularidad y de manera que interrumpan tu capacidad de sentir otras emociones… puede ser señal de que la complejidad del duelo está ralentizando tu sanación.

CAPAS SOBRE CAPAS

El duelo es un proceso estratificado para todos los que lo experimentan. Cuando vamos a dar pasos para sanar, nos dicen que examinemos todas las partes que se desmoronaron y se desconectaron. Nos piden que clasifiquemos las capas de nuestras emociones, recuerdos y experiencias y que determinemos la mejor manera de unirlas otra vez. Nos invitan a considerar qué piezas volver a tejer y cuáles apartar conforme hacemos espacio para incorporar nuevas piezas a nuestra historia emergente.

Para los que tuvimos una relación complicada, resulta más confuso resolverla. ¿El duelo es por la persona o por lo que no teníamos (un padre amoroso o una relación cercana con un hermano)? Podemos sentirlo por ambas, lo que agrega otra capa de complicación. Otras personas tal vez deban afrontar el abandono de la esperanza de una reconciliación que nunca llegará. Lidiar con todas estas capas también hace que el duelo parezca más complicado.

USAR "Y" PUEDE HACER QUE SE SIENTA MENOS COMPLICADO

Muchas veces, las complicaciones del duelo resultan abrumadoras porque nos enfrentamos a decisiones falsas. Cuando tu duelo es complicado debido a las circunstancias mencionadas antes, la presión para elegir entre binarios falsos es aún más desafiante y dañina.

Las opciones falsas aparecen como ultimátums del tipo "uno u otro": "Lo amabas y sufres o no lo amabas y te sientes aliviado de que esté muerto; no las dos" o "Si de verdad amaras a tus otros hijos, dejarías de estar tan triste por el que murió". Aunque es difícil soportar la complejidad de ideas o de emociones opuestas, podemos hacerlo. De hecho, necesitamos hacerlo porque tratar de obligarnos a elegir uno e ignorar el otro es la razón por la que nos atascamos.

Cuando los pacientes experimentan sentimientos complejos en torno al duelo, mi objetivo es llevarlos a un lugar donde puedan tener pensamientos o emociones aparentemente contradictorios a la vez. Lo primero y más importante es ayudarlos a apartar la culpa que sienten por tener esos pensamientos o emociones.

Al principio les pregunto: "¿Qué se sentiría decir: 'Todavía lo extraño' y 'También me siento aliviado de que se haya ido y ya no pueda hacerme daño'?". Si están dispuestos a decirlo en voz alta, es un buen primer paso para descubrir cuál creencia o narrativa se interpone en su camino. El objetivo es que puedan decir ambas afirmaciones y encontrar más tranquilidad o paz cuando lo hagan.

NO TODOS VIVEN UN DUELO COMPLICADO

Algo que vuelve más desafiantes a tus sentimientos complicados es que otras personas en la vida del ser querido no sientan lo mismo. A veces, en las familias, una persona tenía una relación amorosa y sana, mientras que otra, no. Eso significa que la historia de la pérdida es muy diferente, lo que a menudo lleva a la persona con la experiencia compleja a sentirse minimizada o descartada. Esto podría ser un juicio autoinfligido, es decir, no surge de lo que hacen o dicen los demás, sino que solo es el resultado de compararte contigo (ser tu ladronzuelo del duelo. También podría ser que la crítica provenga de otra persona y genere conflictos dentro de las familias. (Revisa "acceso denegado").

DUELO POR EL ROL, NO POR LA PERSONA

Ya mencioné el hecho de que en los casos en los que tuvimos una relación difícil, incluso traumática con alguien, encontramos el duelo complicado porque, aunque no lamentamos a la persona, de todos modos, sentimos algún tipo de duelo. Pero muchas veces pasamos por alto que la muerte o la desconexión nos impulsa a vivir un duelo por el rol o la experiencia que nunca tuvimos. Por ejemplo, cuando muere un padre abusivo, es posible que los hijos no lo extrañen, sino que vivan un duelo por esa versión infantil de sí mismos que nunca tuvo la oportunidad de experimentar un padre amoroso.

Esa no es la única forma en que no respetar la necesidad de vivir un duelo por el rol complica las cosas. Muchos vivimos el duelo de alguien a quien amamos y con quien tuvimos una buena, incluso excelente, relación. Somos conscientes del duelo, estamos y vivimos nuestras emociones... Pero de todos modos algo todavía nos corroe. Con frecuencia, el duelo es por el rol, papel o título que ya no tenemos.

Una de mis pacientes, que perdió a sus padres con un mes de diferencia, seguía diciendo que había *algo más*. No eran solo las muertes o la ausencia en su vida. Algo más le causaba angustia. Mientras contaba historias sobre ellos, la escuché y reflexioné que parecía como si encontrara mucho orgullo, satisfacción y alegría al ser su hija. Le sugerí que tal vez necesitaba poner atención y cuidado específicos al duelo por la pérdida de ese rol. La confusión y angustia indicaban la necesidad de honrar ese aspecto de su duelo que había estado oculto.

Esa invitación a ver la pérdida desde otra perspectiva le permitió reconocer y decir en voz alta: "Creo que estoy viviendo un duelo porque ya no soy hija de nadie". En caso de que hayas sentido alguna versión de esto y hayas pensado que no tenías permiso para llorar tu título, quiero decirte que está bien. Vive tu duelo.

CUANDO LO COMPLICADO SE VUELVE DESORDENADO

Aquí tienes un rompecabezas. Sí, todos los duelos complican la vida. La mayoría de los duelos tienen factores que los complican. Pero no todos los duelos son complicados. ¿Eh? Tal vez hayas escuchado los términos "duelo complicado" o "trastorno de duelo prolongado" (PGD por sus siglas en inglés) en los últimos años. De hecho, el PGD se añadió en 2022 al *Manual Diagnóstico y Estadístico de Trastornos Mentales* (DSM-5), de la American Psychiatric Association (APA).

La descripción general dice: "El trastorno de duelo prolongado (PGD), o duelo complicado, puede ocurrir después de que una persona cercana a usted haya muerto dentro de al menos seis meses (doce meses para niños y adolescentes). Es posible que sienta un profundo anhelo por la persona que murió y se obsesione con pensamientos sobre ella. Esto puede dificultar el funcionamiento en casa, en el trabajo y en otros entornos importantes". Por favor, considera que esto es solo la descripción. No incluye todos los criterios necesarios para calificarlo como un trastorno.

PIENSA EN ESTO COMO UNA INFECCIÓN

Sabes que me encantan las metáforas y Katherine Shear, psiquiatra e investigadora de PGD, compartió una que me pareció muy útil. Ofrece una forma más accesible de diferenciar entre una respuesta normal a la pérdida (y complicada de forma natural) y una que se está volviendo complicada y dañina de forma innecesaria.

Ella explica que el duelo es como una respuesta inflamatoria normal al daño de la pérdida, y el duelo complicado es como una infección. Eso retrasa el proceso de curación y aumenta el sufrimiento, que "ocurre porque aspectos de la respuesta de una persona a las circunstancias o consecuencias de la muerte descarrilan el proceso de duelo, interfiriendo con el aprendizaje e impidiendo que progrese el proceso de curación natural".

Muchos psiquiatras, otros proveedores de salud mental y los propios dolientes ven este diagnóstico como una forma valiosa de reducir el sufrimiento innecesario que experimenta el pequeño porcentaje de dolientes, estimado alrededor del 10 %, que cumplen con los criterios necesarios para calificar para el PGD. En mi experiencia trabajando con pacientes, ciertamente me encontré con personas que quedan atrapadas en el sufrimiento durante años y luchan por encontrar alivio o dar algún paso hacia la sanación. Por lo general, esto es el resultado de una amplia variedad de razones, incluido un trauma no tratado, problemas subyacentes de apego, abuso, negligencia y pérdidas continuas y agravadas. De hecho, es posible que seas una de esas personas. Si es así o si sospechas que es cierto, creo que es vital buscar un profesional que pueda realizar diagnósticos y brindarte apoyo capacitado para el duelo.

SÍ, ES COMPLICADO Y...

Aun así, tengo muchos sentimientos complicados respecto a la descripción del trastorno. ¿Y tú? No estoy aquí para descartar la investigación, la validez de los criterios de diagnóstico o tu experiencia vivida si esto te hace sentir visto. Estoy aquí para agregar un "sí, y".

Sí, hay motivos para tener un trastorno de duelo prolongado como enfermedad diagnosticable y tengo dudas. Temo que eso hará retroceder el progreso que logramos de forma cultural, entre las profesiones de ayuda y como individuos, para reconocer el duelo como una respuesta normal a la pérdida. Temo que eso se sume al vocabulario patológico cotidiano que utilizamos para hablar sobre el duelo en general. Como doliente y activista del duelo me preocupa que eso refuerce los mitos de que el duelo "normal" es una tarea breve, lineal, ordenada y realizable.

Me preocupa que este diagnóstico refuerce una creencia sobre el duelo de correcto/incorrecto que en la actualidad contribuye de manera significativa al sufrimiento innecesario de muchos dolientes. Ese fue uno de los mitos dañinos que sostuve al principio y que afectó mi duelo de forma negativa. Quizá también sea cierto para ti. Mi preocupación es que, una vez más, el "problema" se localiza en el individuo mientras se ignoran las responsabilidades de las políticas, los sistemas y una cultura que contribuyen a la complejidad que experimentan los dolientes.

UNA INVITACIÓN PARA TI
encuentra un contenedor para la complejidad

La conclusión es que, cuando se trata de complicaciones en el duelo, todos luchamos en un grado u otro. Y aunque nunca sabremos toda la información ni tendremos todas las respuestas, a veces para encontrar la manera de coexistir de forma más pacífica con la ambigüedad y la incertidumbre hay que darle voz a la complejidad de nuestros pensamientos y emociones.

Para empezar, debemos encontrar una manera de articular los pensamientos y emociones que no tienen nombre, los que contribuyen a la complejidad que estás sintiendo. Hay muchas formas de ejercicios expresivos que te ayudarán a descubrir tu voz, incluida la escritura de cartas a los fallecidos/desaparecidos y, a veces, a ti.

Por ahora, te invito a empezar más cerca. Comienza respondiendo sin editar ni juzgar las ideas siguientes en tu diario o en el espacio que viene a continuación. Cualquier pensamiento o sentimiento que surja escríbelo. No son hechos. No son la historia completa ni la explicación de tu duelo. Solo son información.

Sé amable y compasivo con cualquier cosa que surja. Nada de lo que escribes te convierte en una buena o mala persona, en un mejor o peor doliente. Se trata de validar lo que tu cuerpo en el fondo ya sabe y crear un contenedor para guardarlo, un contenedor que no sea tu mente. Escribirlo te brinda distancia y la oportunidad de ganar algo de perspectiva y, tal vez, de empezar a aflojar el bloqueo que esos pensamientos o sentimientos inhibidos tienen en tu curación. Puedes llevar estos escritos a tu grupo de apoyo o usarlos con tu proveedor de salud mental.

*los sentimientos que siguen apareciendo y que son difíciles
de admitir ante los demás son estos:*

*cuando la gente me pregunta sobre mi pérdida, lo que
de verdad desearía responder es esto:*

*lo que me gustaría que la gente realmente entendiera acerca
de lo complicado que se siente es esto:*

acceso denegado

NEGADO EL DERECHO AL DUELO

Que se te niegue el derecho a vivir un duelo es una idea muy ofensiva, ¿no? De manera intrínseca, el duelo es una experiencia individual, entonces, ¿cómo puede haber guardianes del duelo? Solo la idea me hace querer gritar: "¡Es mi duelo y no necesito tu maldito permiso para vivirlo!". Y, aunque técnicamente estaría en lo cierto, es más complicado que eso.

Sin importar lo independiente que seas, los humanos dependemos de la interacción social para nuestra salud y bienestar mientras vivimos en un mundo en relación con los demás. Somos parte y dependemos de un conjunto complejo de sistemas, por ejemplo, lugares de trabajo, instituciones médicas, legales y religiosas. Vivimos en colectivos, conocidos como sociedades, que dictan reglas explícitas y tácitas sobre todo. Me refiero a todo.

Esas reglas pueden ser formales, incluidas las leyes y políticas, o informales, incluidas las normas culturales. Aunque las reglas no siempre se comunican de forma explícita, las normas culturales son muy poderosas y vemos su influencia en nuestras vidas a través de nuestra voluntad colectiva de seguirlas. Esto incluye cosas como qué ropa se espera que uses para trabajar versus cómo te vistes con tus amigos o qué se considera un comportamiento apropiado en restaurantes versus cómo actuamos en un estadio deportivo.

Lo vemos en las normas de género que normalizan que las niñas usen faldas o tengan el cabello largo, mientras que los niños son intimidados y acosados por esa expresión. Entendemos y hacemos cumplir de forma colectiva la norma cultural de que la masculinidad significa que los hombres no muestran emociones como la tristeza. Seguimos normas culturales que no existen en otros países como dar propinas a servidores en Estados Unidos. Tenemos normas culturales sobre cómo estar en el mundo.

No es de sorprender que esas reglas no desaparezcan cuando se trata del duelo y de cómo vivirlo. Ciertas leyes y políticas influyen en nuestro derecho y capacidad de vivir el duelo. Vemos esto en la existencia de licencias por duelo débiles, irregulares y, en algunos casos, no remuneradas para la mayoría de las personas, en la mayoría de los lugares de trabajo, en la mayoría de los tipos de pérdidas. Esa es solo una puerta. Quizá las creencias y normas culturales sobre el duelo tienen más consecuencias a la hora de negarlo.

Como en otros ámbitos de la vida, las normas culturales se aplican de forma diferente y afectan de manera desproporcionada a ciertos grupos de personas o a algunos tipos de pérdidas más que a otros. El resultado es lo que Kenneth Doka llamó "duelo privado de derechos" en la década de los ochenta. Describió esta experiencia como "una pérdida que no es o no puede ser abiertamente reconocida, socialmente sancionada o lamentada públicamente". En otras palabras, de verdad existen guardianes del duelo.

¿QUIÉNES SIRVEN COMO GUARDIANES?

Varios niveles de la sociedad crean las condiciones donde el duelo no se reconoce y se descartan sus manifestaciones. Los niveles institucionales; políticas, procedimientos, reglas y leyes; culturales, televisión, películas, redes sociales, e interpersonales, lo que aprendemos de nuestra familia, amigos, maestros, compañeros de trabajo, a menudo funcionan en conjunto sin siquiera saberlo. Aunque rara vez hay intenciones maliciosas, los resultados siguen siendo la privación de derechos del duelo de las personas. Estos guardianes son los poseedores y difusores de las creencias dañinas sobre el duelo, y las utilizan para montar guardia. Incluyen:

Cultura y Medios
En esencia, esto es el metaguardián y, en cierto modo, el instigador de todos ellos. A través del tiempo y el espacio, las instituciones que crean lo que llamamos cultura incluyen todas las formas de medios y artes, instituciones religiosas, políticos, teólogos y líderes en todos los campos, desde el médico hasta el gubernamental. Los valores inherentes a la defensa de estos sistemas con frecuencia están plagados de creencias dañinas sobre el duelo que son absorbidas por todos los involucrados... que en realidad somos todos nosotros.

Instituciones
El control formal ocurre a nivel gubernamental, donde vemos que las políticas de licencia remunerada por duelo van mejorando, pero aún son débiles, limitadas y raramente equitativas. Las leyes también prohíben a algunos presos asistir a funerales o actos conmemorativos. No es solo nuestro sistema legal el que actúa como guardián. Las políticas establecidas por los empleadores, si tienes la suerte de trabajar para una empresa que tenga dichas políticas, a menudo ignoran la inclusión de muchas pérdidas importantes para el doliente, por ejemplo, tías, tíos, amigos, parejas no casadas, abortos espontáneos. Rara vez consideran la necesidad de

extender el período más allá de los cinco a catorce días consecutivos establecidos.

Cuando los líderes de cualquier industria priorizan la productividad sobre el sufrimiento humano y desestiman a los empleados exhaustos, también están controlando el duelo. Cuando los líderes religiosos o culturales rechazan las relaciones homosexuales, del mismo género o *queer*, niegan el dolor que enfrenta esta población. El rechazo por parte de muchos proveedores médicos de reconocer o educar a los pacientes sobre los efectos físicos y cognitivos del duelo es otro ejemplo de cómo los grupos privan de derechos al duelo. Ya sea que estas reglas y políticas sean formales o no, los valores subyacentes impactan en la capacidad de los dolientes de sentirse vistos, incluso de sentirse lo suficientemente seguros como para expresar su duelo.

Interpersonal (uno o más individuos)
El guardián más influyente de algún aspecto de tu duelo podría ser alguien que conoces. A veces, las personas en tu vida te niegan el derecho a vivir tu duelo y dicen cosas como las siguientes: "Apenas los conocías" o "Solo era tu mascota". A veces apagan aspectos de tu duelo. Esto sucede incluso cuando tienes una forma de duelo "culturalmente aceptable". Pero algunas personas de tu círculo íntimo actúan como guardianes. Esto puede ser sutil o evidente a través de comentarios o directivas informales que te hacen saber que tu tristeza duró demasiado o que ya no debes hablar más de ello. (Revisa "la gente dice estupideces").

Tú
Perdón por las malas noticias, pero, como comparto en "cuidado con el ladronzuelo del duelo", a veces eres tú. Con frecuencia privamos de derechos a nuestro propio duelo. Esto incluye restar

importancia o descartar por completo nuestro derecho a vivir el duelo de una pérdida en particular, a seguir con el duelo después de cierto tiempo o a vivir nuestro duelo a nuestro estilo. Y si te hace sentir mejor, a veces yo también soy el molesto guardián de mi duelo. Todos desempeñamos ese papel de vez en cuando.

Los niveles trabajan en conjunto para crear normas culturales
Recuerda, las normas culturales también juegan un papel importante. Los medios de comunicación, las artes, los líderes intelectuales y, muchas veces, las instituciones religiosas están haciendo guardia. A menudo, realizan acciones sutiles, informales, pero demasiado poderosas, incluida la forma en que se retrata el duelo en la televisión y en las películas (el duelo de la viuda termina cuando un hombre viene a conquistarla). Los mensajes de positividad tóxica (levántate solo) y los políticos, líderes de opinión, artistas y personas influyentes en las redes sociales que solo dan "buenas vibras" son indicaciones claras de que tu duelo no es aceptable para el consumo público.

NO TODAS LAS PUERTAS SON IGUALES
Como mencioné, todos los guardianes tienen sus trucos, lo cual dificulta detectarlos o determinar la mejor manera de sortearlos. Esas puertas hacen que el duelo sea más complicado y contribuyen en gran medida al sufrimiento innecesario que experimentamos. No todas las puertas tienen el mismo aspecto. Como regla general, hay dos tipos:

La puerta formal, obvia y cerrada con seguro
Puedes verla a una milla de distancia. Incluye la póliza de duelo que no cubre tu pérdida o la institución religiosa que no te permitirá tener un servicio porque no reconoce tu relación con el

fallecido. Son las leyes y las políticas que defienden los sistemas y que pueden negarle literal, emocional y psicológicamente el derecho a vivir tu duelo.

La puerta informal, sutil, entreabierta o sin llave
Esta forma de control está a cargo de los ladronzuelos de duelo… y son muy tramposos. Estos guardianes pueden, o no, negarte el derecho de vivir tu duelo. Puede que solo limiten la cantidad o duración de duelo que te permiten sentir o expresar. A veces, incluso es difícil darse cuenta de que estos guardianes te están cerrando la puerta. Pueden expresar un cliché ("No quisieran que te sientas mal") o comparar o minimizar tu duelo con frases que comienzan con "Al menos…". (Revisa "cuidado con el ladronzuelo del duelo").

A veces, el control es aún más escurridizo porque implica una no acción, como cuando las personas no se aparecen, no hablan de la persona muerta o no abordan la pérdida en absoluto. Una forma sutil de control es cuando no te preguntan cómo te está yendo ni se adaptan a la situación en función de tu pérdida. Conocí a muchas personas cuyos padres guardaron todas las fotografías de sus seres queridos fallecidos y nunca volvieron a hablar de ellos. Esa es una inacción silenciosa que envía un mensaje fuerte: no tienes derecho a vivir tu duelo.

CUANDO SE CIERRAN LAS PUERTAS
La gente puede validar y apoyar el duelo o privarlo de sus derechos a raíz de cualquier tipo de pérdida. Pero hay algunos escenarios comunes donde te privan de tus derechos a vivir el duelo, por ejemplo:

La relación no se valora ni se honra
De manera cultural, algunas relaciones no se consideran tan importantes o significativas como otras. Como resultado, algunas

pérdidas no se consideran dignas de duelo. Eso incluye la muerte de excónyuges, familiares extendidos, suegros, parejas no casadas, amigos cercanos, distantes o solo en línea y compañeros de trabajo. La invitada del *podcast*, Autumn Campbell, señaló que una forma insidiosa pero muy común incluye la privación de derechos del duelo por abortos espontáneos y mortinatos.

La pérdida de una mascota es otro ejemplo común de un duelo privado de derechos porque no se valora la relación. Incluso las personas que viven el duelo por la muerte de un anciano pueden verse privadas de sus derechos cuando descartan la necesidad de estar tristes porque la persona vivió una larga vida.

A veces se trata menos de no ser valorado y más de una relación estigmatizada. Muchas veces, el duelo por estas pérdidas se niega con más fuerza. Esto a menudo incluye relaciones LGBTQ o personas involucradas en relaciones extramaritales. Una invitada anónima del *podcast* compartió que muchas personas como ella sintieron que se les negó el permiso para expresar el duelo por su aborto debido al estigma que lo rodea.

La causa de muerte conlleva un estigma

A veces se niega el duelo por la forma en que alguien murió. Cuando existe un estigma social en torno a la causa de la muerte, el duelo por esas pérdidas con frecuencia se ignora y se considera un tabú. Esto incluye muerte por suicidio, sobredosis accidental de alcohol o drogas, VIH/Sida, conducir en estado de ebriedad, morir al cometer un delito o estar en prisión.

Pérdidas no relacionadas con la muerte

En muchos sentidos, la pérdida no relacionada con la muerte es una de las categorías más importantes del duelo privado de derechos, ya que demasiadas personas todavía mantienen una falsa creencia profundamente arraigada de que el duelo solo es válido en casos de muerte. Es común que a las personas se les niegue el derecho a vivir su duelo en casos como la enfermedad de Alzheimer, adicción, lesión cerebral traumática, enfermedad mental, lesión catastrófica, enfermedad crónica, infertilidad o adopción. Cuando las personas se alejan de sus seres queridos, debido a abuso o negligencia, se ignora el duelo que sienten por esa ausencia. Las personas cuyos seres queridos recibieron un diagnóstico terminal experimentan, con razón, un duelo anticipado, pero muchas veces se les dice que se equivocan al sentirse así.

Pérdidas que la gente elige

Creo, y espero que tú también, que tenemos derecho a vivir el duelo de las pérdidas que elegimos, pérdidas de madurez como dejar el hogar, relaciones que decidimos terminar, pero no todos se sienten así. En nuestra propensión cultural al pensamiento de "todo o nada", este tipo de pérdidas a menudo se niegan o descartan con mensajes como estos: "No puedes quejarte porque tú te lo hiciste, tú te lo buscaste" o *"No deberías* lamentarlo, estás mejor sin él."

Ciertas expresiones y comportamientos de duelo

A veces no es la pérdida en sí lo que se niega, sino el derecho de los dolientes a expresar su duelo en el estilo que más les convenga. Como exploramos en "todo el mundo tiene estilo (a su manera)", cada uno tiene un estilo de duelo, y eso causa conflictos que pueden escalar al nivel de negarle a alguien la capacidad de agencia sobre su experiencia de duelo.

INDICADORES DE QUE LAS PUERTAS ESTÁN CERRADAS

¿Están cerradas las puertas? Bueno, para muchos la privación de derechos es obvia. Los guardianes emplearon tácticas tanto formales como informales para comunicarnos que nuestro duelo no es válido ni digno de atención. Sabemos cuándo las puertas están cerradas debido a la falta de validación social y, con frecuencia, sistémica, de la pérdida en sí o del duelo que expresamos. Esa falta de reconocimiento nos hace sentir inseguros para hablar sobre el duelo, así que no lo hacemos. Nos lo guardamos. Al carecer de apoyo, nos sentimos más aislados y solos, como si estuviéramos equivocados o fuéramos anormales por sentirnos como nos sentimos.

EL CÓDIGO DE LA PUERTA CAMBIA

A veces sientes como si el código de la puerta cambiara, incluso cuando intentas acceder al reconocimiento de la misma pérdida. Dependiendo de la persona o institución a la que te acerques, el momento transcurrido desde la pérdida o el comportamiento que estés demostrando, a veces el código no funciona. Puedes notarlo cuando un amigo que antes te indicó apoyo a través de la validación y la empatía de repente deja de aparecer. Quizá te haya pasado cuando notas que la familia cambia de tema cada vez que mencionas a tu mascota fallecida.

En estos tiempos, es posible que te sientas tentado a asumir el rol de guardián y decirte: "Estoy exagerando, mi duelo ya es demasiado". Te animo a que te fijes cuando suceda esto y consideres una alternativa. Tal vez siempre te diriges a tus amigos o familiares y les pides reconocimiento. Podría significar que busques nuevos medios de apoyo.

IMPACTO Y LEGADO

Las consecuencias de controlar el duelo comienzan con el sufrimiento innecesario del doliente individual, pero van mucho más allá. El efecto y el legado del duelo privado de derechos incluye:

Sanación interrumpida

Incluso cuando sabemos que es hora de empezar a vivir el duelo, no es tan fácil. Si el mundo nos dice explícita e implícitamente que estamos equivocados al sentirnos de cierta manera, no podemos evitar asimilarlo. Como resultado, empezamos a ocultar el duelo en ciertos lugares o por completo. El miedo a ser juzgados o alienados significa que es poco probable que busquemos el apoyo que necesitamos. Esto es una tormenta perfecta para que el duelo no se aborde y resulte en todo tipo de consecuencias emocionales, psicológicas, incluso relacionales.

Puertas que conducen a más puertas

La generalización del control y los guardianes crean una situación en la que las puertas se duplican. Cuando el jefe, los padres o los amigos niegan nuestro duelo, sufrimos. Pero si creemos la mentira de que no merecemos vivir el duelo, no somos los únicos que sufrimos. Cuando negamos nuestro duelo, muchas veces terminamos cerrando la puerta a los demás. "Si no puedo honrar o experimentar mi duelo, entonces tú tampoco".

Esto sucede dentro de las familias, entre amistades, incluso planta las semillas de las respuestas institucionales a la pérdida. Cuando no vemos a la gente que nos rodea expresar su duelo o ser apoyada en un duelo similar al nuestro, comenzamos a creer que nuestro duelo tampoco es válido y terminamos controlándonos. Si no atendemos, abordamos, incluso transformamos nuestro duelo, como explica el sacerdote Richard Rohr, "lo más seguro es que lo transmitamos, por lo general a los más cercanos a nosotros: familia, vecinos, compañeros de trabajo e, invariablemente, a los más vulnerables... nuestros hijos".

Generaciones cruzadas

Las puertas duplicadas no solo permanecen dentro de nuestra familia, grupo de amigos o época en la que estamos experimentando la pérdida. El duelo privado de derechos, si no se aborda, tiene consecuencias de generación en generación, ya que se transmiten tanto las creencias como las consecuencias dañinas que causan.

A nivel cultural, en Estados Unidos existen normas sociales y familiares en torno al duelo que a menudo se transmiten de generación en generación. A veces, estas normas se manifiestan en ceremonias y tradiciones, y la mayoría de las veces se encuentran en expectativas y limitaciones explícitas y tácitas en torno al duelo y el luto.

A la familia de una amiga le enseñaron a no llorar en los funerales. Su abuela nunca lloró y una vez le dio un codazo a su madre durante un funeral como señal para que dejara de llorar. Su madre aprendió rápidamente que llorar en un funeral era inaceptable y les dijo a sus hijas, antes de asistir a su primer funeral, que no lloraran. Tal vez puedas pensar en uno o más ejemplos como estos sobre las normas que tu familia te enseñó sobre el duelo. También existe un conocimiento cada vez mayor sobre el duelo y el trauma intergeneracional, incluida la forma en que nos cambia cultural y genéticamente, lo que se llama epigenética. Este tema es profundo e importante y demasiado extenso para incluirlo aquí. Pero, si eres un estudiante entusiasta como yo, echa un vistazo a Rachel Yehuda y Resmaa Menakem. Son dos de mis pensadores y guías favoritos.

Aplicación desproporcionada

Cualquiera puede verse privado de sus derechos, pero como mencionamos antes, hay grupos de personas y tipos de pérdidas que quedan más excluidos que otros. Como resultado, sufren de forma innecesaria, y las consecuencias duran más que el sufrimiento de ese doliente individual o colectivo.

El ejemplo más atroz de un grupo de personas a las que se les niega el acceso al duelo en Estados Unidos son las personas de color. Su duelo por las terribles y continuas pérdidas causadas por el racismo fue negado de forma constante y sistemática. Las estrategias predominantes utilizadas fueron el *gaslighting*, una herramienta para robar el duelo y la privación de derechos.

De manera histórica, las personas que se identifican como mujeres fueron afectadas de forma desproporcionada. Esa privación de derechos continúa hasta hoy. Aunque las pérdidas difieren, la infertilidad, el aborto, el aborto espontáneo y la muerte fetal son algunas de las pérdidas más sistemática y culturalmente privadas de derechos. Piénsalo. Si eres la próxima mujer en experimentar una de estas pérdidas y no viste ni escuchaste de otras personas sobre su experiencia o ni siquiera sabes cómo es el apoyo en el duelo, tú también sufrirás. Incluso la derogación de Roe versus Wade en 2022, que elimina el derecho de la mujer a la autonomía corporal, es una pérdida profunda que muchos se niegan a reconocer.

De diferentes maneras, a las personas que se identifican como hombres también se les negó su derecho a vivir el duelo. A veces esto toma la forma de negar la necesidad legítima de lamentar ciertas pérdidas, por ejemplo, amigos, aborto espontáneo, muerte fetal. Más a menudo lo que causa daño es la aplicación de normas culturales, incluido desalentar y desestimar a los hombres para que no expresen su duelo y busquen apoyo. La masculinidad tóxica en nuestra cultura estadounidense les dice: "Arriba. No llores, eso es débil". Estas normas culturales problemáticas complican las experiencias de los hombres para procesar y expresar su duelo de forma útil y saludable.

DERRIBAR LAS PUERTAS

Entonces, ¿cómo convertirnos en infractores de las reglas para nosotros o para alguien que nos importa cuando el duelo se ve privado de derechos? ¿Cómo empezar a derribar las puertas? Ya sea que lo hagas para sentirte validado y encontrar apoyo en tu duelo o en nombre de un amigo o familiar, existen algunas estrategias a considerar:

Escucha y cree

Hace poco, Brené Brown escribió: "Necesitamos disipar el mito de que la empatía es 'ponerse en los zapatos de la otra persona'. En lugar de ponerme en tus zapatos, necesito aprender a escuchar la historia que cuentas sobre cómo es estar en tus zapatos y creerte, incluso cuando no coincida con mis experiencias".

No es necesario que puedas identificarte o comprenderlo porque también lo experimentaste. Cuando los dolientes te cuenten sus pensamientos, sentimientos o experiencias de duelo, escucha para creer. Escucha sin juzgar. Es la mejor acción para romper la práctica de control que lleva a los dolientes a sentirse privados de sus derechos.

Interrumpe a los guardianes

A lo largo de este libro, exploramos muchas de las prácticas y el lenguaje utilizado por los guardianes para privar de derechos al duelo. Una forma de apoyar a otras personas cuyo duelo está siendo negado es interrumpir a los guardianes. Cuando escuches o notes acciones que niegan el derecho de los dolientes a expresar el duelo a su manera, interrumpe. Esto podría sonar así: "Mamá, acabo de escucharte decirle a mi hermana que *no debería* hablar tanto sobre su aborto espontáneo porque incomoda a los demás. Cuando haces eso, le estás diciendo que no tiene derecho a llorar la pérdida como lo necesita y eso es perjudicial". Como vimos en "acceso denegado", la interrupción es una habilidad que debemos desarrollar para combatir los momentos en que privamos de derechos a nuestro duelo.

Predica con el ejemplo
Todos tenemos normas culturales y familiares sobre el duelo y se las enseñamos a los demás de manera sutil y directa a lo largo de la vida. A través de nuestras acciones y palabras, siempre estamos modelando el duelo, lo que significa que tenemos la opción de defender o cambiar las normas que vivimos.

Una de las cosas más poderosas que puedes hacer para desmantelar la práctica de la privación de derechos es predicar con el ejemplo. Esto puede incluir las estrategias de interrupción que acabamos de discutir o mostrarte presente y escuchar para creerles a los amigos, familiares y compañeros de trabajo que te confían su historia.

También habla y vive tu duelo de manera diferente con los demás. Quizá notes que disminuyes o evitas aceptar apoyo o hablar sobre las dificultades que estás experimentando como una forma de controlar tu duelo. Interrumpir tus prácticas de control aceptando ayuda o confiando a tus amigos las realidades y complejidades de tu duelo les da permiso para hacer lo mismo con el suyo. Al reclamar y reconocer tu derecho al duelo y a expresarlo ante los demás, estás predicando con el ejemplo y ayudando a crear un mundo más alfabetizado en el duelo donde nadie queda excluido.

UNA INVITACIÓN PARA TI
descubre las puertas en tu duelo

Ya sea que nuestro duelo sea negado de forma directa o de maneras más pequeñas y sutiles, todos experimentamos una privación de derechos. Lo complicado es que con frecuencia no vemos cómo, cuándo o por qué estamos atrapados detrás de las puertas. Te invito a descubrir las puertas de tu duelo para que consideres cómo derribarlas. Date un tiempo para identificar al menos un ejemplo de control de tu duelo y una forma en la que podrías interrumpir o descartar los intentos de privación de tus derechos.

Un guardián interpersonal podría sonar así: "Noto que cada vez que mi hermano me ve llorando o hablando emocionalmente sobre la muerte de mi novia, me dice: 'Ánimo, amigo, ¡sigue adelante! Hay muchas chicas por ahí'". Una estrategia de interrupción podría sonar como esto: "Lo que necesito cuando estoy enojado es que reconozcas lo mucho que esto apesta, no que trates de disuadirme de no sentirme así ni que me ofrezcas soluciones para superarla". El ejercicio para examinar cómo te controlas o restringes es perfecto para lo que exploraremos a continuación en "cuidado con el ladronzuelo del duelo".

*Una forma en que me doy cuenta de que la cultura
y los medios controlan mi duelo:*

Una estrategia que puedo intentar para interrumpirlo:

Una forma en que noto que controlo mi duelo:

Una estrategia que puedo intentar para interrumpirlo:

*Una forma en que me doy cuenta de que las instituciones
de las que formo parte controlan mi duelo:*

Una estrategia que puedo intentar para interrumpirlo:

*Una forma en que noto que alguien en mi vida personal
está controlando mi duelo:*

Una estrategia que puedo intentar para interrumpirlo:

trampas y peligros

identifica al ladronzuelo del duelo y otros obstáculos para navegar por la pérdida

cuidado con el ladronzuelo del duelo

¿QUIÉN QUIERE ROBAR EL DUELO?
¿Quién querría siquiera robarse el duelo? Mmm, no gracias. No lo quiero. Puedes quedártelo.

En realidad, el "ladronzuelo del duelo" te roba el apoyo en el duelo. Los ladronzuelos del duelo son los que, de forma sigilosa, y a veces torpe, cambian el enfoque, la conversación y la sensación de apoyo de ti a ellos en un instante. Algunos son atrevidos ladrones de bancos a la luz del día y otros son carteristas cotidianos. ¿Lo hacen a propósito? Tal vez. Pero la mayoría de las veces no. ¿Lo hacen porque no recibieron suficiente apoyo en su pérdida? Es posible.

SEÑALES DE QUE TE ESTÁN ROBANDO
¿Cómo sabes cuando te robaron? A veces las señales son obvias: lo ves suceder frente a tus ojos. Otras veces te roban y ni siquiera te das cuenta. Pero después te sientes más vacío por la interacción.

A continuación, se muestran algunas señales reveladoras de que un ladronzuelo del duelo está al acecho. En respuesta a que compartes algo sobre tu duelo, a veces incluso antes de que hayas terminado una oración, escuchas:

- "Lo mismo me pasó a mí".
- "Sé justo cómo te sientes".
- "Eso me recuerda a mi amigo/vecino/compañero de trabajo/primo...".
- "Ay, Dios, así fue la vez que...".
- "No quisiera que fueras/sintieras/dijeras...".
- Cualquier oración que comience con "Al menos...".

Sin importar la intención del ladronzuelo, la consecuencia es la misma. Sales del encuentro con menos en vez de más. Ya no te sientes visto ni sostenido en tu duelo. Pierdes un poco de confianza en la capacidad de esa persona para apoyarte. Tu energía emocional se agota en lugar de recargarse. Y ahora tú (y tal vez otros presentes) estás atendiendo el duelo del ladronzuelo en lugar del tuyo.

Otra forma de descubrir si te robaron el duelo es evaluar cómo te sientes después de la interacción. Pregúntate: "¿Me siento más vacío o enriquecido con esa conversación? ¿Me sentí escuchado y comprendido o ignorado? ¿Tuve la oportunidad de hablar sobre lo que tenía en mente y en mi corazón o la conversación se desvió?". Si te sientes más vacío, ignorado o sin la oportunidad de hablar, es probable que te hayan robado.

CUIDADO CON OTROS ESTAFADORES E IMPOSTORES

A veces, el daño del robo del duelo no es tan obvio como en los ejemplos mencionados antes. Ya sea que nos roben otros o nosotros mismos, hay estafas y engaños a los que debemos prestar atención. Estos crímenes más sutiles te hacen sentir más vacío y menos capaz de soportar tu duelo como necesitas.

El engaño de la gratitud

Seguro pensaste: "¿Pero la gratitud no es algo bueno?". Sí, la gratitud es algo bueno. De hecho, es algo grandioso. Es cierto, y no solo porque suene moralmente atractivo. Hay muchas investigaciones que respaldan su valor.

En 2021, un artículo de *Harvard Health Publishing* informó: "La gratitud se asocia de manera fuerte y consistente con una mayor felicidad. La gratitud ayuda a las personas a sentir emociones más positivas, disfrutar de las buenas experiencias, mejorar su salud, afrontar la adversidad y construir relaciones sólidas".

Casi puedo escuchar tu suspiro de alivio. Sí, una actitud agradecida es súper poderosa y sanadora. Incorporé una práctica diaria de gratitud hace años y es una de las herramientas más útiles para mi bienestar. La gratitud es necesaria, sí. Pero no es suficiente por sí sola, en especial al principio del duelo. El enfoque de "solo necesitas una actitud agradecida y todo irá bien" excluye la realidad de que puedes estar agradecido por algunas cosas y, al mismo tiempo, profundamente triste, desconectado, incluso enojado por ellas.

El engaño de la gratitud te roba la creencia de que tus sentimientos son válidos o hace que niegues que tienes esos sentimientos. La gratitud forzada sofoca tu voluntad de pedir ayuda. Interfiere con el aprendizaje que necesitas para vivir tu historia emergente. Entonces, sí, la gratitud es excelente, y ten cuidado de que no te robe tu necesidad de asumir y reclamar tu duelo de una forma que te sirva.

> *Existen razones válidas por las que te resulta difícil acceder a la positividad. Recuerda, el cerebro está programado para estar atento al peligro y lo que acabas de experimentar es justo eso: algo peligroso de forma emocional. Entonces, si en tu duelo ves un letrero de "solo buenas vibras" y quieres derribarlo y pisotearlo, es totalmente normal.*

La farsa de la positividad tóxica

Tener una mentalidad positiva es útil para nuestro bienestar emocional y mental. También se usa mucho en la literatura sobre el éxito y los logros en el lugar de trabajo. Pero existen razones válidas por las que te resulta difícil acceder a la positividad. Recuerda, el cerebro está programado para estar atento al peligro y lo que acabas de experimentar es justo eso: algo peligroso de forma emocional. Entonces, si en tu duelo ves un letrero de "solo buenas vibras" y quieres derribarlo y pisotearlo, es totalmente normal.

Al igual que el engaño de la gratitud, la farsa de la positividad tóxica está muy arraigada en nuestras narrativas culturales. La positividad tóxica es una respuesta superficial a la demostración del duelo de alguien, que ofrece una falsa seguridad en lugar de responder con empatía y compasión. La razón por la que la gente hace esta farsa es por su incomodidad de enfrentar emociones negativas o difíciles.

De nuevo, al igual que el engaño de la gratitud, la farsa de la positividad tóxica ofrece una opción falsa. En este caso, la positividad tóxica dice: "Sé positivo y feliz o quédate atrapado en tu duelo. Tú eliges". La angustia y el dolor no son opciones. No son signos de fracaso moral. Son respuestas normales a la pérdida. Como todas las emociones, no están limitadas ni son mutuamente excluyentes. Hay momentos en los que podemos sostener todas. Forzar la positividad a expensas de los sentimientos y de honrar otros pensamientos y sentimientos es innecesario y perjudicial. Aférrate a la positividad cuando te resulte útil, pero no permitas que te quite tus otras posesiones.

ESTAFA DEL *GASLIGHTING*

El *gaslighting* no es solo una herramienta de los narcisistas; cualquiera puede ejecutar esta estafa bajo la apariencia de apoyo en el duelo. Según el *Diccionario Merriam-Webster*, el *gaslighting* es la "manipulación psicológica de una persona, por lo general durante un período largo, que hace que la víctima cuestione la validez de sus pensamientos, percepción de la realidad o recuerdos y, por lo general, conduce a confusión, pérdida de confianza y autoestima, incertidumbre sobre la estabilidad emocional o mental y dependencia hacia el perpetrador".

El *gaslighting* es un delito muy sigiloso, una estrategia de manipulación psicológica que te hace cuestionar tu valor, tu forma de pensar y tu capacidad de autocuidado. Incluye una variedad de tácticas como distraer, negar, minimizar, incluso culpar. Algunas señales reveladoras de que alguien te está haciendo *gaslighting* mientras vives tu duelo incluyen frases como esas.

Para determinar si alguien te está haciendo *gaslighting* pon más atención a lo que hace y de qué manera eso te hace sentir, en vez de a las palabras que te dice.

Algunas formas de salir de la estafa incluyen buscar la perspectiva de los demás compartiendo lo que dijo y cómo te hizo sentir. También practica estrategias para ganar amor propio, como una meditación de bondad amorosa. Si sientes que la persona no está diciendo esas cosas a propósito, intenta resaltar el crimen: "Oye, cuando dijiste esto, sentí que me hiciste *gaslighting* y me sentí peor en lugar de mejor". Pero si no se responsabiliza y no cambia su comportamiento en el futuro, corta o al menos minimiza la comunicación con esa persona. Es un gran momento para establecer límites.

EL PROBLEMA CON LA ALINEACIÓN

En el duelo, la comparación también es un comportamiento criminal. Pero sucede todo el tiempo. A menudo ponemos a los dolientes en una alineación metafórica. Imagínate esas alineaciones que ves en la televisión y en las películas: "Gira a la derecha. Ahora a la izquierda. ¿Dónde estabas? ¿Qué pasó la noche del…?". Y luego comparamos y evaluamos sus historias. Juzgamos para ver quién es culpable o, en esta metáfora, quién puede reclamar el título del "más digno de duelo". Todos los demás son despedidos, y cualquier atención se considera robada al doliente ganador.

El escenario de la alineación no solo ocurre en momentos de duelo. Tenemos una mentalidad de "todo o nada" y de ser el mejor en prácticamente todos los ámbitos de la vida. Vivimos en una época y en un lugar donde tenemos premios para todo: el más esto, el top 10 de lo otro, el mejor blablablá. Estamos obsesionados con los superlativos. Creemos que son lo mejor. ¿Viste lo que hice? Ya en serio, este pensamiento de que "el ganador se lo lleva todo" es el entorno perfecto para crear un ladronzuelo del duelo. Tú y yo también vivimos en esta tierra de comparaciones, así que el peligro de ser robado no es solo para los demás.

CUIDADO CON EL LADRONZUELO EN EL ESPEJO
Con regularidad, le digo a los pacientes: "No se preocupen, hay suficiente duelo para todos". En mi papel como activista del duelo, a veces siento como si tuviera que ser Oprah Winfrey gritando: "¡Ganaste un duelo! ¡Te llevas un duelo!". Aunque el duelo no es tan divertido como los autos que regaló Oprah, a veces siento que es necesario recordarle a la gente que nuestra evitación cultural del duelo nos hace pensar que hay una cantidad limitada de él. Como resultado, terminamos atesorándolo o robándolo a otros.

En una sesión reciente, un paciente exploró el duelo que vivía por su divorcio. Dijo algunas frases que quizá te suenen familiares: "Bueno, no es como lo que tuvo que afrontar mi amiga cuando murió su esposo. En este caso yo me fui, así que mi esposa merece el apoyo de nuestros amigos, no yo". Siguió minimizando su duelo al agregar: "No puedo pedir ayuda a mis vecinos. Ellos tienen sus problemas". Él era su propio ladronzuelo del duelo.

¿Te suenan familiares estas descripciones? Si te miras al espejo, ¿a veces encuentras un ladronzuelo del duelo? Yo sí. La verdad es que, aunque yo escribo este libro, de vez en cuando sigo siendo mi propia ladrona de duelo. Es insidioso.

ESTOY BIEN Y OTRAS MENTIRAS QUE TIENEN UN COSTO

Cuando sentimos que nos ahogamos en el duelo, pero decimos "estoy bien", pensamos que nos estamos protegiendo de sentir el dolor o experimentar la incomodidad resultante. Respondemos "todo va bien" creyendo que salvamos a los demás de aguantar la verdad de que, de hecho, no estamos bien.

Las pequeñas mentiras que decimos, a nosotros y a los demás, no son un escudo que nos mantenga a salvo. Nos roba. Perdemos el alivio que nos puede ofrecer expresar una emoción. Dañamos la conexión con nuestro yo auténtico. Perdemos la oportunidad de ser atestiguados. Renunciamos a la posibilidad de recibir apoyo. También le robamos a otras personas la oportunidad de sentirse útiles. Aunque, por su supuesto, hay situaciones en las que es apropiado y eficiente no "decir la verdad, toda la verdad y nada más que la verdad", ten cuidado de que no se convierta en un hábito tal que pierdas la riqueza del apoyo en el duelo. Te lo mereces.

COMPARTIR LOS BIENES

En caso de que te preocupe que sea la persona más cínica del mundo, estoy aquí para decirte que hay muchas ocasiones en las que sacar a relucir similitudes, compartir historias, comparar y ofrecer palabras de perspectiva es valioso. Compartir los bienes puede resultar agradable. Algunas de las conversaciones más útiles y de apoyo que tengo son con compañeros en duelo. (Revisa "¿quién te respalda?").

Esto fue cierto incluso con personas que experimentaron tipos de pérdidas muy diferentes a las mías. El hijo de mi mejor amiga murió casi una década antes de que yo la conociera. Experimentó una muerte fetal a término. Me recosté al lado de mi esposo de cuarenta y cuatro años cuando murió. Experiencias y tiempos muy diferentes, por decir lo menos. Pero nuestras conversaciones sobre el duelo son las más significativas y útiles que tuve en la vida. Es reconfortante escuchar a otros dolientes admitir que se sienten de cierta manera o que tienen pensamientos similares. Es agradable sentirse menos solo cuando dicen cosas como esta: "Dios mío, me pasó lo mismo cuando volví a trabajar". También aprendo consejos, trucos y estrategias para afrontar el duelo de otros dolientes y estoy más abierta a aprender de ellos.

DETERMINAR CUÁNDO NO ES UN DELITO

Entonces, ¿cuándo es el momento adecuado para compartir y comparar? ¿Cuándo no se trata de recibir sino de dar? ¿Cómo puedes decidir cuándo no es un delito, cuándo no terminarás siendo un ladronzuelo del duelo? Toma en cuenta las siguientes cinco cosas al decidir si es el momento adecuado.

Consuela a los de adentro, descarga con los de afuera

La teoría del anillo de Susan Silk y Barry Goldman es una herramienta útil cuando estás en duelo por la misma pérdida. Imagina una serie de anillos concéntricos. Ubícate en un círculo según la proximidad al centro de la pérdida. Ubica a la otra persona. Si tú estás más lejos, ten cuidado de compartir o quejarte de tu duelo con esa persona.

¿El mejor enfoque? Ofrece consuelo a las personas más cercanas al centro del círculo y descarga tus sentimientos con las personas que se encuentran en las capas exteriores. No hagas que el doliente principal te apoye. Si eres la pareja del doliente principal (tal vez uno de sus padres murió), ofrece consuelo a tu pareja. Luego, como probablemente tengas tu duelo o sentimientos intensos al ver a tu pareja llorar, asegúrate de procesarlo con alguien más externo, como un colega o amigo.

Evalúa el momento y la perspectiva

Una consideración importante es la diferencia en el tiempo transcurrido desde la pérdida. Como ya te habrás dado cuenta, las perspectivas y necesidades cambian conforme pasa el tiempo. Puede ser que una gran brecha entre la actualidad de las respectivas pérdidas haga que compartir y comparar parezca inútil, incluso perjudicial. Como todo, no hay absolutos, claro. A veces, al principio del duelo puede ser útil escuchar a alguien que ya lleva más tiempo. Lo experimenté. Solo asegúrate de considerar el tiempo transcurrido desde la pérdida antes de continuar.

Si estás conversando con alguien cuyo cónyuge murió hace dos meses y tú perdiste al tuyo hace diez años, ten cuidado de no relacionar mucho o intervenir demasiado al principio. Después de que la persona comparta, podrías decir algo como lo siguiente: "Odio que también estés pasando por esto. Sé que todo es muy nuevo y resulta muy confuso. Pasaron diez años para mí. Dime cómo puedo ayudarte, incluso si eso es darte una perspectiva desde lo que me pasó después".

Empieza reconociendo y afirmando

Iniciar una conversación ignorando la experiencia de alguien es la mejor manera de convertirse en un ladronzuelo del duelo. Así que siempre empieza reconociendo y afirmando lo que la persona acaba de compartir. Y no lo hagas de forma superficial para que puedas apresurarte a compartir. Ofrécelo de verdad y haz una pausa. Esta puede ser la primera vez que alguien le da afirmación a la persona y podría abrir la voluntad y la necesidad de compartir más. Podrías decir algo como esto: "Lamento saber que tienes problemas para dormir. Me imagino que eso es normal en el duelo, pero no facilita nada".

Revisa
Puede que parezca la Capitana Obvia aquí, pero te recomiendo que consultes y preguntes antes de compartir. Podrías preguntarle a la persona si está bien que compartas una experiencia similar que tuviste o si sería útil escuchar lo que aprendiste de ella. Como siempre, empieza reconociendo primero. Esto podría sonar así: "Lamento lo que te pasó. A mí me pasó algo similar y me pregunto si está bien o si te sería útil que lo comparta".

Comparte, no juzgues
El hecho de que te hayas sentido de cierta manera o hayas probado una estrategia que funcionó, o no, no significa que sucederá lo mismo con la otra persona. Pon atención a mensajes de juicio directos o indirectos. Cuando compartas tu experiencia, sé consciente y asegúrate de que la otra persona comprende que está bien sentirse diferente. Prefiero un lenguaje como este: "No sé si encontraste esto…" o "Puede que este no sea tu caso, pero me gustó cuando…".

El mejor disuasivo
Gran parte del sufrimiento innecesario que experimentamos durante el duelo se debe a que quienes lo apoyan recurren a las tácticas de ladronzuelo mencionadas antes. Dar espacio y ser testigo garantiza que no serás un ladronzuelo del duelo. Mantuve una meditación sostenida sobre este tema durante décadas. (Revisa "¿quién

te respalda?"). Hace poco, mi hermana del alma Autumn Campbell compartió su definición de dar espacio y ser testigo, y fue tan hermoso que quería ofrecértelo. Ella dice:

> *En cambio, lo que nuestro duelo, dolor, rabia y trauma necesitan es una práctica llamada "dar espacio". Dar espacio nos ayuda a brindar una empatía cercana, tranquila y activa. Cuando alguien comparte su historia con nosotros, podemos actuar como testigo: escuchamos profundamente, no compartimos nuestros sentimientos o historias, solo creamos un ambiente que nutre y protege el tiempo ininterrumpido que nuestro amigo, familiar, colega... necesita para compartir su historia y sentirse visto, valorado y comprendido.*
>
> —Autumn Campbell

En el apéndice B ofrezco algunas cosas que se deben y no se deben hacer para apoyar a un doliente. Siéntete libre de compartirlo con las personas que te apoyan en el duelo. Ah, y otra nota sobre el tema: este capítulo incluye ejemplos de sufrimiento que ocurren debido a los ladronzuelos de duelo, cuando la pérdida de alguien se reconoce como válida. Una versión más insidiosa de esto es el duelo privado de derechos, algo que exploramos en "acceso denegado".

❦ UNA INVITACIÓN PARA TI ❦
vigila al ladronzuelo del duelo en el espejo

Por desgracia, algunos de los efectos más dañinos de este delito son autoinfligidos. Es difícil reconocer cuándo nos estamos robando y cuándo tratamos de practicar la gratitud, tener perspectiva y trabajar para encontrar significado. La verdad es que no siempre está claro. Entonces, al igual que la invitación en "*debería* es una mala palabra (y no del tipo de las groserías)", dedica algún tiempo para investigar tu lenguaje, cómo te hablas a ti y cómo hablas con los demás sobre tu duelo, y ve si suenas como un ladronzuelo del duelo.

Recuerda practicar el notar y no juzgar. Muchos somos propensos a negar nuestras dificultades, por lo que, como tantas cosas en la vida, se necesitará práctica para reemplazar el hábito del ladronzuelo del duelo. Sé específico y escribe ejemplos recientes en el espacio a continuación o en un diario. Asegúrate de registrar también las formas en que te validas. Tus respuestas pueden ser útiles para reflexionar con un terapeuta o un guía de duelo o para revisar el camino y ver dónde estabas antes y dónde te encuentras ahora.

hablar conmigo sobre mi duelo

Negar (Al menos...; No debería quejarme porque...)

Comparar (Pero él está peor porque...)

Afirmar (Tiene sentido que me sienta así porque...)

Reflexivo (Estoy agradecido por...; Aprendí que...)

hablar con otros sobre mi duelo

Negar (Al menos...; No debería quejarme porque...)

Comparar (Pero ella está peor porque...)

Afirmar (Tiene sentido que me sienta así porque...)

Reflexivo (Estoy agradecido por...; Aprendí que...)

no hay un GPS para el duelo

PAGARÍA BIEN POR UN GPS PARA EL DUELO, ¿TÚ NO?
Busqué por todas partes. Leí libros, blogs y artículos. Escuché *podcasts*, incluso creé uno. Busqué en Google. Investigué. Y descubrí que un GPS de duelo, como la leyenda de Pie Grande, es un mito. Es una lástima por muchas razones, una de ellas es que seguiría la voz de Morgan Freeman a cualquier parte (porque… ya sabes… la voz de Morgan Freeman). Al igual que tú, habría pagado una buena cantidad de dinero por un sistema GPS que me ayudara a navegar por esta vertiginosa y aterradora montaña rusa de duelo.

Sé por experiencia de primera mano que el mito de la ruta perfecta, guiada por GPS, hace que tus experiencias de la vida real de manejo a través del desafiante terreno del duelo se sientan como si estuvieras cometiendo un terrible error tras otro. Quizá piensas: "¿Por qué estoy tan perdido? ¿No pasé ya por este lugar?" o "pensé que lo había resuelto, pero ahora no lo sé". Es posible que incluso hayas dicho: "X persona parece saber qué hacer y a dónde ir. ¿Por qué soy el único que está perdido?". Recordatorio amable: no sabes lo que realmente le está pasando a X persona. Más importante aún: no existe un único camino correcto. Punto.

> *Recordatorio amable: no sabes lo que realmente le está pasando a X persona. Más importante aún: no existe un único camino correcto.*

Aun así, sé que puedes tener dudas porque el mito es tan generalizado que parece cierto. Es probable que esa pizca de duda te cause mucha inseguridad y autocrítica. Una forma de deshacernos de ese mito es recordar que el duelo llegó mucho antes de que se inventara el GPS, y que nuestra especie navegó por este viaje bastante bien sin él, un poco desordenada, pero eso es otro tema. ¿Hay algo que siempre estuvo ahí? Sí, las personas.

¿NO TIENES GPS? NO HAY PROBLEMA. LOS GUÍAS SON ÚTILES (O NO)

En tu duelo, ¿alguna vez te topaste con alguien que, sin escuchar primero, se lanza a decir algo como esto: "Lo que yo hice y tú *deberías* hacer es (completa el espacio en blanco)"?

Apuesto a que sí. No estoy segura de conocer a un solo doliente que no lo haya vivido. Primero, agradécele por decirlo (dicho con un fuerte y dulce tono sarcástico). Segundo, que se vaya a la mierda.

Pero antes de descartar a todos, déjame aclarar algo. A veces, escuchar y aprender de otros dolientes puede ser justo la guía que necesitas en ese momento. Resulta útil pedir direcciones a otros viajeros, esos que ya van más lejos. Pueden señalar cuándo los *debería* del duelo se interponen en tu camino. (Revisa "*debería* es una mala palabra [y no del tipo de las groserías]"). Y si algunos de esos compañeros de viaje son británicos, pueden ayudarte a decirles a esos *deberías* que "se vayan al diablo", porque todo es mejor si lo dice un británico.

También puedes aprender de sus errores, giros equivocados y callejones sin salida. Puedes aprovechar la sabiduría que adquirieron con tanto esfuerzo en los lugares donde ya estuvieron, el equipo que llevaron y las personas que conocieron en el camino. Son lo que yo llamo nuestros guías de duelo.

Aprendí mucho de los guías de mi vida, muchos de los cuales experimentaron pérdidas muy diferentes a las mías, pero aun así encontraron una manera de acompañarme, guiándome de forma gentil de regreso al rumbo y animándome en el camino. Algunos guías son amigos cercanos; muchos alguna vez fueron extraños, invitados a mi *podcast*. Y algunos son los artistas, escritores, filósofos y poetas que quizá nunca conoceré. Comparto algo de su sabiduría a lo largo de este libro.

Entonces, incluso si alguien no puede ser tu guía o en realidad no puede ofrecerte consejos o direcciones específicas (solo detalles inútiles como "gira a la izquierda justo después de ver un gran roble viejo"), no significa que la persona no pueda apoyarte de manera significativa. Ser acompañado en este camino, saber que alguien está ahí para ser testigo de ti, observarte y, a veces, ayudarte a llevar el peso de tu mochila, de verdad es uno de los regalos más valiosos que puedes recibir. ¿Quieres saber algo sorprendente que quizá aún no creas? Dejar que otros te ayuden es un regalo para ellos también. De verdad. (Revisa "es tu turno de respirar con un compañero").

SENTIRSE PERDIDO Y NOSTÁLGICO

La nostalgia es una cualidad del duelo que con demasiada frecuencia se ignora. Para muchos, las pérdidas que sufrimos fueron las personas que nos hacían sentir como en casa, sin importar dónde estuviéramos. Fueron miembros de la familia de origen o de nuestra familia elegida. O tal vez nuestra preciada mascota, el hogar físico, incluso la patria. Podemos sentir nostalgia cuando nuestra persona todavía está físicamente presente, pero de alguna manera ya no está, como en el caso de pérdidas ambiguas, como la demencia o la adicción. Incluso podemos sentir nostalgia por un lugar o una relación que nunca tuvimos, como en el caso de la adopción.

De todos modos, navegar por el mundo sin su presencia te hace sentir como si estuvieras en un estado perpetuo de nostalgia, un anhelo de regresar a una sensación de hogar real o imaginaria. Sé lo inquietante que es esa sensación, pero creo que se vuelve más difícil cuando no le ponemos un nombre. ¿Cómo sabes si sientes eso? Bueno, puede manifestarse como un sentimiento de ansiedad. Tal vez experimentas sentimientos de inquietud y te encuentras caminando de un lado a otro, tal vez deambulando por las habitaciones solo para descubrir que no es donde querías o donde debías estar. Puedes sentirlo como anhelo o como un sentimiento en el entorno o en tu cuerpo.

En la sección "¿ahora qué?" comparto que, algún día, en un futuro no muy lejano, te toparás con momentos en los que te sentirás como en casa. Eso podría ser un alivio, y casi de inmediato podrías sentir confusión, incluso culpa. Luego, conforme avances, te sentirás más días como en casa y menos días perdido. Aunque en este momento suene increíble, es posible que algún día, incluso te sientas como en casa dondequiera que estés.

No te preocupes, esta no es la tontería de "todo pasa por una razón". Es solo la naturaleza de la vida a medida que continuamos reescribiendo y viviendo nuestra historia emergente. Como resultado de nuevas experiencias, nuevas conexiones, trabajo duro, sanación, descanso y sentir todos los sentimientos, nos encontraremos en un lugar donde nos sentiremos como en casa.

> *De todos modos, navegar por el mundo sin su presencia te hace sentir como si estuvieras en un estado perpetuo de nostalgia, un anhelo de regresar a una sensación de hogar real o imaginaria.*

Pero a riesgo de repetirme, cada viaje de duelo es único, incluso los diversos que emprenderás a lo largo de tu vida. Esto significa que los vehículos en los que viajas, las direcciones que tomas, el equipo que necesitas y las paradas que haces en el camino hacia el lugar que se parece a tu hogar pueden parecer un poco, o muy, diferentes para ti. Uf. Sin GPS. Entonces solo nos queda estar abiertos a las preguntas.

CÉNTRATE EN LAS PREGUNTAS, NO EN LAS RESPUESTAS

Es difícil centrarse en las preguntas en lugar de insistir en las respuestas. De verdad es muy complicado. Encontrar algún nivel de gracia y paz cuando nos sentimos perdidos es muy difícil, tanto a nivel fisiológico y del sistema nervioso como a nivel cultural. A nivel del sistema nervioso, estamos conectados neurobiológicamente para encontrar respuestas que nos mantengan a salvo. (Revisa "tu cuerpo lo sabe"). En la cultura occidental, estamos inundados por la expertocracia y la insistencia de que hay una única respuesta si nos esforzamos más o trabajamos de manera más inteligente.

Esas dos cosas significan que no tenemos mucha práctica en estar abiertos a preguntas, así que, obvio, lo hacemos mal. Por un lado, se necesita vulnerabilidad, algo que muy pocos experimentamos o expresamos de forma cómoda. Nos esforzamos por tener respuestas y, al mismo tiempo, nos resistimos a preguntar. ¿Pero de qué otra manera aprenderemos?

Considero al poeta Rainer Maria Rilke uno de mis guías de duelo. Al principio de mi duelo, me topé con estas palabras en su libro *Cartas a un joven poeta*. Escribió: "Y se trata de vivirlo todo. Viva ahora las preguntas. Quizá después, poco a poco, un día lejano, sin advertirlo, se adentrará en la respuesta".

> *Y se trata de vivirlo todo. Viva ahora las preguntas. Quizá después, poco a poco, un día lejano, sin advertirlo, se adentrará en la respuesta.*
> —*Rainer Maria Rilke,* Cartas a un joven poeta

La verdad, al principio, las palabras de Rilke me molestaron. Pensé: "Claro, para ti es fácil decirlo". Poco después, descubrí que volvía a esas palabras una y otra vez. Al igual que la sabiduría de empezar cerca de David Whyte, esta invitación a vivir las preguntas y dejar que surjan las respuestas me quitó algo de presión para apurarme y "mejorar" o "vivir mejor el duelo", algo que me consumió durante un tiempo, sobre todo como "experta" en salud mental. Me pregunto si, a veces, tú también te sientes así.

Todos tenemos preguntas diferentes, dependiendo de nuestra pérdida, circunstancias, historia… Para darte un ejemplo, una pregunta que me surgió, una que al principio me perseguía, fue: "¿Cómo voy a criar yo sola a nuestra hija?". Me pregunto qué preguntas hay bajo la superficie para ti.

UNA INVITACIÓN PARA TI
vive las preguntas

Te invito a darte un momento para leer y luego releer las palabras de Rilke y ver qué te ofrecen. Está bien si, como yo, quieres decir malas palabras al principio. Si eso es todo lo que puedes o quieres hacer ahora, está bien. Tal vez escribas una nota adhesiva, resaltes o hagas un doblez en esta página para volver a ella más tarde. Si estás listo para algo más, también puedes probar uno o los dos ejercicios que siguen.

> **Date un tiempo para estar con la primera pregunta que venga**
>
> En el espacio a continuación o en tu diario favorito, escribe la primera pregunta que te surja. Entonces quédate un momento con la pregunta. Observa lo que sientes en tu cuerpo. Nota a dónde van tus pensamientos. Quizá la mente comenzará a buscar la respuesta de inmediato. Es normal. En lugar de juzgarte por buscar una respuesta, practica notando que tu mente viajó hacia las respuestas y dio un giro de 180 grados. Vuelve a la pregunta. Tal vez la puedes decir en voz alta.
>
> Ve si puedes respirar profundo algunas veces, inhalando profundo y exhalando muy lento. Explora cómo se sentiría hacer las paces con la pregunta y con el hecho de que, por ahora, es posible que no tengas una respuesta.

comparte la pregunta con alguien de confianza

Una vez que hayas hecho lo anterior y hayas encontrado tal vez un poco de paz o tranquilidad mientras respondes la pregunta, busca a alguien en quien confíes para compartirla. Asegúrate de explicar que no necesitas respuestas, que solo quieres que alguien más te guarde la pregunta durante un tiempo. Esto es importante porque todos, en especial las personas que más nos aman, anhelamos con desesperación curar o arreglar al que sufre.

Intenta decir la pregunta en voz alta. Permítete ser, sentir y decir lo que surja. Recuérdate, y a esa persona, que al final no estás buscando respuestas, solo estás dejando espacio para que se desarrollen ideas, sentimientos y experiencias. El trabajo de la persona es ser testigo de eso y ayudar a que te sientas seguro y amado.

la ambigüedad apesta

POCO CLARO ES MÁS QUE SOLO MALO

La *ambigüedad* se define como el potencial de tener más de un significado o explicación. Los sinónimos de la forma adjetiva, *ambiguo*, incluyen *inexacto, incierto, indefinido, poco claro* y *confuso*. Todas, palabras que me marean hasta la médula. ¿Y a ti? Igual que la palabra complicado, *ambiguo* es una forma acertada de describir cómo se siente el duelo.

Cuando nos enfrentamos a lo desconocido, al terreno inexplorado de la vida después de la pérdida, buscamos certeza con desesperación. La ambigüedad se siente como nuestro enemigo. Anhelamos cualquier cosa que nos ayude a reconstruir una historia de nuestras vidas que tenga sentido. Buscamos listas de verificación, listas de los 10 principales, cualquier cosa para poner orden en el caos de nuestras vidas.

Hay muchas razones psicológicas, fisiológicas y evolutivas por las que no somos fanáticos de la ambigüedad. En pocas palabras, se debe a que los humanos son criaturas que cuentan historias y necesitan coherencia para sentirse seguros, por eso la incertidumbre y la falta de claridad resultan aterradoras, incluso peligrosas.

Con razón piensas que la ambigüedad apesta. Repite conmigo: "La ambigüedad apesta". Ayuda si lo gritas lo más fuerte que puedas:

"¡La ambigüedad apesta!". Si quieres di una grosería en medio, sabes que yo también lo apoyo. Adelante, grítalo. Esperaré.

¿Verdad que funciona? Es algo catártico.

TIPOS DE PÉRDIDA AMBIGUA

Está la ambigüedad que experimentan todos los dolientes y luego está algo llamado "pérdida ambigua". A partir de la década de los noventa, Pauline Boss, la principal teórica de la pérdida ambigua, buscaba comprender y aclarar un conjunto único de pérdidas que crea un conjunto único de desafíos para los dolientes. La pérdida ambigua ocurre, explica Boss, cuando "no hay verificación de la muerte o no hay certeza de que tu persona regresará o volverá a ser como solía ser".

Como se explica en "por supuesto que es complicado", las pérdidas ambiguas, que no son muertes, hacen que el proceso de duelo sea más complejo. Este tipo de pérdida sofoca y, a veces, paraliza nuestra capacidad de navegar por el duelo. La naturaleza ambigua de la pérdida también aumenta la posibilidad de que otros, y a veces nosotros, no la reconozcan. Boss describe dos tipos principales: la pérdida que ocurre cuando la persona está físicamente ausente pero psicológicamente presente y cuando la persona está psicológicamente ausente pero físicamente presente.

Físicamente ausente, psicológicamente presente

Es posible que hayas experimentado este tipo de pérdida y no reconocer que era una pérdida por la que podías vivir un duelo. Con frecuencia esto incluye divorcio, adopción, distanciamiento físico debido a una mala relación, separación por la inmigración o despliegue militar.

Las formas más catastróficas de este tipo de pérdida incluyen personas desaparecidas por secuestros, guerras, terrorismo o desastres naturales. Dependiendo de las circunstancias, la ausencia física también puede ser el resultado de una lucha contra la adicción o una enfermedad mental, por ejemplo, depresión, trastorno de estrés postraumático, donde la presencia de la persona puede fluctuar, creando aún más ambigüedad.

Físicamente presente, psicológicamente ausente
El segundo tipo de pérdida ambigua es una que muchos experimentamos o experimentaremos en la que una persona está viva, tal vez en nuestra presencia física cotidiana, pero ausente de forma psicológica, cognitiva o emocional. Eso incluye tener seres queridos con síntomas de demencia o Alzheimer.

Otros ejemplos incluyen las pérdidas que experimentamos cuando alguien en nuestras vidas está luchando contra una adicción, una lesión cerebral traumática o una enfermedad mental importante. Aunque no lo mencioné como una pérdida ambigua en aquel momento, lo experimenté el año anterior a la muerte de Eric, cuando se volvió irreconocible de manera física, psicológica, emocional y conductual.

OTRAS PÉRDIDAS AMBIGUAS
Hay otras pérdidas ambiguas que de forma tradicional no se incluyen como ejemplos en las definiciones anteriores, pero plantean desafíos similares. Incluyen experiencias que causan pérdidas en nuestro sentido de certeza, control, seguridad, libertad para actuar, incluso en la comprensión de nosotros y del mundo que nos rodea. A menudo también se les priva de sus derechos. (Revisa "acceso denegado"). Experimentamos esas pérdidas ambiguas cuando nos suceden a nosotros (a nuestros cuerpos) o a los que amamos.

Enfermedades crónicas o mortales

Las enfermedades crónicas y potencialmente mortales, como el cáncer, lupus, esclerosis lateral amiotrófica (ELA), esclerosis múltiple (EM), distrofias musculares (DM), enfermedad de Lyme y de Parkinson, entre otras, afectan de forma profunda la calidad de vida de una persona. En estos casos, la pérdida de capacidades, de agencia, de poder, de libertad de dolor y de movimiento hacen que la persona pierda el sentido de sí y, muchas veces, provoca trastornos o pérdida del empleo y de las relaciones. Dada la incertidumbre sobre el curso de la enfermedad, la presencia e intensidad de los síntomas y la posibilidad de recuperación, la ambigüedad tiene un profundo impacto.

Accidentes catastróficos y limitantes

Los accidentes catastróficos y que limitan la vida incluyen lesiones que ponen fin a la práctica de deportes, paraplejia, cuadriplejia, ceguera, pérdida de audición y otras discapacidades. Aunque única, cada enfermedad crea una incertidumbre y ambigüedad significativas sobre la futura capacidad, habilidad, movilidad, sentido de agencia y libertad del cuerpo.

Eventos traumáticos

Para las personas que sufrieron un trauma resultante de acontecimientos como la trata de personas, abuso, negligencia, agresión sexual, guerra, terrorismo y todo tipo de delitos violentos, las pérdidas son profundas. Incluyen perder el sentido de uno mismo; la seguridad emocional, física y psicológica; la confianza en los demás; la capacidad de autorregulación, y más. La ambigüedad de estas pérdidas proviene de la incertidumbre sobre si esas habilidades podrán recuperarse y cuándo. También puede resultar en una serie de otras pérdidas en cascada, como relaciones y empleos. (Revisa "pérdidas secundarias: las más perras de todas").

Muerte sin respuestas

La ambigüedad es muy profunda para las personas cuyos seres queridos murieron sin una causa clara. Aunque hay certeza en torno a la muerte, persiste la confusión, incertidumbre y falta de comprensión del motivo. Estas incluyen muerte por suicidio, muerte infantil, muerte violenta y otras muertes accidentales o inexplicables.

LUCHANDO CON EL DOMINIO

En el contexto del duelo, la noción de dominio no se trata de control como podríamos pensar. Se trata de adquirir habilidades, competencias, alfabetización y comprensión, en esencia lo que hacemos mientras vivimos el duelo y avanzamos hacia la construcción de una nueva y coherente narrativa de nuestras vidas tras la pérdida.

No hay competencia en el duelo. Recuerda, como mencioné en "cuidado con el ladronzuelo del duelo", hay mucho duelo para todos. Aun así, Boss observó: "Cuanto mayor es la ambigüedad que rodea la pérdida, más difícil es atravesarla y mayores son la depresión, la ansiedad y los conflictos familiares".

Si estás experimentando una pérdida ambigua, tal vez la desaparición de un ser querido, quizá reconozcas algunas razones por las que, como explica Boss, el dominio es un desafío:

1. No estamos seguros de si la situación actual es temporal o definitiva, por lo que nos cuesta resolver los problemas o saber cuándo o dónde empezar.
2. Nos cuesta saber cómo, dónde y cuándo ajustar nuestros roles y responsabilidades debido a la incertidumbre que rodea la permanencia de la situación.
3. Rara vez se ofrece algún ritual o apoyo como los que se ofrecen tradicionalmente tras una pérdida por muerte.

4. Para muchas personas que apoyan en el duelo, este tipo de pérdidas son recordatorios de que la vida no siempre es justa o predecible, y tienden a retirar su apoyo, como si fuera contagioso.

Las pérdidas ambiguas añaden una capa adicional de dificultad porque nos cuesta identificar algunos hechos básicos, encontrar certeza o comprender cómo la poca información que tenemos influirá en el futuro de nuestra historia. Muchos de los que experimentamos este tipo de pérdida, nos encontramos con un bloqueo del escritor, incluso paralizados por el duelo.

EL MITO DEL CIERRE

El cierre, definido como finalidad, es útil cuando estás terminando un partido de beisbol o completando un procedimiento médico. Es menos útil y, en muchos sentidos, una expectativa dañina cuando se trata de cualquier tipo de pérdida. Pero cuando se trata de pérdidas ambiguas, la expectativa de cierre es súper dañina.

El duelo por este tipo de pérdidas requiere aprender de manera diferente. Se trata de soportar el duelo y, para ello, Boss ofrece seis pautas no secuenciales:

1. Dale sentido a la pérdida.
2. Renuncia al deseo de controlar una situación incontrolable.
3. Recrea la identidad después de la pérdida.
4. Acostúmbrate a los sentimientos ambivalentes.
5. Redefine la relación con la persona que perdiste o con lo que perdiste.
6. Encuentra una nueva esperanza.

En "no hay un GPS para el duelo" te invito a practicar el "vivir las preguntas". De manera similar, en el caso de una pérdida ambigua,

Boss se concentra en la pregunta, sugiriendo que es mejor centrarnos en el cómo vivir con la pérdida.

SIMILARIDAD CON EL TRAUMA

Para muchas personas con pérdidas ambiguas, la experiencia resulta traumatizante debido a la naturaleza continua de la pérdida. Aunque no es lo mismo que el trastorno de estrés postraumático, algunas de las respuestas físicas y psicológicas pueden ser similares, incluidas la depresión, la ansiedad, la culpa, el bloqueo psicológico, los *flashbacks* y los sueños angustiantes.

El apoyo a la pérdida ambigua es relacional porque la ruptura o pérdida es un apego roto. Esto difiere del apoyo tradicional para traumatismos, donde el objetivo es devolver la salud al individuo. Por cierto, esto no pretende ser un diagnóstico. Si te sientes abrumado y angustiado, ignorado por ti o por los demás porque tu pérdida no es una muerte, te entiendo. Soportaste una pérdida difícil y ambigua, y tu cuerpo y mente hacen todo lo posible para responder a una situación extraordinaria.

Tener un guía de duelo, o más de uno, es beneficioso sin importar el tipo de pérdida que hayas enfrentado. Tuve muchos guías a lo largo del camino. Debido a la singularidad y los desafíos de las pérdidas ambiguas, te animo a buscar apoyo de un proveedor profesional que tenga experiencia trabajando con personas y familias que enfrentan ese tipo de pérdidas. Pueden ser muy útiles para guiarte a través de los pasos necesarios para tu curación.

UNA INVITACIÓN PARA TI
reconecta con la certeza del amor*

Experimentar una pérdida ambigua, o cualquier nivel de ambigüedad que trae consigo el duelo, significa que estamos sumidos en la incertidumbre. En ese lugar, resulta desafiante sentirse conectado con cualquier cosa, con cualquier idea, incluso con nosotros. Los poetas, filósofos, artistas y pensadores coinciden en que estamos programados para amar. Somos amor, incluso cuando no podemos verlo ni sentirlo. Entonces, en medio de la ambigüedad, te invito a reconectarte con la certeza del amor.

Si deseas guiarte durante los próximos minutos a través de una meditación, te ofrezco los siguientes mantras de mi meditación "Certeza del amor" y algunas instrucciones simples. Si prefieres que te guíen, escanea el código QR con el teléfono y accederás a una meditación guiada de "Certeza del amor" que grabé solo para ti.

Si quieres practicar ahora, te invito a que adoptes una posición cómoda para el cuerpo, donde te sientas sostenido y apoyado. Como estarás leyendo, será una meditación con los ojos abiertos. Dedica unos momentos a inhalar y exhalar muy lento. Si es posible, coloca una mano sobre el corazón. Puedes leer las palabras en voz alta o solo para ti. Te animo a inhalar profundo y exhalar muy lento entre cada línea para sellar estas palabras en tu corazón. Cuando termines, quédate unos momentos con la mano sobre el corazón. Trata de estar contigo con amor y compasión.

meditación "Certeza del amor"

Cuando la alegría ilumine mi día, que pueda ver amor, sentir amor, irradiar amor, recibir amor.

Cuando el deleite deslumbre mis sentidos, que pueda ver amor, sentir amor, irradiar amor, recibir amor.

Cuando la esperanza llene mi corazón, que pueda ver amor, sentir amor, irradiar amor, recibir amor.

Cuando el asombro me deje sin aliento, que pueda ver amor, sentir amor, irradiar amor, recibir amor.

Cuando la desesperación nuble mi vista, que pueda ver amor, sentir amor, irradiar amor, recibir amor.

Cuando el miedo inmovilice mi cuerpo, que pueda ver amor, sentir amor, irradiar amor, recibir amor.

Cuando la soledad se filtre en mis articulaciones, que pueda ver amor, sentir amor, irradiar amor, recibir amor.

Cuando la ira oprima mi corazón, que pueda ver amor, sentir amor, irradiar amor, recibir amor.

Que pueda ver amor, que pueda sentir amor, que pueda irradiar amor, que pueda recibir amor.

*Una nota para los sobrevivientes de un trauma o para personas con síntomas de trauma. Aunque la meditación de atención plena es beneficiosa, para algunos la intensidad de concentrarse y el cerrar los ojos pueden exacerbar los síntomas. Algunos ajustes para considerar son estos: mantener los ojos abiertos, tomar descansos cuando sea necesario y tener un ancla visual en la habitación para conectarse con el presente.

debería es una mala palabra (y no del tipo de las groserías)

MALAS PALABRAS (NO DEL TIPO DE LAS GROSERÍAS)
A estas alturas ya sabes lo mucho que me encanta una buena grosería de vez en cuando… bueno, con frecuencia. ¿A quién engaño? Sostengo mi argumento anterior de que usar malas palabras no solo es divertido, también puede ser terapéutico. Así que quizá te sorprenda saber que hay dos malas palabras que detesto por completo. Trabajo de forma diligente para eliminarlas de mi vocabulario y animo a todos los que conozco a hacer lo mismo, en especial cuando me refiero a su proceso de duelo.

Por lo general, cuando se critican las acciones de alguien, la palabra *debería* indica obligación, deber o corrección. Claro, esta palabra es útil en diversas circunstancias de la vida. Puede ayudarnos a mantenernos seguros, como en "*no debería* tocar la estufa caliente", y nos ayuda a actuar según las responsabilidades morales acordadas: "*Debería* ir a ver si mi anciano vecino que se acaba de caer está bien".

Dado que esta definición incluye las palabras *obligación*, *deber*, *corrección* y *crítica*, podemos ver cómo usar las palabras *debería* y *no debería* en referencia al duelo es lo opuesto a terapéutico. Estas palabras son tóxicas y perjudiciales para nuestro camino de sanación.

Cuando usamos estas palabras, apoyamos incorrectamente el mito de que existe una única forma correcta de vivir el duelo. Cada vez que las usamos reforzamos la creencia de que tenemos la obligación moral de pensar, sentir o comportarnos de cierta manera ante los demás. La consecuencia de esas suposiciones incorrectas es contagiosa y peligrosa, ya que también es motivo para que juzguemos y critiquemos a otros por su desempeño en el duelo.

> *Dado que esta definición incluye las palabras obligación, deber, corrección y crítica, podemos ver cómo usar las palabras debería y no debería en referencia al duelo es lo opuesto a terapéutico. Estas palabras son tóxicas y perjudiciales para nuestro camino de sanación.*

NUESTRAS CREENCIAS SOBRE EL DUELO EN ACCIÓN

Usar *debería* y *no debería* indica que creemos que algún pensamiento, sentimiento o acción tiene un valor acordado, bueno o malo. Cada vez que decimos esas palabras, también nos pedimos cambiar o adaptar los sentimientos y comportamientos relacionados con esa creencia por el bien de los demás o como señal de que somos dignos de pertenecer.

LA HERRAMIENTA MÁS COMÚN Y DAÑINA DEL LADRONZUELO DEL DUELO

En "cuidado con el ladronzuelo del duelo" expongo todas las tácticas y estrategias del ladronzuelo del duelo, incluida la palabra *debería* y dónde aprendimos a usar esa estafa. Pero creo que *debería* es la herramienta más común y dañina del ladronzuelo del duelo, por eso dedico un capítulo completo a su uso. La forma explícita e implícita en que funciona *debería* la hace muy común y peligrosa para nuestro bienestar en el duelo.

La D explícita y obvia
Al igual que las otras tácticas del ladronzuelo del duelo, el uso de *debería* puede ser explícito. Eso incluye las palabras que te dicen en voz alta sobre lo apropiado o lo inapropiado de tus pensamientos, sentimientos o comportamientos durante el duelo.

No es necesario pronunciarlos para que sean claramente visibles. A menudo, las respuestas conductuales de los demás a tus expresiones de duelo sirven como una pista de que te están aplicando las reglas. Lo bueno de las personas que dicen los *debería* y *no debería* en voz alta es que son más fáciles de detectar y comprender. Puedes llamarles la atención sobre sus creencias falsas, pedirles que hablen de manera diferente y establecer un límite si no detienen su comportamiento.

La D implícita y sutil
Los *debería* implícitos y sutiles son la variedad más furtiva y dañina porque pasan desapercibidos. Incluso cuando de alguna manera podemos vislumbrarlos un momento, de alguna manera se nos escapan. Con frecuencia estos *debería* aparecen en el diálogo interior o en las acciones e inacciones que tomamos sin mucha intención consciente. Su presencia silenciosa dificulta el atraparlos y eliminarlos. Su frecuencia los hace muy caros para nuestro bienestar.

ORÍGENES DE NUESTROS *DEBERÍA*
Como exploro a lo largo de este libro, las creencias sobre el duelo que informan nuestros *debería* fueron aprendidas y reforzadas en muchas áreas de la vida: familia, amigos, religiones, cultura,

medios de comunicación, sistemas. Una de las fuentes del *debería* más obvias, pero pasadas por alto, está justo frente a tu nariz.

A finales de la década de los sesenta, la psiquiatra suizo-estadounidense Elisabeth Kübler-Ross propuso la teoría de las cinco etapas del duelo en su obra fundamental *Sobre la muerte y los moribundos*. Por fin, el mundo dio un suspiro colectivo de alivio: "¡Hay estructura, orden y un esquema de cómo 'vivir' bien el duelo!". Nótese el sarcasmo en mi voz escrita.

En nuestro afán por encontrar claridad e instrucciones, ignoramos el hecho de que Kübler-Ross estaba describiendo las etapas en las que un individuo acepta su propia muerte, no la pérdida de sus seres queridos. Aun así, no estaba diciendo que el duelo fuera claro y lineal. Pero bueno, al final, nuestro consumo colectivo de la teoría de las cinco etapas se sumó al ya enorme arsenal de "*debería y no debería*" que se interponen en el camino del complicado, desgarrador y, a veces, hermoso trabajo de navegar por nuestro viaje de duelo.

TU SABIDURÍA INTERIOR

Como resultado del duelo, y de muchas otras razones como traumas pasados, muchos vivimos desconectados de nuestra sabiduría interior. Por eso las palabras con D tienen tanto poder sobre nosotros. Se nos enseñó, alentó y recompensó por callar e ignorar esa voz, y en su lugar priorizar las reglas, regulaciones y expectativas de los sistemas y la cultura que habitamos. Decimos "Sí" cuando en el fondo queremos decir "No". Asumimos más trabajo cuando nuestra energía ya está agotada.

Una de las principales razones por las que perdimos contacto con nuestra sabiduría interior es que cultural y médicamente aprendimos a ver nuestra salud física, mental y emocional como algo separado. Eso es obvio en la forma en que aprendimos a ignorar las señales que nos envía el cuerpo cuando está desesperado por lograr que la mente lo escuche. Al ignorar nuestra sabiduría interior, esta ocupa más espacio, nos roe a través del cuerpo, los pensamientos, las emociones. Puede salir por un lado o de maneras que no esperamos. De verdad necesita que la escuches.

¿Pero cómo?

PAUSA PARA RECONECTAR

Nuestra desconexión nos hace tomar decisiones y creer cosas que nos mantienen atascados o, peor aún, nos hacen sentir más agotados. Entonces, ¿cómo empezamos a reconectarnos?

Haz una pausa.

Lo digo en serio. Practica hacer pausas. Sé que parece demasiado simple, pero descubrí que hacer una pausa es la mejor acción para reconocer cuándo los *debería* están a cargo. Como comparto en "empezar cerca", no tenemos que resolverlo todo, solo determinar el siguiente paso. Para mí, ese paso casi siempre incluye una pausa.

Hacer una pausa me da la oportunidad de respirar lento y profundo, lo que ayuda a regular mi sistema nervioso, reduciendo las probabilidades de actuar fuera del *debería*. Hacer una pausa me ofrece la oportunidad de responder, no reaccionar. La pausa, ya sea de un minuto o de un día, me da la oportunidad de conectarme con mi sabiduría interior al sentir curiosidad por cosas como estas:

- mi instinto de decir "Sí" a las solicitudes de mi tiempo y comportamiento.
- mi instinto de decir "No" a las ofertas de ayuda y apoyo.
- cómo se siente mi cuerpo y qué está tratando de decirme.
- mi lenguaje autocrítico, que muchas veces incluye palabras con D, abreviación de *debería* y *no debería*.

Hacer una pausa es útil en muchas circunstancias del duelo, incluso más allá de que el narrador crítico interior use las palabras con D. Hacer una pausa es útil en el duelo y en la vida cada vez que te piden que hagas o decidas algo o te den una opinión sobre tu proceso de duelo. Y tras adquirir el hábito de hacer una pausa, el siguiente paso es escuchar tu interior en busca de pistas de cómo tus sentimientos o acciones responden al *debería* versus tus necesidades reales.

LAS PALABRAS CON D DEJAN PISTAS

Las palabras con D son una parte tan omnipresente de nuestro vocabulario cotidiano que rara vez las notamos. Incluso cuando las notamos, a menudo las ignoramos. Las tratamos solo como una expresión y no como si causaran daño real.

Como todas las herramientas del ladronzuelo del duelo, con frecuencia los *debería* pasan desapercibidos. Por eso necesitamos practicar para identificar pistas de que estamos ignorando nuestra sabiduría interior. Una vez que empiezas a practicar, algunas pistas se vuelven obvias mientras que otras permanecen sigilosas. Algunas de las más obvias que escuché, tanto internamente como en los pacientes a los que atendí a lo largo de los años, incluyen:

Debería
- "Debería mantenerme ocupado".
- "Ya debería deshacerme de su ropa".
- "Debería concentrarme y estar agradecido de que ella ya no sienta dolor".
- "Debería volver a trabajar".
- "A estas alturas, ya debería sentirme mejor".
- "Debería ser capaz de manejar esto mejor".

No debería
- "No debería seguir viendo antiguos álbumes de fotos".
- "No debería estar tan triste porque ni éramos tan cercanos".

- "No debería llorar delante de mis hijos".
- "No debería enojarme con él".
- "No debería tener momentos de felicidad".
- "No debería ser tan flojo".

ESCUCHAR CON LAS TRES C

Después de hacer una pausa, busca en tu interior los *debería* que anulan tu intuición y aumentan tu sufrimiento. De forma interna, cuando escuchamos esas historias familiares, que suenan ciertas y convincentes, es útil hacerlo de una manera específica. Esta escucha requiere lo que la investigadora Susan David llama las "Tres C": curiosidad, compasión y coraje.

La familiaridad con los *debería* nos hace creer en su verdad absoluta. Por eso debemos abordarlos con una mente curiosa, apartando la suposición de que son hechos. Como esas creencias provienen de partes de nosotros que piensan que necesitamos protección, es fundamental ofrecernos compasión. Todos tenemos historias. Es parte de la condición humana. El juicio solo fortalecerá aún más el control que tienen sobre nosotros. Se requiere coraje porque nos estamos pidiendo que demos un paso hacia lo desconocido. Coraje es actuar frente al miedo. Mientras escuchamos con curiosidad y compasión esas historias, debemos ser valientes porque queremos apartarnos de lo conocido y avanzar hacia lo desconocido: hacia nuestra sabiduría interior.

LIBERARTE

Desarrollar la práctica de hacer una pausa y escuchar con las "Tres C" nos prepara para el siguiente paso: liberarnos de los *debería*. Como explica la sabia autora, poeta y activista Sonya Renee Taylor: "Cuando nos liberamos de la expectativa de que *deberíamos* tener todo resuelto, entramos en un santuario de empatía". La primera vez que leí estas palabras mi cuerpo tuvo una reacción visceral, como si me envolvieran en un abrazo amoroso. ¿Y tú?

¿Qué significaría para tu bienestar emocional, físico, mental y espiritual si pudieras librarte de los *debería* en tu duelo? ¿Cómo se sentiría expresar tus emociones sin inhibiciones? ¿Cómo podrías experimentar tu cuerpo de manera diferente? ¿Cambiaría tu acceso al descanso y la digestión? ¿Cómo podrías vivir tu día de forma distinta? ¿Cómo podría esta liberación cambiar ese sentimiento abrumador y ansioso?

¿Cómo la liberación podría cambiar la forma en que te relacionas con los demás en su duelo? Quizá notes que estas son preguntas capciosas y sospeches que tengo algunas respuestas para ti. ¿En resumen? Te sentirás mejor.

> *¿Qué significaría para tu bienestar emocional, físico, mental y espiritual si pudieras librarte de los debería en tu duelo?*

A estas alturas seguro ya sabes que soy una "detective del *debería*". Pregúntale a cualquiera de mis pacientes de apoyo en el duelo, amigos, estudiantes, a mi hija, en realidad a cualquier persona con la que pase algún tiempo significativo... y estarán de acuerdo. Estoy atenta al *debería* a dondequiera que voy. Esto se debe a que cuando no se controlan los *debería*, sufrimos de forma innecesaria, en especial en el duelo. Por eso cada uno de mis pacientes te dirá que una parte importante de nuestro trabajo juntos es desarrollar la práctica de hacer una pausa, escuchar y liberarnos de los *debería*. Les digo: "Maldigan todo lo que quieran en estas sesiones. Es terapéutico. Pero sepan que voy responder cuando usen las dos malas palabras más dañinas del mundo: *debería* y *no debería*".

UNA INVITACIÓN PARA TI
sé un detective del debería

Las creencias sobre el duelo operan de manera sigilosa y disimulada. Cada vez que usamos *debería* o *no debería* es una pista de que las palabras con D están al acecho. Apuntarlas con un reflector es la mejor manera de detenerlas en seco. Para aprender a hacerlo, debemos repasar nuestras habilidades de detective.

Por un día, o por una semana si te sientes ambicioso, te invito a practicar tus habilidades de detective. Date un tiempo, con intención, para notar cada vez que escuches *debería* o *no debería* relacionado con tu duelo. Las palabras pueden aparecer al hablar con otras personas sobre algún aspecto de tu duelo. Las palabras con D suelen ser engañosas y aparecen como pensamientos. También pon atención cuando otras personas te dicen las palabras con D o las dicen sobre ti.

En tu diario, reflexiona y registra tus respuestas a las siguientes preguntas. Después, pon atención a temas o circunstancias recurrentes y comunes. Eso te ayudará a ser más inteligente y capaz para detectar los *debería* en el futuro. Cuando los descubras, toma una frase de la serie de televisión *Ted Lasso*, esa donde el entrenador de futbol dice: "Voy a archivarlo en la carpeta de pensamientos estúpidos".

Ten curiosidad por los temas recurrentes. Saber cuáles son tus creencias sobre el duelo más arraigadas te ayudará a mantenerte alerta para cuando reaparezcan. Lo cual te ayudará a continuar con tu trabajo de detective.

practica ser un detective del debería

1. ¿Cuál fue la expresión o el lenguaje?

2. ¿Quién fue el mensajero?

3. ¿Cuál fue el contexto?

4. ¿Cómo me hizo sentir escucharlo?

5. ¿Quiero mantener esta creencia o deshacerme de ella?

6. ¿Cómo puedo replantear esto para que sea curativo y no dañino?

días festivos, aniversarios y otros peligros del duelo

LOS DÍAS FESTIVOS NO SON LOS ÚNICOS DÍAS

A diferencia del trabajo, no podemos tomarnos un día libre ni una semana de vacaciones para escapar del duelo. Eso significa que, sobre todo al principio, vivimos el duelo de forma activa los trescientos sesenta y cinco días del año. El nivel y la intensidad de esas experiencias de duelo disminuirán con el tiempo. Sí, puedes pasar días, semanas y, tal vez, incluso meses sin que se note la presencia del duelo. Pero no desaparece por completo. Por eso, en los días festivos y los aniversarios, el duelo reaparece o se vuelve más intenso. Nos referimos a estos momentos como ARTD (Aumento Repentino y Temporal del Duelo). (Revisa "espera, ¿todavía estoy viviendo el duelo?").

¿Qué es lo más sorprendente? Todos los otros días que nos hacen tropezar. Para mí, estos días incluyen el cumpleaños de Eric, mi cumpleaños, el cumpleaños de nuestra hija, el aniversario del día en que me propuso matrimonio, nuestro aniversario de bodas, el aniversario de su muerte, el dieciséis de cada mes, los martes, el día de San Valentín, el día del padre, los días que debo marcar la casilla "viuda" y dejar en blanco la línea del segundo padre, cuando visito un lugar al que viajamos, cuando voy a una ciudad donde vivimos, cuando hago algo que él siempre quiso hacer pero nunca tuvo la oportunidad... ¿Tienes una lista como esta? Supongo que sí.

Como todo en el duelo, la intensidad y la presencia de los ARTD disminuyeron, pero no desaparecieron. Por eso es importante que tú y todos los que te apoyan recuerden que los días festivos no son los únicos de intenso duelo.

En el primer año, tras perder a alguien, vas descubriendo qué días o circunstancias serán las trampas que activarán tu duelo. Algunos los verás venir. Otros te harán tropezar en el camino. Lo desafiante y sorprendente que debes saber es que puedes experimentar o no los obstáculos de la misma manera o con la misma intensidad cada vez. Como gran parte del duelo, estos días también son muy complicados.

PREPARACIÓN, NO PREVENCIÓN

Aunque no podrás enumerar todos los peligros, ni podrás clasificar a la perfección la probabilidad de desencadenar un ARTD, es útil hacer un registro de los peligros del duelo. ¿Por qué? Porque existen estrategias a implementar que te ayudarán a prepararte para los días y las temporadas del duelo.

No estoy sugiriendo que vayas a evitar sentir el duelo, ni creo que ese sea el objetivo. Lo que sí sé es que gran parte de la razón por la que estos días nos resultan tan difíciles es porque no practicamos muchas de las habilidades de las que hablamos en otras partes de este libro. A continuación, te presento diez habilidades que puedes considerar practicar antes y durante tus próximos días de duelo.

1. Nombra lo difícil

Se siente como si todo lo relacionado con los días de duelo, como los días festivos, fuera difícil. Entiendo ese sentimiento. Y es importante ser específico sobre qué aspectos serán más difíciles. La claridad reduce el sentirse "abrumado e impotente", brindándote la oportunidad de identificar, priorizar y planear.

Date un tiempo para escribir qué te resulta difícil. ¿Son ciertos días, estar con ciertas personas, lugares específicos? ¿Son las expectativas que tienes de ti? ¿Son las expectativas que crees que ciertas personas tienen sobre ti? Conocer los detalles te ayudará a identificar, priorizar y planear. También es muy importante escribir lo que te hace sentir bien o, mínimo, lo que ayuda a que apeste menos. Tal vez sea hacer cosas en períodos más cortos, asistir a reuniones más pequeñas, en vez de grandes, o pasar tiempo en la naturaleza.

2. Sé un detective del *debería*

Como exploramos en "*debería* es una mala palabra (y no del tipo de las groserías)", el *debería* es una trampa en nuestro duelo. Parece surgir con más frecuencia durante los días más peligrosos, en especial los días festivos, porque las expectativas de alegría, gratitud, felicidad y celebración, prácticamente todas las cosas que no sentimos mucho durante el duelo, están frente a nosotros. Ser un detective del *debería* te ayudará a reducir la presión de ser, sentir o hacer cualquier cosa que no quieras de forma "correcta". Por eso te invito a ser un detective del *debería* durante esos tiempos.

Cada vez que te escuches decir en voz alta o en la mente "*Debería o no debería* tal, tal y tal", haz una pausa. Respira profundo. Pregúntate ¿por qué? ¿De dónde viene esa creencia? ¿Tiene sentido en este momento, dada la profundidad de tu duelo? Tal vez lleves un registro de esto en un diario o lo platiques con un amigo de confianza. Ve si puedes liberarte del *debería*.

3. Ajusta tus expectativas

Parece que el único objetivo digno para los días festivos o los aniversarios es la alegría. Cualquier nivel menor es señal de que eres un Scrooge amargado. Bah, tonterías. Para ser honesta, las fiestas y los aniversarios no son tan diferentes al resto del año, ya que vivimos en una cultura de positividad tóxica, solo cubierta por una capa adicional de decoraciones y luces. Estoy aquí para recordarte que la alegría no tiene por qué ser tu objetivo en esas temporadas.

Ajusta el objetivo para que cumpla con lo que quieres o necesitas en esos días. Si tener unas felices fiestas navideñas, un cumpleaños alegre o un aniversario no te parece adecuado, pregúntate ¿por qué? O ¿qué sí sería adecuado? Quizá este año tu objetivo no sea una celebración alegre. Tal vez sea tener algunos momentos, horas o días felices. Quizá la alegría todavía no está en tu vocabulario. Puede que buscar tranquilidad o paz te parezca más razonable. La verdad, por ahora tal vez solo se trata de sobrevivir y salir adelante. Eso también está bien. Una vez que hayas ajustado tus expectativas, compártelas con las personas más cercanas a ti para que te ayuden a lograr tu objetivo.

4. Planea para tus necesidades versus los deseos de los demás

Durante los días festivos, sentimos una presión adicional para satisfacer los deseos de otras personas. Esto incluye los de nuestros hijos, padres, amigos, incluso colegas. Muchas veces sacrificamos lo que necesitamos. En el duelo, nos preocupa que nos etiqueten como "un fastidio", por lo que decimos "Sí" cuando en realidad queremos decir "No".

Pero todo lo que les debemos a los demás es ser nosotros de forma auténtica. Y si eso significa una versión triste de ti, una versión que no cocina o una versión que dice "No" más a menudo, pues que así sea. Como exploramos en "conocer y honrar tus necesidades", cuando priorizas los deseos de otras personas sobre los tuyos, terminas sintiéndote resentido, ¿verdad? ¿Con qué frecuencia apareces con tu versión "no tan ideal"? ¿Qué les estás enseñando a quienes te rodean sobre cómo defender lo que necesitan en tiempos de lucha?

Mientras anticipas uno de esos días de minas terrestres, registra lo que necesitas para lograr cualquier objetivo que te propongas. Eso puede significar decir "No" a reuniones tradicionales y largas; no cocinar; que la gente te visite en lugar de viajar tú...

5. Haz un registro de tu calendario
Haz un registro. ¿A qué ya dijiste "Sí"? ¿Cuántas de esas actividades o reuniones serán difíciles? Teniendo en cuenta lo que ya descubriste con los consejos anteriores, ¿cuántos eventos o reuniones puedes manejar en este momento? Igual de importante: ¿qué hay en tu calendario que te haga sentir bien, restaurado o nutrido? (Revisa "haz espacio").

Si tu calendario no se alinea con tus objetivos, ajústalo. Tal vez reconociste que no estás para reuniones grandes. Excelente. Esto te facilitará decir: "Gracias por la invitación, pero mi calendario ya está lleno". Quizá sea necesario que envíes una nota diciendo: "Gracias de nuevo por la invitación, pero me doy cuenta de que estoy demasiado comprometido y no podré unirme a ustedes". También puedes darte cuenta de que no hay suficientes elementos restaurativos incorporados en tu calendario, así que programa bloques de tiempo para cosas que te nutran, como tiempo en la naturaleza, ejercicio, esfuerzos creativos, incluso jugar.

6. Encuentra a tu compañero de salida
Imagina que Crush, la sabia tortuga centenaria de la película *Buscando a Nemo*, te pregunta: "¿Ya tienes tu compañero de salida?".

Aunque tú eres el único que experimenta esta pérdida, eso no significa que debas navegar por tu duelo solo. Una de las ventajas de saber de antemano que esos días tan dolorosos van a ser difíciles es que nos da tiempo para planear y generar apoyo.

Incluso si ya nombramos lo difícil, ya nos liberamos de los *debería*, ajustamos nuestras expectativas, priorizamos el calendario y nos enfocamos en nuestras necesidades…, todavía podemos sentir la necesidad de salir temprano de una reunión navideña, escapar de una conversación incómoda o necesitar ayuda para sostener el peso de nuestro dolor por un tiempo. Ahí entra nuestro compañero de salida.

Así que te invito a pensar en quién es tu compañero de salida (alias persona o recurso de apoyo) que podría ayudarte a navegar por ese día o esa temporada. Buenas noticias: puedes tener más de uno.

Habla con un amigo y pregúntale si puedes llamarlo en un día específico en el que prevés asistir a una reunión difícil. O platica con una amiga o familiar de confianza antes de un evento para generar una señal o planear una caminata a mitad del evento. También puedes agendar citas adicionales con tu terapeuta o avisar a tus familiares que podrías irte temprano, para que ni se preocupen.

¿Quiénes son mis compañeros de salida?

7. Espera lo inesperado

Aunque hay días obvios de duelo, algunos días lo son menos, y cómo nos sentiremos cada vez que lleguen es un misterio aún mayor. Además, esos días suelen estar llenos de tareas, plazos y expectativas adicionales. Se siente como si no hubiera ningún margen de maniobra. Pero la verdad es que al duelo no le importa nada de eso. El duelo es confuso, no lineal y, bueno, una perra. Una de las mejores cosas que nos podemos hacer es esperar que las cosas no salgan según lo planeado, incluido cómo, cuándo o dónde podría aparecer nuestro duelo.

Te invito a desarrollar uno o dos mantras para ofrecerte un poco de gracia cuando el duelo haga lo que hace el duelo. Tal vez te digas de forma consciente: "Vaya, es como dice Lisa, el duelo es una gran perra". O tal vez te ofrezcas compasión diciendo: "Está bien sentir lo que siento en este momento. Es la naturaleza del duelo".

> *Te invito a desarrollar uno o dos mantras para ofrecerte un poco de gracia cuando el duelo haga lo suyo. Tal vez te digas de forma consciente: "Vaya, es como dice Lisa, el duelo es una gran perra". O tal vez te ofrezcas compasión diciendo: "Está bien sentir lo que siento en este momento. Esa es la naturaleza del duelo".*

8. Ayuda a alguien más

Sí, es importante priorizar tus necesidades sobre los deseos de los demás. Y una de las verdades probadas y respaldadas de forma científica es esta: ayudar a alguien que también está sufriendo nos hace a sentir mejor. Ayudar a otros pone las cosas en perspectiva, interrumpe las cavilaciones comunes en el duelo o, al menos, llena lo que parece un escaso calendario social.

Si te sientes abrumado por el duelo y necesitas un cambio de perspectiva, considera ayudar a otros. Podrías participar en un programa de voluntariado durante los días festivos, como visitar a los ancianos o servir comidas a personas sin hogar. Recuerda, no tiene por qué ser grande ni formal. Podría ser algo tan simple como enviar mensajes de texto, llamar a alguien que vive un duelo o sorprender a un vecino con tus galletas navideñas favoritas. Cualquier acto de bondad al azar servirá.

9. Realiza rituales antiguos, nuevos y emergentes
"Tradición, tradición". ¿Pensaste en Tevye, el personaje de la obra *El violinista en el tejado*?

Las tradiciones son hermosas. Nos ayudan a sentirnos conectados con otros a través del tiempo y el espacio. Las tradiciones también resultan difíciles cuando estamos sumidos en nuestro duelo. Pueden disparar el duelo durante muchos de los días complicados, como cumpleaños, aniversarios y días festivos. Es difícil saber cuándo es apropiado mantener las tradiciones o dejarlas ir. La verdad es que no hay una señal clara ni una respuesta correcta.

Así que, el próximo día peligroso que esté plagado de tradiciones, deja espacio para rituales antiguos, nuevos y emergentes. Date un tiempo para pensar cuáles tradiciones te parece importante seguir. Tal vez descubras que algunas se sienten difíciles, pero con un poco de adaptación, puede que se sientan bien o, al menos, no tan difíciles. No olvides que también puedes darte permiso, y a tu familia, de probar algo nuevo.

Una de las cosas más importantes que podemos hacer en nuestro duelo es encontrar una manera de llevar a nuestra persona con nosotros mientras vivimos la historia emergente de nuestras vidas. Así que ponte creativo y explora formas de incorporar el amor, la vida y los recuerdos de tu ser querido en las tradiciones y rituales.

Al mismo tiempo, no hay presión si no se te ocurre nada. Siempre está el próximo año. Agregar algo nuevo o no participar en una tradición un año no significa que se volverá algo permanente. Date gracia. En verdad es el mejor regalo que te puedes hacer.

10. Pausa, respira, repite

Vivimos en una cultura obsesionada con la productividad que prioriza los resultados sobre los procesos y glorifica el estar ocupado. El duelo es estresante y nos afecta de forma cognitiva, física y emocional. Estamos ocupados aprendiendo y adaptándonos a una nueva realidad, una que no tiene sentido ni instrucciones. Los factores estresantes añadidos de los días festivos que provocan duelo agravan nuestro estrés.

Por eso te invito a enfocarte en una palabra que empieza con P (y tampoco es grosería) para las temporadas de minas terrestres: *pausa*. Haz una pausa cuando tus pies toquen el suelo por la mañana. Dedica unos momentos a concentrarte en tu respiración. Inhala profundo y exhala con un gran sonido: "Ahhh".

Antes de levantarte y continuar el día, tómate un momento para considerar qué acciones o inacciones te ayudarán a sentirte mejor, aunque sea un poquito. Haz una pausa antes de responder a la invitación a otro evento y pregúntate: "¿Esto encaja con lo que necesito?". No es de extrañar, también te invito a hacer una pausa cuando aparezcan los *debería*, tienden a aumentar en estos días. Haz una pausa y pregúntate: "¿Cuándo fue la última vez que comí? ¿Que tomé agua? ¿Que respiré profundo?".

❦ UNA INVITACIÓN PARA TI ❦
registra tus días

Muchas de las habilidades necesarias para reducir el sufrimiento innecesario que a menudo experimentamos durante los días festivos, aniversarios y otros peligros del duelo deben implementarse antes de que lleguen esos días. Por eso, hacer una lista de los días que te provocan duelo, basada en una combinación de experiencias pasadas e intuición, te ayudará a sentirte más tranquilo y cómodo. Puedes hacer que estos días insoportables sean un poco más llevaderos.

Te invito a dedicar un tiempo para escribir los días que fueron difíciles. Si quieres, escribe una o dos cosas que los hicieron especialmente difíciles y una o dos cosas que los podrían hacer más llevaderos la próxima vez.

---

registra tus días de duelo

Nombre del día o de la temporada:

Una o dos cosas o habilidades que lo hicieron más difícil:

Una o dos cosas o habilidades que pueden hacerlo más llevadero:

pérdidas secundarias: las más perras de todas

RÉPLICAS

La pérdida inicial que enfrentamos es enorme y desestabilizadora. Como un terremoto, sacude nuestros cimientos. La reconstrucción que debemos emprender es abrumadora. Más bien insoportable. De alguna manera, nos recuperamos y realizamos los rituales del duelo. Nos hacemos cargo de las responsabilidades de limpieza de los escombros. Luego, en algún momento, nos enfrentamos a la tarea de descubrir cómo reconstruir.

En medio de todo eso o tal vez algún tiempo después, ocurren las réplicas y más partes de tu vida se desmoronan. Estas son las pérdidas secundarias que experimentamos durante el duelo. Desde amistades hasta seguridad financiera y más, estas no obtienen los titulares ni el reconocimiento que obtuvo el terremoto, pero causan el mismo daño. Las pérdidas secundarias, rara vez reconocidas, apoyadas o lamentadas, de verdad son las más perras de todas.

> *Las pérdidas secundarias, rara vez reconocidas, apoyadas o lamentadas, de verdad son las más perras de todas.*

DAÑO COMPUESTO

Ya sea la muerte de un ser querido, la disolución de una relación o algún otro tipo de pérdida, la pérdida original desencadena pérdidas secundarias que pueden agravar el dolor. Es importante estar atento a estas pérdidas e identificar cuándo se están experimentando réplicas. Nombrar estas pérdidas ayuda a comprender por qué te sientes abrumado. Ser específico sobre lo que perdiste además de la pérdida principal te ayuda a identificar lo que falta en tu vida y qué tipo de apoyo necesitas.

Espiritual o conceptual

Algunas pérdidas secundarias son espirituales o conceptuales. Las pérdidas profundas con frecuencia llevan a los dolientes a perder el sentido de sí y a experimentar algún tipo de crisis de identidad. Muchos perdemos la confianza en nosotros y en nuestra capacidad para navegar por un mundo que se volvió irreconocible. Como exploramos en "este es tu cerebro en duelo", muchos enfrentamos una pérdida temporal pero aterradora en nuestro funcionamiento cognitivo. Las pérdidas profundas, en particular las muertes fuera de orden, como la muerte de un niño o cualquier muerte abrupta o violenta, muchas veces causan una crisis espiritual o existencial que conduce a una pérdida de fe en algún nivel.

Seguridad y protección

Las profundas pérdidas que experimentamos, como la destrucción causada por los terremotos, no solo dañan lo que existía. También afectan nuestro sentido de seguridad, lo cual es una pérdida que a menudo pasa desapercibida. A veces, esa pérdida de seguridad tiene consecuencias tangibles: pérdida de ingresos y seguridad financiera, de un trabajo, de una casa... Con frecuencia, ya no nos sentimos seguros de forma psicológica o emocional, incluso física, en el mundo. Dependiendo de la pérdida, en especial si involucró un trauma, además de la pérdida principal vivimos un duelo por nuestra sensación de seguridad.

Relaciones
Muchas veces experimentamos pérdidas secundarias en forma de relaciones tensas o rotas con personas que no pudieron o no quisieron estar presentes. A veces, cuando una pareja pierde un hijo hay tensión y desconexión en la relación si cada persona tiene diferentes estilos de duelo. Como comparto en otra parte de este libro, muchos perdemos nuestra identidad relacional. Cuando nos miramos al espejo (de forma metafórica) es difícil saber qué estamos mirando. En realidad, no somos nosotros. Es una imagen borrosa del duelo y de la persona que perdimos. Es difícil vernos a nosotros. Esta es una pérdida secundaria. Para mí, ya no estar casada, ya no ser esposa fueron otras pérdidas que no vi venir.

Tangible o retrasada
A veces, las réplicas de la pérdida se retrasan y no sabemos si llegarán o cuándo. Para muchos, la pérdida de recuerdos con el tiempo es un costo retrasado que no sabíamos que dolería tanto. Algunas pérdidas se retrasan y son las que no se ven venir, como descubrir algo dañino o perjudicial sobre la persona que no conocíamos antes de la pérdida. Por ejemplo, enterarse de la infidelidad tras la muerte de la pareja puede ser una forma de pérdida. Y hay pérdida cuando nos enfrentamos al acto inevitable de vender o donar los artículos del ser querido. A decir verdad, no siempre sentimos la pérdida en el momento en que nos deshacemos de estos artículos. A veces la pérdida se hace realidad más adelante.

Oportunidades perdidas

Como mencionamos en "la ambigüedad apesta", las oportunidades perdidas que resultan de nuestra pérdida primaria representan pérdidas secundarias que rara vez reconocemos o validamos. Un ejemplo es no tener alguien que te ayude a criar a un hijo cuando fallece la pareja.

EL DAÑO QUEDA SIN RECLAMAR

El daño de la pérdida secundaria no es solo que debamos experimentarlo. El daño agravado se produce cuando estas pérdidas no son reclamadas. Son pérdidas privadas de derechos. (Revisa "acceso denegado").

Si alguien irrumpe en tu casa o automóvil, y la aseguradora te rechaza el reclamo del seguro, los arreglos, la reconstrucción o el reemplazo de artículos son muy difíciles. Por eso las pérdidas secundarias son tan engañosas. Cuando muere un niño pequeño, los padres con frecuencia pierden el acceso al sentido de comunidad y conexión que tenían como parte de un grupo de juego. A menudo, se ignora una ausencia tan profunda de compañerismo y amistad.

EVALUAR LAS PÉRDIDAS

Nombrar y etiquetar las pérdidas secundarias que experimentaste es un primer paso útil. El autoreconocimiento es importante por muchas razones. Te ofrece una idea de la complejidad o gravedad del duelo que estás viviendo, pero que no puedes explicar del todo.

También te ofrece la oportunidad de descubrir qué puedes o quieres arreglar o devolver. Podría ser una amistad perdida o un camino hacia la seguridad financiera. Ser específico sobre lo que esperas reparar es útil cuando empiezas el proceso de reconstrucción. Con este conocimiento estarás mejor preparado cuando busques el apoyo de otros dolientes o profesionales de la salud mental.

Algunos nos contentaremos con nombrar la pérdida para nosotros. Pero muchos necesitamos sentirnos vistos, al menos por otra persona. Queremos que otros afirmen que entienden: nuestro duelo no es solo por la persona que murió, sino también por vivir con las otras pérdidas.

¿TEMPORAL O PERMANENTE?
Algunas pérdidas secundarias pueden ser permanentes. Por ejemplo, la inseguridad financiera que causa la pérdida puede obligarte a vender la casa. Nunca la recuperarás. Otras pérdidas son temporales, como la capacidad de participar en la escuela o el trabajo. Al principio de muchas pérdidas secundarias no sabemos si serán temporales.

Una de las pérdidas secundarias más comunes ocurre cuando nuestras relaciones se ven comprometidas. Este suele ser el caso cuando las pérdidas secundarias que enfrentamos son relacionales. Es posible que descubras al principio de tu duelo que algunas personas que esperabas que estuvieran ahí para ti no están. Esta es una pérdida secundaria. Y tienes todo el derecho a sentirte decepcionado o enojado. Puedes decidir o reconocer que la conexión está interrumpida. (Exploramos las razones por las que las personas suelen ser malas para estar presentes en "¿quién te respalda?"). Por lo tanto, aquí solo ofreceré el recordatorio de que algunas de estas personas pueden regresar. Podrían aprender a ser mejores amigos o familiares. Entonces, antes de concluir que esa pérdida es permanente, considera no cancelarla todavía.

CUANDO SE ACUMULAN
A veces confundimos las pérdidas secundarias con las pérdidas acumuladas, cuando las pérdidas primarias están tan juntas que no tuvimos tiempo de empezar a procesar la primera cuando nos

llegan la segunda o la tercera. Podría tratarse de la muerte de otro ser querido con unos días, semanas o meses de diferencia. Podemos experimentar esta reacción incluso cuando hay un tiempo significativo entre las dos pérdidas si no procesamos la pérdida anterior. Y la verdad es que tal vez estamos experimentando pérdidas acumulativas y secundarias.

⚘ UNA INVITACIÓN PARA TI ⚘
evalúa tus pérdidas

Como a menudo olvidamos nombrar o reconocer las pérdidas secundarias que enfrentamos, te invito a explorarlas a continuación. Piensa en las diversas categorías de pérdidas secundarias y reflexiona si —o cómo— contribuyen a lo que estás experimentando durante el duelo. Recuerda, no puedes seguir adelante con los arreglos hasta que primero evalúes las pérdidas.

espiritual o conceptual

seguridad y protección

relaciones

tangible o retrasada

oportunidades perdidas

habilidades y herramientas que ayudan a que el duelo apeste menos

descubre formas de suavizar los duros bordes del duelo

nota con atención plena

LLEVA INTENCIÓN A TU ATENCIÓN
Notar algo parece muy pasivo e insignificante, pero es una acción que tiene gran impacto en nuestro bienestar. Siempre estamos notando o prestando atención a algo; nuestra conciencia siempre está en alguna parte. El desafío para muchos es que la mayor parte de la atención que brindamos rara vez es intencional o al momento presente, y con frecuencia conlleva una cantidad significativa de juicio.

En el duelo, nuestra atención está en cualquier lugar menos en el presente. Muchas veces, estamos absortos en repetir momentos del pasado o en ejecutar escenarios de "qué pasaría si" sobre acciones que imaginamos que habrían tenido resultados diferentes. Nuestros pensamientos también corren hacia el futuro, donde a menudo la preocupación manda. Cuando la mente se detiene en el presente, nos asusta la intensidad emocional que encontramos ahí, por lo que de forma instintiva la ponemos en otra parte, desde abordar tareas y responsabilidades hasta buscar formas de adormecernos. Sin importar a dónde se haya desviado nuestra atención, rara vez vamos ahí con intención, pero con frecuencia juzgamos.

La atención plena es la práctica de la conciencia deliberada y sin juicios del momento presente. ¿Cómo se ve cuando reunimos estas cualidades?

1. Deliberado

Tomamos una decisión intencional para cultivar nuestra conciencia. Esta no es una acción única. La práctica de la atención plena significa que tendremos que centrarnos en la conciencia una y otra vez. La necesidad de repetición cuando nuestras intenciones fracasan no es un fracaso.

2. Presente

Una vez que establecemos la intención de llevar nuestra conciencia a alguna parte, queremos llegar al momento presente. Vamos observando nuestros pensamientos, sentimientos y sensaciones a medida que aparecen.

3. Sin juicios

La tercera cualidad y, quizá, la más desafiante para muchos es llevar una mirada curiosa y amable a todo lo que descubrimos cuando llevamos nuestra conciencia deliberada al momento presente. Estamos invitados a observar sin juzgar.

Mientras eres deliberado en lo que notas en el duelo, podrías hacerte una pregunta: "¿Qué sensaciones percibo en mi cuerpo en este momento?". ¿Se siente frío? ¿Horrible? ¿Dolor en las rodillas? ¿Me siento apretado? ¿Relajado?

Pero ¿por qué debería importarte esto de la atención plena? Como ya vimos, no hay forma de evitar que el duelo te afecte física y cognitivamente. La buena noticia es que está demostrado que la atención plena reduce la intensidad de los efectos.

Muchas veces nos sentimos a merced de nuestros pensamientos y emociones. La verdad es que estos pensamientos y emociones son furtivos e impredecibles, y desarrollar la capacidad de abordar nuestras experiencias con una conciencia deliberada y sin prejuicios nos da un sentido de agencia muy necesario en medio del caos del duelo. La atención plena es nueva para muchos, por lo que requerirá práctica. Por eso debemos ser conscientes de los obstáculos que encontraremos y desarrollar estrategias para eliminarlos y poder empezar a notar las cosas con atención plena.

EL RECURSO GRATUITO MÁS VALIOSO Y ACCESIBLE

La atención plena es el recurso más valioso que tenemos en el duelo. ¿Cómo? Se demostró científicamente que las prácticas de atención plena reducen los niveles de estrés, aumentan la resiliencia emocional, promueven un mejor sueño, cultivan la autocompasión y tienen una relación positiva con el autocuidado. También nos ayuda a descubrir un nuevo significado tras una pérdida u otra tragedia. Revisa "creación de significado (aunque no pasó por una razón)".

Por eso la práctica de la atención plena es la inversión más valiosa que hice para reducir el sufrimiento innecesario que experimentaba. La atención plena, como comparto a lo largo de este libro, es el recurso para el duelo que necesitamos para afrontar algunos de nuestros mayores desafíos. Más allá de los datos científicos, hablo por experiencia. Mi práctica habitual de atención plena me ayudó a esto:

- aprender a estar con las emociones del duelo que amenazan con abrumarme.
- interrumpir al crítico interior del duelo, malo y mandón, que me dice que estoy haciendo todo mal.
- despejar la niebla de mi cerebro en duelo, permitiéndome pensar con más claridad.
- crear una conexión conmigo para identificar y priorizar con más facilidad mis necesidades.

Suena bien, ¿verdad? ¿Qué podría mejorarlo? Que este recurso para el duelo es gratuito y está disponible 24/7. Podemos ser conscientes en cualquier momento. No necesitamos estar en un retiro de yoga o en una clase de meditación. Uso la atención plena a lo largo del día, y me refiero a todos los días, comenzando con un momento de miniatención: notar la sensación de mis pies en el suelo, colocar las manos sobre el corazón y ofrecerme un mantra para el día.

Incluso la uso durante el día cuando me siento abrumada o frenética, desviando mi atención al momento presente, respirando profundo varias veces y ofreciéndome una palabra amable. Con frecuencia uso la atención plena para detectar los *debería* que se cuelan y me hacen sentir mal. También la practico a través de meditaciones diarias más largas (entre cinco y veinte minutos). Algunas veces, estas meditaciones son autoguiadas, y otras veces uso aplicaciones de *software* gratuitas o recursos en línea.

El profundo valor de la atención plena en nuestro bienestar cotidiano es la razón por la que la uso en cada sesión con mis pacientes, clase, taller, incluso en las charlas que doy en escenarios grandes y pequeños. En caso de que pienses "no puedo hacer todo eso", te entiendo. También te recuerdo que la comparación no ayuda en la vida ni en el duelo. Estuve incorporando prácticas de atención plena durante casi una década, así que, al igual que el duelo, no juzgues tu práctica con la mía. Solo empieza por algún lado y, cuando lo hagas, sé amable contigo y recuerda que no estás solo.

SURFEAR LAS OLAS DEL DUELO
Es posible que hayas escuchado que el duelo llega en olas. Sabemos que la intensidad de nuestros recuerdos y emociones relacionadas con la pérdida fluye y refluye, a veces llegando con fuerza como

un maremoto o un tsunami y otras veces golpeando la orilla con suavidad.

Jon Kabat-Zinn, el creador de la reducción del estrés basada en la atención plena (MBSR por sus siglas en inglés), ofreció una metáfora perfecta sobre cómo esta técnica nos ayuda a navegar por las aguas turbulentas de la vida y del duelo: "No puedes detener las olas, pero puedes aprender a surfearlas". Kabat-Zinn estudió los beneficios emocionales, cognitivos y físicos de la meditación de atención plena en personas con dolor crónico, trastornos relacionados con estrés y otras enfermedades. Descubrió que la MBSR reduce el estrés en el cerebro y mejora la forma en que procesamos las emociones. Los resultados también mostraron efectos positivos sobre el sistema inmunológico.

Las habilidades necesarias para "surfear" es otra metáfora perfecta de las habilidades que necesitamos para surcar las olas del duelo con más facilidad y gracia. Como buceadora, amo el océano. Pero nunca surfeé. La verdad, me encantan las profundidades del mar, pero el poder de la superficie me asusta.

Así que me apoyo en la sabiduría de J'Aime Morrison, una surfista que invité al *podcast*. Se enamoró del surf a una edad avanzada y resultó ser una pasión súper importante que la ayudó a navegar por las aguas del profundo duelo tras la muerte de su esposo. El puro poder y la fuerza del agua del océano requieren que los surfistas desarrollen una fuerza corporal tremenda. Esperar en el agua, surfear olas largas y luego volver a subirse a la tabla después de haber sido derribados una y otra vez requiere que los surfistas sean adaptables, ágiles y perseverantes. La técnica más importante para surfear el océano y las olas del duelo es estar presente, una habilidad que requiere mucha práctica.

AUTOCOMPASIÓN CONSCIENTE

"¿Le hablarías a tu mejor amigo con esa boca?". A menudo le planteo esa pregunta a mis pacientes, a mi hija y a mí en medio del duelo. Creo que basta con hacer la pregunta para interrumpir el juicio que nos estamos haciendo.

La pregunta nos invita a tener autocompasión, una práctica que nos permite hablarnos con amabilidad de la misma manera que hablaríamos con un amigo. Sé que la autocompasión es una palabra de moda que suena bien en teoría, pero es difícil de lograr o experimentar, sobre todo en lo más profundo del duelo. Para entender qué se necesita, la conocida investigadora de autocompasión Kristin Neff comparte tres elementos:

> *¿Le hablarías a tu mejor amigo con esa boca?*

1. Bondad hacia ti versus juicio hacia ti

Esto implica pensamientos cálidos y afectuosos sobre tu sufrimiento y dolor, abordando tu experiencia con ternura y un suave abrazo. Eso reemplaza la voz crítica interior que te pone sobre los hombros un duro juicio sobre tu sufrimiento.

2. Humanidad común versus aislamiento

Este elemento, explica Neff, requiere que reconozcas que el sufrimiento, el dolor y la imperfección son parte de la experiencia humana. Vivir un duelo y cometer errores significa que eres parte de la comunidad humana. Eso reemplaza los pensamientos aislacionistas comunes, pero irracionales, que suenan así: "Soy el único que...".

3. Atención plena versus sobreidentificación

¿Recuerdas que la atención plena es la práctica de notar tus pensamientos y sentimientos de manera equilibrada? Te pide que no ignores tus emociones pesadas o negativas ni amplifiques tus sentimientos.

La autocompasión tiene beneficios sobre tu fisiología y capacidad para ser flexible y adaptable, habilidades que sabemos cruciales para afrontar el duelo. Como explicó Neff en nuestra conversación en el *podcast*: "La autocompasión reduce la actividad simpática, por ejemplo, que baja el cortisol, reduce la inflamación y aumenta cosas como la variabilidad de la frecuencia cardíaca, lo cual nos permite ser más flexibles. La autocompasión literalmente nos ayuda a calmarnos y a ser más flexibles a medida que respondemos momento a momento".

En caso de que te preocupen algunas desventajas, las investigaciones demostraron que la autocompasión no es autocomplacencia y no te vuelve flojo. Es solo el reconocimiento de que tú, como todos los humanos, mereces compasión.

TE AYUDA A VER LO QUE ESTÁ OCULTO

Uno de los desafíos que enfrentamos durante el duelo es que ponemos atención a algo que crea una percepción miope y, a veces, dañina de la realidad. Las emociones que experimentamos durante el duelo con una intensidad sin precedentes son como un imán para la atención. Como resultado, perdemos otras emociones y experiencias disponibles para nosotros porque nos cuesta desviar la mirada.

También nos perdemos las emociones que necesitan ser reconocidas porque el juicio que hacemos sobre su presencia en nuestra mente las mantiene ocultas. Uno de los beneficios de la atención plena es que sirve como herramienta para ayudarte a descubrir lo que está oculto. A veces, lo que más se oculta es el amor, la conexión, incluso el apoyo que ya tenemos a nuestra disposición.

"Recordar los cielos azules" es una de mis técnicas de atención plena favorita para descubrir lo que se nos oculta cuando las nubes del duelo interfieren con nuestra vista. No estoy segura de su origen, pero esta práctica de atención plena te invita a imaginar un cielo azul despejado. Luego te pide que te conectes con el sentimiento que provoca. Para muchos, eso es tranquilidad, relajación, incluso alegría. A continuación, te pide imaginar algunas nubes esponjosas que representan las luchas cotidianas. Entonces empiezas a notar que no te distraen de la vista del cielo azul.

Después te pide que imagines oscuras nubes de tormenta acercándose. La cubierta de nubes tormentosas, al igual que las emociones intensas y los momentos de nuestro duelo, puede convencerte de que la oscuridad es permanente. Empiezas a creer que siempre te sentiste y que siempre te sentirás así. Pero si alguna vez viajaste en avión en un día nublado, sabrás que el cielo azul siempre está ahí. Solo hay que atravesar la capa de nubes para verlo. Esta práctica te ayuda a recordar que las nubes siempre pasan y que no importa lo que sientas, el cielo azul siempre está ahí.

❦ UNA INVITACIÓN PARA TI ❦
respira con atención plena

Como sabemos que frenarnos para adoptar un enfoque deliberado y sin prejuicios en el momento presente no es algo natural para muchos, vamos a necesitar práctica. No para ser "bueno" ni "experto". Practicamos porque ayuda en el momento. Cuanto más practicamos, más momentos de tranquilidad o reducción del sufrimiento experimentamos. Cuantos más momentos de tranquilidad tengamos en un corto período, más vamos a querer, así que seguimos practicando.

A continuación, te muestro una práctica sencilla de respiración consciente. Te invito a realizarla todos los días durante una semana y tomar algunas notas después de cada práctica sobre tu experiencia.

---

en sus marcas, listos

Empieza eligiendo el momento del día que mejor te convenga. Personalmente, me gusta el momento en que despierto. Marca el tono del día. Pero quizá quieras probarlo durante la pausa del almuerzo, incluso antes de acostarte.

Configura un cronómetro para no tener que ver el reloj. De cinco a diez minutos es suficiente. Empieza con tres si te parece bien.

A continuación, asegúrate de estar en una posición cómoda, sea lo que sea que eso signifique para ti.

¡práctica!

Lleva tu conciencia y tu respiración al presente, esta será tu ancla.

Luego, sigue el camino de tu respiración. Pon atención a la sensación de expansión que ocurre en tu pecho y tu abdomen cada vez que inhalas. Ahora observa cómo se suavizan con cada exhalación.

Cuando tu mente divague, y lo hará, obsérvala sin juzgar.

Mmm, mi mente divagó. Luego regresa tu atención al momento presente. Asegúrate de hacerlo con gentileza, como tratarías a un cachorro que se extravió.

Vuelve a rastrear la sensación de tu abdomen expandiéndose y contrayéndose con cada respiración.

ayuda de las habilidades de improvisación

¿ALGUIEN QUIERE CLASES DE IMPRO?
¿Alguna vez tomaste una clase de improvisación? Lo hice una vez. (No vamos a hablar de eso ahora, sudo frío solo de pensar en la experiencia). No te preocupes, no voy a sugerirte que tomes una clase, aunque podría ser increíble.

¿Por qué son importantes las habilidades de improvisación y por qué deberías preocuparte por ellas? Buena pregunta. Improvisación significa inventar palabras o movimientos en el momento necesario sin planearlos con antelación. Supongo que ya ves cómo inventar algo en el momento puede ser útil en el duelo.

La verdad, la improvisación es útil en todas las etapas de nuestras vidas, pero quizá más que nunca cuando estamos luchando o sufriendo. Ninguno tiene idea de quién, dónde, cuándo y cómo experimentaremos una pérdida, lo que la hace impredecible. No hay manera de planear el duelo por completo, y no hay ninguna cantidad de preparación que podamos hacer para garantizar que llegaremos sabiendo cómo afrontar las consecuencias cognitivas, emocionales, sociales, espirituales y relacionales de nuestra pérdida.

Esto es cierto incluso si sabemos que la pérdida se avecina (duelo anticipado). Aunque el duelo puede darnos señales de advertencia, todavía no estamos preparados por completo. Quienes experimentamos más de una pérdida, también lo sabemos. Aunque teníamos idea de qué esperar, experimentamos cada pérdida de manera muy diferente, lo que nos obligó a inventar nuestra nueva historia a medida que avanzamos.

Ahora que —con suerte— te convencí de que las habilidades de improvisación te ayudarán a navegar por la imprevisibilidad y el desorden de tu viaje de duelo, quizá te preguntes cuáles son esas habilidades.

Las siguientes reglas básicas de improvisación explican cómo cada principio puede hacer que tu proceso de duelo sea un poco más fácil o, mínimo, que apeste un poco menos.

ESCUCHA TU VOZ INTERIOR Y SIGUE TU INTUICIÓN

Una de las cosas complicadas del duelo es que a muchos nos enseñaron a dudar de nuestra sabiduría interior. Es complicado porque la mayoría de las veces lo que sabemos que necesitamos es contrario a lo que el mundo, individuos y sistemas, necesita y espera de nosotros. Como resultado, cortamos la conexión con la voz interior que nos ruega con desesperación que escuchemos y satisfagamos nuestras necesidades. El cuerpo nos dice que necesitamos descansar más, pero los socios exigen que participemos como de costumbre. La mente está confundida y no estamos a la altura de las tareas de toma de decisiones y planeación, pero los jefes esperan que sigamos siendo productivos. Por eso, aprender a escuchar tu voz interior y seguir tu intuición es justo lo que necesitas para tu curación. (Revisa "conocer y honrar tus necesidades").

ADOPTA UN ENFOQUE CURIOSO Y SIN JUICIO

La primera regla básica de la improvisación es llegar al encuentro con curiosidad y sin juzgar. En el duelo, ese encuentro suele ser con nosotros mismos. Dios, ese enfoque es un desafío para el cerebro impulsado analíticamente. Nuestro impulso para evaluar situaciones no es solo cultural, es primordial. Se remonta a nuestros instintos de supervivencia. Estamos programados para tener un ojo crítico. Por eso es difícil estar con tus experiencias, pensamientos y emociones durante el duelo. Hacerlo sin juzgar es aún más difícil. Por eso, no es de sorprender que abordar tus experiencias de duelo con curiosidad y sin juzgar requiera práctica. Mucha práctica...

¿Cómo se adopta un enfoque curioso y sin juicios ante uno mismo durante el duelo? Bueno, hay que incluir muchas de las habilidades que exploramos a lo largo de este libro. Ser un detective del *debería* nos ayuda a notar cuando el juicio nos hace tener expectativas poco realistas. Interrumpir al narrador nos ayuda a detener las historias de juicio que nos contamos. La atención plena, como exploramos en "nota con atención plena", se trata de abordar nuestro duelo con curiosidad y compasión, lo que requiere no juzgar.

RESPONDE CON "SÍ, Y"

"Sí, y" es quizá la herramienta de improvisación más notable. La premisa es tomar la idea de los demás tal como son y luego complementarlas. Parece bastante simple. Es una forma segura de mantener una conversación y construir una narrativa única. Un actor podría empezar diciendo: "Estoy parado bajo la lluvia sin paraguas". El compañero de escena del actor podría responder: "Sí, estás parado bajo la lluvia sin paraguas. Y me doy cuenta de que hay un paraguas volteado a solo unos metros detrás de ti". Más que mantener una conversación interesante, "sí, y" demuestra que más de una cosa puede ser cierta, o que las situaciones pueden contener complejidad o ambigüedad, reemplazando en esencia el pensamiento de "todo o nada" o "uno u otro" con el de "ambos/y".

Uso mucho "y" en este libro. Es mi palabra favorita. De hecho, el signo comercial, el carácter "&" que a veces sustituye a "y", es parte de un tatuaje grande e intrincado que cubre mi muñeca y antebrazo. Tengo una banda negra alrededor de la muñeca que representa la importancia de honrar mis pérdidas. Esa banda fluye hacia el caracter &, que representa un recordatorio de que mi energía no solo está enfocada en la pérdida, sino que puedo estar con el "ambos/y" de la pérdida y la vida. La parte superior de la & crece hasta convertirse en una serie de flores silvestres que se extienden y envuelven mi brazo. Algunas de las flores están en plena floración, lo que representa la alegría de estar vivo. Otras solo tienen el contorno dibujado, lo que representa tanto la vida interrumpida por la pérdida como la que aún está por vivir. (Un agradecimiento especial a la increíble Vickie Chiang por hacer que esta visión cobrara vida de la manera más exquisita).

Primero, clases de improvisación y, ahora, tatuajes.

No te preocupes. No te animaré a tatuarte. Lo prometo. Estoy compartiendo cómo incorporé uno de los principios más conocidos de la improvisación ("sí, y") en mi proceso de duelo y en mi vida. (Revisa "busca recursos creativos").

ESCUCHA Y ACEPTA LOS REGALOS

"Dar regalos" es un juego de improvisación donde una persona da un regalo imaginario y el destinatario debe aceptarlo con un entusiasta "¡Sí!" y una explicación de por qué le encantó el regalo. Luego, el que lo dio debe explicar por qué lo hizo. Aunque el regalo y las razones dadas son inventadas, la conexión que se forma entre los actores es real.

¿Esto qué tiene que ver con las lecciones del duelo? Prometo que no es un empujón para dar las gracias cuando la gente te dice estupideces por tu duelo o para expresar entusiasmo por otra *casserole* congelada. La lección importante es que, al intercambiar solicitudes y recibir regalos de apoyo, podemos sentirnos más conectados con el mundo. Esto es muy valioso porque la naturaleza del duelo nos hace sentir despegados y aislados. Escuchar, pedir y luego aceptar los regalos del apoyo en el duelo nos recuerda que pertenecemos.

RECUERDA ESTAR PRESENTE EN EL MOMENTO

En la improvisación es necesario poner atención a lo que pasa en el momento presente, ya que el objetivo es inventar una respuesta a la nueva información que te llega. Si tu atención está en algún lugar del pasado o del futuro, tu reacción a lo que dijo tu compañero de escena será desproporcionada, inapropiada y quizá inútil para seguir el juego.

El duelo no es un juego, pero la lección se aplica de todos modos. Sí, recordar y revivir acontecimientos pasados y preocuparse por el futuro es normal en el duelo y en la vida. Pero cuanto más tiempo pasamos ahí, es menos probable que escuchemos las señales que nos dan el cuerpo y la mente sobre lo que necesitamos para cuidarnos. También podemos perdernos los regalos de apoyo que nos ofrecen los demás.

De nuevo, nuestra neurobiología y cultura dificultan mucho pasar tiempo en el presente. Se nos anima a reflexionar y a aprender lecciones del pasado y a estar atentos a peligros futuros. Eso significa que centrar nuestra conciencia en el momento presente requiere intención y práctica. Mucha práctica. Para no sentirte abrumado, concéntrate en el siguiente paso para aliviar tu sufrimiento. Para saber cuál es, primero necesitas saber dónde están plantados tus pies.

Quizá piensas: "Sí, pero no soy bueno en eso, y cada vez que intento estar presente, mi mente se vuelve loca". Recuerda, incluso las mentes de los practicantes veteranos de la atención plena vagan hacia el pasado y el futuro. Tu mente también divagará. Como exploramos en "nota con atención plena", el objetivo es darte cuenta de cuando tu mente divaga, reconocer con amabilidad y sin juzgar lo que pasó e invitarla a regresar al momento presente. Cada vez que regresas tu atención al presente, podrás descubrir mejor tus necesidades y, luego, encontrar una manera de satisfacerlas.

> Eso significa que centrar nuestra conciencia en el momento presente requiere intención y práctica. Mucha práctica. Para no sentirte abrumado, concéntrate en el siguiente paso para aliviar tu sufrimiento. Para saber cuál es, primero necesitas saber dónde están plantados tus pies.

SÉ FLEXIBLE Y ADAPTABLE

Justo cuando crees que sabes hacia dónde se dirige la escena, tu compañero de improvisación te lanza una bola curva (perdón por la metáfora mezclada). Pensaste que la conversación se centraría en tus conciertos de música favoritos, pero entonces… ¡pum! Ahora tu compañero está hablando de viajes espaciales. ¿Qué haces? ¿Cómo respondes? La respuesta es ser flexible y adaptable. Parece que esas son habilidades que nos vemos obligados a practicar de manera constante, sobre todo en la fase inicial del duelo.

Estas incluyen la necesidad de adaptarnos a nuevos entornos de vida, tareas y responsabilidades; requiriendo que seamos flexibles en nuestros horarios y en respuesta a las invitaciones. Aunque es posible que hayamos practicado, muchos no disfrutamos tener que usar estas habilidades. Solo queremos que las cosas sean ciertas, conocidas y predecibles.

SÉ ESPECÍFICO Y PROPORCIONA DETALLES

Otra regla básica para la improvisación es que los participantes sean específicos y proporcionen detalles. ¿Por qué? Porque los detalles permiten que el compañero sepa qué es importante y ayudan a que la escena avance. Por ejemplo, le explicas al compañero de escena que eres nuevo en la ciudad; añades que te sientes triste, solo y asustado porque no conoces a nadie; además le dices que el sistema del metro es confuso. Ser específico acerca de tus emociones y las razones para sentirlas ayuda a tu compañero a saber qué es importante y cómo hacer que la escena avance de forma fluida.

En el duelo es muy valioso ser específico con las emociones que estás teniendo o brindar detalles de lo que estás experimentando en el cuerpo. Ya sea que compartas la información contigo, con un amigo, médico o terapeuta, ser específico proporciona información sobre lo que es importante para ti. Así como con estar presente, los detalles ayudan a entender mejor cuál es el siguiente paso.

NO HAY ERRORES, SOLO OPORTUNIDADES DE APRENDIZAJE

No hay errores, solo oportunidades de aprendizaje. Me encanta este principio de la improvisación. Es mi enfoque OMOC (Otra Maldita Oportunidad de Crecimiento) ante la vida en una actuación de improvisación. Digamos que asumiste que tu personaje era de Carolina del Sur, por lo que pusiste un fuerte acento sureño, pero tu compañero de escena menciona que eres de Inglaterra. Está bien, no es un error, es información. Aprendiste algo y ahora decides cómo incorporarlo para poder seguir adelante. Le respondes a tu compañero: "Sí, nací en Inglaterra, pero mi mamá odiaba el clima frío y la comida, así que nos mudamos a Charleston cuando tenía dos años".

Aunque nunca hayas experimentado esta pérdida, como yo, es probable que creas que *deberías* tener todo resuelto. Pues no. No puedes. Nadie puede. Solo podemos intentarlo. Y cuando nuestros esfuerzos no nos dan los resultados que esperábamos, lo mejor que podemos hacer es aprender. Quizá regresaste al trabajo porque creías que estabas listo. Terminaste llorando todo el día o estabas tan confundido que no podías concentrarte. No es necesario etiquetar tu regreso como un error. Tomaste la mejor decisión basándote en la información que tenías. Tu experiencia en el trabajo te proporcionó nueva información. Es solo una oportunidad de aprendizaje. Teniendo en cuenta lo que aprendiste, sin juzgarte, puedes preguntarte: "¿Cuál es la siguiente mejor decisión relacionada con el trabajo?".

❧ UNA INVITACIÓN PARA TI ❧
practicar el "sí, y"

Muchos aprendimos y practicamos habilidades que incluyen pensamiento de "todo o nada" o "uno u otro". Nos volvimos buenos usando "pero" cuando nos enfrentamos a algo que parece complejo o contradictorio. "Pero" cancela todo lo anterior, como la disculpa que dice: "Lo siento por X, pero…". Sabemos de primera mano que el duelo está lleno de complejidad y aparentes contradicciones. Eso significa que debemos adquirir algunas habilidades nuevas. Sí, tenemos que adaptarnos.

Te invito a practicar la incorporación de "y" a tu vocabulario cotidiano. Esto incluye probarlo en conversaciones sobre el duelo y tu bienestar con otros y usarlo en los diálogos que tienes contigo. Intenta decirte las siguientes cinco afirmaciones "y" al comienzo de cada día. A continuación, te dejé un cuadro en blanco para que agregues las veces que te descubriste usando "pero" o un pensamiento de "todo o nada" o "uno u otro" para que puedas crear tus propias afirmaciones "y".

---

ejemplos de las veces que usé "pero" o pensamiento de "todo o nada" o "uno u otro" pensando que minimizaba mi dolor:

Cinco afirmaciones "y" para probar:
Puedo estar agradecido por lo que tengo y vivir un duelo por lo que perdí.

Puedo ser resiliente y aun así necesitar un descanso.

La pérdida de otras personas puede ser significativa y mi duelo sigue siendo válido.

Puedo estar sanando y de todos modos tener días difíciles.

Puedo estar feliz por los demás y triste por mí.

es tu turno de respirar con un compañero

ES MOMENTO DE RECIBIR

Como comparto en el prefacio, a los doce años, aprendí tres importantes lecciones de vida. La primera vez que fui a bucear me enseñaron a sumergirme, a respirar profundo y a respirar con un compañero cuando fuera necesario. Las dos primeras reglas las apliqué de inmediato. Técnicamente, mi inmersión fue más bien un salto hacia atrás desde el barco, pero ya estoy divagando. Sumergirnos en la vida nos invita a vivir con valentía, arriesgarnos y seguir nuestros sueños.

La combinación de asombro y miedo cuando atravesamos la superficie del agua y nos sumergimos en un mundo nuevo y desconocido lleva a la mayoría de los nuevos buceadores a contener la respiración. Por eso es tan importante la regla número dos: respirar profundo. En la vida, esta regla es un recordatorio de que debemos ser conscientes de nuestra tendencia a contener la respiración cuando entramos en temporadas nuevas y desconocidas. Respirar profundo evita que entres en pánico, permite que te relajes y veas el camino que tienes enfrente con mayor claridad. Hay una cierta vibra de *carpe diem* en las dos primeras reglas. Así es como trato de vivir mi vida. Quizá tú también.

Pero todos sabemos que hay ocasiones en las que no nos sumergimos por nuestra cuenta. Nos empujan al agua. Cuando experimentamos una pérdida profunda, nos hundimos muy rápido en las oscuras aguas del duelo sin ningún equipo. Es entonces cuando debemos recordar la tercera regla: respirar con un compañero cuando sea necesario.

Cuando un buceador se queda sin aire, sus compañeros de buceo están ahí para compartir el suyo hasta que el pánico desaparezca. Luego, ambos buceadores ascienden con lentitud y seguridad a la superficie. Este escenario es paralelo a vivir un duelo. Nos empujan al fondo y sentimos como si no tuviéramos el equipo que necesitamos para respirar. Por eso, en las primeras etapas del duelo, necesitamos que otras personas nos ayuden a respirar. A medida que avanzamos en el duelo, llegaremos a un lugar donde podremos llevar nuestro tanque de oxígeno, pero al principio necesitamos que otros eviten que nos hundamos demasiado y nos quedemos sin aire.

UNA REGLA UNIVERSAL BASTANTE IGNORADA

La autora, poeta y viuda Elizabeth Alexander señala una profunda verdad universal: ser humano significa que todos seremos los que ayudan y los que necesitan ayuda. Nos recuerda la lucha y nuestra necesidad colectiva de sostenernos los unos a otros en las profundidades cuando escribe: "Nadie escapará de la muerte. ¿Qué hacemos en el espacio intermedio que son nuestras vidas? ¿Cuál es la calidad y la riqueza de nuestras vidas? ¿Cómo superamos la lucha y dejamos que la comunidad nos sostenga cuando hemos sido derribados?".

Una búsqueda rápida en Google revela cientos de citas sobre la virtud y el valor de ayudar a los demás. La misma búsqueda arroja pocas o ninguna referencia sobre la importancia y la necesidad de recibir ayuda. Este es un ejemplo muy poderoso de cómo los mensajes implícitos moldean nuestra visión del mundo: para ser una persona buena y virtuosa, debes ayudar a los demás. Recibir ayuda no es algo que celebrar.

Los asistentes de vuelo y todos los gurús de autoayuda son famosos por decir: "Ponte la máscara de oxígeno antes de ayudar a otros". Es el ejemplo perfecto de la necesidad de autocuidado. No podemos ayudar a nadie si nos estamos quedando vacíos. Pero a ese consejo le falta una nota a pie de página súper importante. Debería decir: "En cualquier momento, podríamos ser el 'otro', el que necesita ayuda". El hecho de que podamos soportar el peso del duelo solos durante un tiempo no significa que debamos hacerlo. Al final nos quedaremos sin aire.

SE NECESITA PRÁCTICA

La mayoría de los buceadores nuevos agotan el tanque de oxígeno con rapidez, pasan toda la inmersión revisando los medidores, olvidan las señales manuales que aprendieron en la práctica de buceo o no recuerdan usarlas para comunicarse con los demás. Se pueden perder al intentar ascender demasiado rápido y esa experiencia resulta abrumadora. Todo es comprensible. En realidad, no puedes prepararte para la experiencia de estar en aguas profundas en un aula, del mismo modo que no puedes prepararte para el duelo leyendo sobre él.

Sí, aprendemos habilidades en clase. Incluso pasamos unos exámenes. Pero ninguna de las lecciones surge de forma natural. Cuanto más nos sumergimos, más aprendemos a respirar profundo para mantener la calma, hacer señales a los compañeros de buceo para comunicar nuestras necesidades y perfeccionar las habilidades necesarias para mantenernos flotando en las profundas aguas del duelo.

Como "ayudante" profesional, aprendí a brindar apoyo reflexivo y compasivo a las personas que experimentan un duelo profundo. Durante la primera década de mi carrera recibí mucha capacitación y, lo más importante, mucha práctica en el mundo real. Pero nada de eso me preparó por completo para cuando me empujaron a las profundas aguas del duelo. No tenía mucho entrenamiento ni práctica para señalar cuando me faltaba el aire, pedir ayuda o recibirla de forma amable cuando me la ofrecían. Entonces aprendí que pedir la ayuda adecuada y luego permitirme recibirla requiere práctica. Mucha práctica.

COMUNICACIÓN CONTINUA

Como buceadores, nunca comenzaríamos nuestro descenso al océano nadando lejos de nuestros compañeros de buceo o ignorando nuestro equipo y las condiciones que nos rodean. Aunque estemos saboreando la belleza indescriptible a nuestro alrededor, siempre estamos alerta, conscientes y comunicándonos con un compañero. ¿Por qué? Para asegurar que el tiempo bajo el agua sea lo más cómodo posible, evitar que el tanque de oxígeno se quede sin aire demasiado rápido y evitar lesiones o sufrimiento innecesario.

Estamos conscientes, alertamos y nos comunicamos de manera proactiva cuando las condiciones son claras y utilizamos señales para advertirnos unos a otros cuando la visibilidad es baja. El uso de estas habilidades reduce la posibilidad de necesitar las señales de emergencia, como una que indica que nos estamos quedando sin aire. La comunicación continua de nuestras necesidades y la conciencia de las condiciones que nos rodean evitan que seamos arrastrados por una fuerte corriente, descendamos a profundidades inseguras o nos lastimemos en un lecho de coral.

Completé más de cien inmersiones en las últimas cuatro décadas y, aunque tuve momentos extraños y a veces aterradores, la comunicación continua con mis compañeros de buceo me mantuvo a salvo. En el duelo, la comunicación continua puede ser tan mínima como gestos con las manos o tan grande como solicitudes y conversaciones profundas. Sin importar cuál forma adopta esa comunicación, te invito a usarla en todas las condiciones, en especial en estas:

Comunicación proactiva

Este tipo de comunicación, que a menudo se pasa por alto, es la habilidad más valiosa que puedes tener mientras navegas por el duelo. Establecer planes de comunicación con tus distintos compañeros de buceo de duelo puede ayudarles a mantenerse alerta a las condiciones y necesidades cambiantes. Esto podría incluir programar llamadas de control periódicas, reuniones por video o caminatas con un amigo o familiar. Programar revisiones periódicas con tu médico de cabecera, y cualquier otro proveedor médico, te ayudará a mantenerte al tanto de los problemas con tu equipo. Programar sesiones de control con un líder espiritual o un proveedor de salud mental te ayuda a ver cosas que quizá aún no sean visibles para ti.

Señalar precaución

Desde el momento en que enfrentamos una pérdida, es probable que estemos implementando estas señales con nuestros compañeros de buceo de duelo, incluso cuando ni nosotros ni ellos entendemos lo que les estamos advirtiendo. Es posible que solo estemos agitando las manos sobre la cabeza frenéticamente para señalar angustia sin poder identificar el problema. Está bien. Hacer que otros nos vean les da la oportunidad de nadar hacia nosotros, detectar el problema, sostenernos para que permanezcamos flotando, para que no nos desesperemos ni nos hundamos y recordarnos que debemos practicar la respiración profunda.

Usar la señal de emergencia

En el duelo, todos necesitaremos usar la señal de emergencia. Pero ¿cuántos dudaremos si es apropiado emitir la señal de quedarse sin aire? Incluso si estamos seguros de que está bien hacerlo, ¿sabemos quién estará observando o si nos ayudará? Por eso es tan importante establecer una comunicación continua con más de un amigo mientras navegamos por el duelo. Aunque esperamos no usarlas, saber que tenemos personas que escucharán y observarán ayuda a garantizar que se aparezcan cuando las necesitemos.

ELIGE A TUS COMPAÑEROS DE BUCEO

Elegir al compañero de buceo adecuado y conocer a otros buceadores en una aventura similar puede marcar la diferencia entre tener una experiencia tranquila y fácil o una caótica y aterradora. A veces nuestras opciones son limitadas y elegimos las mejores opciones en ese momento. Cuanto más nos sumergimos en el duelo, más aprendemos qué compañeros de buceo funcionan mejor para nosotros.

Lo mismo ocurre a medida que navegamos por el duelo. Al principio, es posible que tengamos el apoyo que necesitamos, pero con el tiempo, los apoyos se desvanecen o el tipo de ayuda que ofrecen ya no es útil. Para otros, nos lleva tiempo localizar a un compañero de buceo y, cuando lo hacemos, es posible que tengamos que cambiarlo. Recuerda, así como la mayoría de los buceadores tendrán varios compañeros de buceo en la vida, también necesitaremos varias fuentes de apoyo durante el duelo a lo largo del camino.

Cómo ayudan los compañeros de buceo

A veces lo que encontramos más útil es alguien que estuvo en estas aguas antes. Necesitamos un compañero de buceo que haya experimentado una pérdida similar, que pueda ayudar a validar nuestras preocupaciones y ayudar a superar los obstáculos que enfrentamos.

Otros buceadores, incluso los inexpertos, también pueden resultar útiles. Puede que no sepan las condiciones que enfrentamos, pero nos conocen. Como amigos, colegas o familiares, ellos saben lo que nos importa, las habilidades que tenemos y los recursos en los que confiamos durante desafíos pasados. Pueden ofrecernos consuelo, compañía y un recordatorio de que no estamos solos.

Los compañeros de buceo pueden ser fantásticos porque nos resultan familiares y, en general, de fácil acceso. Además, suelen estar deseosos de acompañarnos. Tuve algunos amigos y familiares increíbles que actuaron como compañeros de buceo mientras navegaba por las aguas del profundo duelo. Las personas que nos aman no quieren vernos con ningún dolor o malestar. Harán hasta lo imposible para que todo esto pare. Para que desaparezca. La intención es reflexiva, afectuosa y maravillosa.

Cómo ayudan los maestros de buceo certificados

Como nuestros amigos, familiares y colegas nos aman y se preocupan tanto por nosotros, con frecuencia gastan gran parte de su energía tratando desesperadamente de mantenernos a flote, arrastrándonos a la superficie antes de que estemos listos o de maneras que son peligrosas para nuestro bienestar. Los profesionales de la salud mental y del bienestar, incluidos los líderes espirituales, están capacitados para ponerse el equipo de buceo y unirse a nosotros bajo el agua por un tiempo. Tienen las habilidades de comunicación para ayudarnos a respirar con nuestro regulador, mantenernos optimistas, incluso enseñarnos algunas habilidades avanzadas que podemos usar, ya que pasaremos mucho tiempo bajo el agua en la primera temporada de duelo. Por eso, los profesionales son una fuente muy beneficiosa de apoyo en el duelo.

MANTENTE ALERTA A LAS CONDICIONES CAMBIANTES

Los viajes de buceo implican un plan. Trazamos un mapa del área, revisamos la geografía submarina y la vida marina que esperamos ver. Comprobamos las condiciones del agua, del clima y examinamos la dirección de la corriente. Empezamos la inmersión nadando en dirección opuesta a la corriente para asegurarnos de no tener que nadar contra ella al final de la inmersión, cuando estemos cansados. ¿Oíste alguna vez la expresión "uno pone, Dios dispone…"? Toda esa planeación es necesaria y, a veces, aun con todo nos equivocamos. A veces las condiciones cambian cuando llegamos al sitio de buceo o cuando estamos bajo el agua.

Vivimos el duelo durante gran parte de la vida y las circunstancias de la vida cambian. Eso significa que debemos permanecer alerta a las condiciones cambiantes porque quizá cambiará el tipo de ayuda que necesitamos y el compañero de buceo más adecuado para apoyarnos. Las cosas que nos mantienen optimistas al principio del duelo pueden resultar innecesarias, incluso perjudiciales dos o tres años después. Incluso los apoyos que nos ayudaron la última vez que estábamos en duelo pueden no ser útiles esta vez porque las circunstancias de la pérdida y nuestras vidas son diferentes. Recordar revisar tu plan y tus condiciones con regularidad te ayudará a garantizar que recibas el apoyo adecuado para esta fase de tu duelo.

UN REGALO PARA TU COMPAÑERO DE BUCEO

En caso de que seas como yo, tal vez piensas: "Mis compañeros de buceo seguro me consideran un lastre y preferirían no estar conmigo tan a menudo". Puede que te sorprenda saberlo, pero eso no es cierto. Piensa en un momento cuando alguien a quien amas sufrió y lo mucho que querías ayudarlo. Cuando comunicamos con valentía nuestras necesidades y pedimos ayuda a quienes nos apoyan, les estamos dando un regalo. Estamos satisfaciendo su deseo de ser útiles. Les damos la oportunidad de practicar sus habilidades de cuidado, que serán útiles en todos los ámbitos de sus vidas.

También les estás dando la oportunidad de desaprender las reglas dañinas que aprendimos en el aula de la vida: que necesitar ayuda es algo que debemos ocultar. Nuestros compañeros de buceo, ya sean amigos, familiares o profesionales, quieren ayudarnos. Recuérdate eso cada vez que sea tu turno de respirar con un compañero.

⁋ UNA INVITACIÓN PARA TI ⁋
haz un plan de apoyo

Reconozco que cada uno está leyendo este libro en una fase diferente del duelo. Las condiciones que enfrentas varían ampliamente y tu acceso a diversas fuentes de apoyo también. De cualquier forma, espero que ahora reconozcas que todos los dolientes necesitan apoyo. El tipo de apoyo varía, físico, emocional, psicológico, espiritual, al igual que los lugares a los que acudes para obtenerlo, amigos, familiares, compañeros de duelo, médicos, terapeutas, líderes espirituales, etcétera.

Así como haces un plan de buceo con base en las condiciones actuales, te invito a dedicar un tiempo para reflexionar en las condiciones actuales de tu duelo. Puedes empezar registrando tus condiciones actuales para ver si el plan actual te sirve y si las condiciones requieren apoyo adicional.

---

plan de apoyo para las condiciones actuales
condiciones actuales
(por ejemplo: cantidad de niños que estás cuidando, problemas de salud física y mental, recursos financieros, demandas laborales, próximos aniversarios de duelo)

apoyo actualmente disponible
(por ejemplo: guardería adecuada, citas de terapia semanales, atención médica regular, recibir beneficios por fallecimiento del seguro social)

otros apoyos necesarios
(por ejemplo: localizar un terapeuta informado sobre traumas, negociar un horario de trabajo flexible, encontrar a alguien que cuide a los niños cuando estoy en terapia)

busca recursos creativos

LA CREATIVIDAD COMO RECURSO

Artistas, escritores, poetas y todo tipo de creadores son algunos de los guías que encontré más útiles en mi duelo. Mi interés de toda la vida por el poder de la narración y la metáfora, más la formación en terapia narrativa, me prepararon para encontrar valiosa su orientación.

No soy la única que encuentra útiles esas herramientas. En mi trabajo sobre el duelo con personas, como profesora universitaria del curso de Pérdida y Duelo, y en mis conversaciones del *podcast*, conocí a muchos dolientes que descubrieron que la respuesta creativa a la pérdida es una de las herramientas más poderosas. Lo que sigue es una colección de sabiduría y perspicacia de algunos de mis creadores favoritos cuyo trabajo y palabras me ofrecieron un salvavidas cuando más lo necesitaba.

POR SI NECESITAS LA CIENCIA DE TU LADO

En caso de que seas escéptico sobre los beneficios de la creatividad en el duelo y necesites más datos, estoy preparada.

Muchos dolientes (la mayoría de los adultos) creen que no hay lugar para la creatividad en sus vidas. Por un lado, es posible que no crean que sea práctico y, en el duelo, la creatividad parece imposible. Además, muchos no tenemos práctica. A medida que envejecemos y experimentamos las presiones de la "edad adulta" y de las etapas más oscuras de la vida, nuestra conexión con la poderosa magia de la creatividad se desvanece.

Las prioridades pasan de la curiosidad y el asombro que requiere la creatividad a la necesidad de eficiencia y experiencia. Cuando nos encontramos en momentos o temporadas oscuras de nuestras vidas, incluido un duelo intenso, nuestra mirada se acerca aún más a la supervivencia. Eso es comprensible, incluso necesario. Gracias a Dios, la sabiduría de nuestro cuerpo-mente, alias sistema nervioso, nos protege.

Pero como dijimos en "tu cuerpo lo sabe", el modo de supervivencia debe ser solo un estado temporal. En tiempos estresantes, muchas veces la necesidad de sobrevivir se queda atascada en la posición de encendido. Apagarla nos permite tener espacio para recargarnos y descansar.

La creatividad, ya sea nuestra expresión o consumir del trabajo de otros, es una de las mejores formas de activar el interruptor del descanso. Ahí redescubrimos que estamos seguros, conectados y que pertenecemos. Desde ese lugar nos conectamos más fácilmente con nuestros recuerdos, estamos más cómodos con las emociones del duelo y tomamos medidas para escribir la historia emergente de nuestras vidas.

LA CREATIVIDAD COMO SUSTENTO EN EL DUELO

El actor Ethan Hawke ofrece una de las explicaciones más poderosas de por qué la creatividad es necesaria en tiempos de profundo dolor y duelo. En la charla TED que comparto con mis alumnos cada semestre, Hawke sugiere que la creatividad importa, aunque dediquemos muy poco tiempo para pensar en ella. Él explica: No es hasta que "tu padre muere; vas a un funeral; pierdes un hijo; alguien te rompe el corazón. Y de repente, estás desesperado por encontrarle sentido a esta vida. '¿Alguien se sintió tan mal antes? ¿Cómo salieron de esta nube?' [...] Y ahí es cuando el arte no es un lujo, sino un sustento. Lo necesitamos".

Anhelamos sentirnos comprendidos. Estamos desesperados por saber si otras personas alguna vez se sintieron como nosotros y nos preguntamos cómo lo superaron. El arte (música, cine, escultura o alguna otra expresión) ofrece el alimento que necesitamos para satisfacer eso. Muchas veces, buscamos en las obras de otros la seguridad de que no somos los únicos que sentimos lo que sentimos. Encontramos consuelo en la canción, la memoria, la escultura, el poema. Para algunos, el arte no es negociable. Muchos usamos el arte de otros como musa para contribuir con nuestra ofrenda, no como un regalo para los dolientes que vienen después de nosotros, sino para entender mejor nuestro duelo.

REDESCUBRIR TODO TU SER

Uno de los ejemplos más bellos que vi de una respuesta creativa a la pérdida es el trabajo de mi amiga y artista Krissy Teegerstrom. Tras nuestra conversación en el *podcast* hace unos años, Teegerstrom se dio cuenta de que había experimentado una pérdida secundaria y profunda más allá de la muerte de su padre cuando era una adolescente. La negligencia y el abuso emocional de su madre tras la muerte fueron pérdidas traumáticas que necesitaba abordar.

A medida que avanzaba en su proceso de sanación, Teegerstrom necesitaba encontrar y arreglar sus partes fragmentadas. En la exposición *I Was Already Everything*, Teegerstrom se esforzó más allá de sus formas familiares de expresión para crear una serie de capas exquisitamente diseñadas. Utilizando herramientas y materiales de segunda mano, y con detalles y adornos extraordinarios,

Teegerstrom diseñó cada capa para representar las distintas partes de ella misma, por ejemplo, ira, duelo, rabia, alienación. Su uso de la belleza para representar incluso los aspectos más oscuros fue intencional. Buscó en la naturaleza el ejemplo de cómo incluso la decadencia puede ser hermosa. Todas eras partes con las que necesitaba volver a conectarse y amar.

En su declaración de artista, Teegerstrom dijo: "Algunos fragmentos son oscuros y difíciles, y otros no; pero perdí cada fragmento hasta que empecé la terapia en 2020. Ese doloroso proceso de decir la verdad me devolvió partes de mí que no sabía que eran mías. Nacemos enteros. Lo que nos sucede, en especial cuando somos impotentes, es lo que crea los fragmentos". A través de esta exposición, Teegerstrom no solo redescubrió su plenitud tras la pérdida y el trauma, también nos brindó la oportunidad de hacer lo mismo.

LA CUBIERTA PROTECTORA DE LA METÁFORA

Una vez un amigo me llamó "la gran maestra de las metáforas". A mis cincuenta y tres años creo que es lo más lindo que alguien dijo sobre mí. Las metáforas fueron un salvavidas en los momentos más oscuros de mi vida. Me permitieron encontrar el camino de regreso una y otra vez cuando pensaba que estaba perdida para siempre. Innumerables veces las metáforas han sido la mano amiga que puedo ofrecer a amigos desconsolados y pacientes afligidos.

¿Por qué las metáforas son tan valiosas? Creo que el escritor Parker Palmer lo explica mejor en su hermoso libro *A Hidden Wholeness*. Palmer dice que no siempre podemos decir u oír la verdad de algo profundo con un lenguaje sencillo. Nos alejamos de la franqueza del asunto. Sostiene que necesitamos la "versión de la verdad dicha", y eso se logra mejor a través de metáforas, ya sea en un poema, una canción, una historia, incluso una obra de arte visual.

El uso de metáforas, o como él las llama "terceras cosas", asegura que "la verdad puede surgir de nuestra conciencia y regresar a ella al ritmo y profundidad que podamos manejar, a veces internamente en silencio, a veces en voz alta en comunidad, dando al alma tímida la cubierta protectora que necesita".

Eso es todo, ¿no? Las metáforas nos dan la cubierta protectora que necesitamos para ver lo que podríamos tener miedo de admitir y el lenguaje necesario para describir aquello para lo que no teníamos palabras.

Cuando me siento desanclada, los poetas John O'Donohue y Mary Oliver me ayudan a sentirme anclada a la tierra y a todas las criaturas. La poeta laureada Elizabeth Alexander me ofrece una visión de mi complejo conjunto de emociones del duelo. El poeta David Whyte me recuerda que debo reducir el ritmo y empezar donde están mis pies. La legendaria Maya Angelou me asegura que puedo soportar el dolor del duelo y, al mismo tiempo, me brinda el coraje para dar voz a mis historias. Hay innumerables compositores y narradores que hicieron lo mismo. ¿Cuáles podrían ser para ti?

DESCUBRIENDO LO QUE SABES

Durante el duelo sufrimos mucho por no tener respuestas. Hay tantas cosas desconocidas. De hecho, a menudo nos encontramos cuestionando todo lo que creíamos que era verdad. Aquí es donde la poesía, entre otras formas narrativas, puede ser un hermoso vehículo para descubrir lo que sí sabemos. Mi necesidad de escribir cosas y mi propensión a invitarte a hacer lo mismo se refleja mejor en Joan Didion, autora de las exquisitas memorias *The Year of Magical Thinking*. Ella explica: "Escribo solo para descubrir lo que pienso, lo que miro, lo que veo y lo que significa. Lo que quiero y lo que temo".

Escribir en cualquier forma, desde notas en el teléfono y entradas en un diario hasta poesía y blogs extensos, es un recurso creativo que te espera. La palabra importante de esa frase es "te" (tú). Esta forma de respuesta creativa a la pérdida no se trata de crear contenido para un blog, redes sociales, incluso un libro futuro. Es un recurso que te ayudará a descubrir más de ti. Si se convierte en algo que pueda ser un regalo para otros en el futuro, genial. Pero ese no es el objetivo.

LA IMAGINACIÓN PUEDE MOVERTE

Tras una pérdida, nos encontramos arraigados de manera profunda en nuestro dolor, con la mirada puesta solo en las ausencias y los déficits que soportamos. Este es el caso ya sea que vivamos un duelo por la muerte de un ser querido o por nuestra salud y movilidad como resultado de una enfermedad crónica o terminal. Esta tendencia es válida y honesta y una reacción protectora arraigada de forma profunda en nuestra neurobiología. Pero nos encontramos en un lugar oscuro y peligroso. Oculta otras realidades más claras de nuestro momento presente y disfraza la posibilidad de un futuro que se siente diferente.

Decidí reimaginar mi supervivencia como un acto creativo. Si por la quimioterapia las llagas de mi boca hicieran que hablar me doliera demasiado, encontraría nuevas formas de comunicarme. Si quedara atrapada en la cama, mi imaginación se convertiría en el vehículo que me llevaría a viajar más allá de los confines de la habitación. Si mi cuerpo se agotara tanto que solo tuviera tres horas funcionales cada día, aclararía mis prioridades y aprovecharía al máximo el tiempo.

—Suleika Jaouad

Pienso con frecuencia en la autora Suleika Jaouad, que experimentó cáncer cuando era joven. (Mientras escribo este libro, otra vez tiene cáncer). En sus hermosas memorias, *Between Two Kingdoms*, revela cómo usa el poder de la imaginación para llevar su conciencia a algún lugar más allá del dolor o el agotamiento del presente. Jaouad escribe: "Decidí reimaginar mi supervivencia como un acto creativo. Si por la quimioterapia las llagas de mi boca hicieran que hablar me doliera demasiado, encontraría nuevas formas de comunicarme. Si quedara atrapada en la cama, mi imaginación se convertiría en el vehículo que me llevaría a viajar más allá de los confines de la habitación. Si mi cuerpo se agotara tanto que solo tuviera tres horas funcionales cada día, aclararía mis prioridades y aprovecharía al máximo el tiempo".

Espero que su invitación cambie tu relación con la imaginación como cambió la mía. Esta invitación no es solo un recordatorio para ver la creatividad como una herramienta útil cuando no puedes ver más allá del dolor de este momento. Nos ofrece permiso para pensar en nuestra energía limitada como una oportunidad de priorizar el tiempo para las personas y las cosas que más nos nutren.

EL HUMOR ALIGERA LA CARGA

En nuestra conversación de *podcast*, la actriz de doblaje Tawny Platis dijo que el humor, en particular el humor negro, era un rasgo o habilidad en el que siempre había confiado en tiempos difíciles. De hecho, el humor era una de las cosas que ella y su esposo compartían, en especial porque él luchó contra una enfermedad durante toda la relación.

Después de presenciar su repentina e impactante muerte, Platis explicó que sabía que dependería del humor para sobrevivir. "Voy a hacer bromas sobre esto. Voy a usar mi arte, ya sabes, sé que es algo... Mucha gente no considera la comedia una forma de arte, pero voy a utilizarla en mi trabajo. Así lograré sobrevivir a todo esto, a través de la comedia". Admite que, incluso hizo una broma con el equipo de emergencia que vino a llevarse el cuerpo de su esposo.

No es necesario ser un comediante ni contar chistes para sentir cómo el humor puede aligerar un poco el insoportable peso del duelo. La risa desencadena "hormonas de la felicidad" que están latentes en el duelo. Reírse bien también reduce las sustancias químicas del estrés que inundan tu cuerpo. Aunque me gusta hacer bromas de vez en cuando, descubrí que prefiero ver o escuchar cosas de humor. Jon Stewart, entonces presentador de *The Daily Show*, aportó ligereza a las innumerables noches oscuras y sin dormir que pasé aquel primer año.

"HACER" PARA CONSERVAR LA MEMORIA

Aunque no como profesional, Christina Bain hacía edredones (ella se describía como costurera). Una amiga en común me compartió la publicación de su blog, "Qué hacer cuando estás muriendo", y luego la entrevisté en el *podcast*. A sus treinta y seis años, Christina ya había soportado cinco años de quimioterapia y radiación, y se había sometido a múltiples cirugías para tratar el cáncer colorrectal que asolaba su cuerpo.

Hacía edredones y quería terminar uno que había empezado para su esposo, Wesley. Quería usar sus habilidades para convertirlo en un objeto que sirviera como recuerdo de su vida juntos.

Aunque tenía poca energía y sabía que el acto de hacer el edredón sería un desafío, creía que valía la pena "hacerlo ahora mientras pueda, para volcar mi atención y afecto en este objeto que tendrá que sustituirme durante las décadas que Wesley estará sin mí". De hecho, cuando entrevisté a Wesley para el *podcast*, llegó con un suéter que ella le había tejido. Después, recibí una conmovedora carta acerca de lo agradecidos que estaban por haber presentado su historia.

Como vimos en "protege tus recuerdos", el miedo a olvidar a nuestra persona crea rigidez y angustia, cualidades que no nos sirven. Encontrar formas de proteger nuestros recuerdos nos permite permanecer atados a nuestro amor por ellos y ser libres de seguir adelante. No es necesario ser costurera, pintora o carpintera para disfrutar de los beneficios de "hacer". El gesto de Christina es un recordatorio de que el acto de crear teje un hilo que nos conecta con quienes amamos, incluso cuando no podemos verlos.

PASEOS DE BELLEZA

Para mí, el recurso creativo más profundo de mi sanación fue algo que llamo paseos de belleza. Al principio del duelo, empecé a dar largas caminatas cuando me sentía abrumada. Fue una respuesta intuitiva, no había leído sobre eso ni tenía una meta o plan. Descubrí que el movimiento calmaba la energía ansiosa de mi cuerpo y el cambio de escenario transformaba la relación con mis pensamientos.

Con el tiempo, incorporé la práctica de la atención plena a estas caminatas. A la fecha, hago mis paseos de belleza. A veces tengo la misión de escuchar y celebrar todos los sonidos que pueda identificar en la caminata. Siempre (y quiero decir siempre), mis paseos incluyen la búsqueda de un objeto o una vista hermosa.

Sí, también soy detective de la belleza, además de los *debería* y la alegría. Ahora vivo en el sur de California, donde la belleza está en todas partes, pero la belleza natural no es necesaria para beneficiarse de los paseos de belleza. Ya sea en los paseos por mi antiguo vecindario en Austin, Texas, o en cualquier lugar al que viajo por trabajo, busco la belleza en todas partes, incluso si es solo en el camino desde la habitación hasta la cafetera de la cocina.

Ver la belleza en todas sus formas, creadas por la madre naturaleza o el ser humano, te ofrece un regalo que no sabías que necesitabas en tu duelo. No importa si estás sentado bajo una gran pintura en un museo, paseando entre murales artísticos, bajo una secuoya gigante en el bosque, caminando por una montaña, en la orilla de un río o sentado junto a una escultura en un parque... los objetos te conectan con algo fuera de ti, algo misterioso. Te prometo que buscar la belleza ofrecerá un alivio para tu corazón afligido, siempre.

HAY FUENTES CREATIVAS EN TODAS PARTES

Ya sea que encuentres sanación en los trabajos creativos de otros o que realices los tuyos, la creatividad aporta mucho valor. Cada compromiso con una fuente creativa es como regar un jardín o enriquecer el alma. Con cada acción, vuelves a tu "vitalidad", como lo llama la invitada del *podcast* Cecilie Surasky.

Las oportunidades para conectar con la creatividad en tu duelo son infinitas. Pueden tomar la forma de movimiento, como bailar en la sala de estar o mirar un grupo de baile en las redes sociales. Los recursos creativos están en todas partes: cultivar un huerto, nadar en el océano o solo caminar todos los días.

✧ UNA INVITACIÓN PARA TI ✧
descubre tus recursos creativos

Prometo que descubrir e interactuar con tus recursos creativos serán herramientas valiosas mientras navegas por el duelo. Recuerda, no tienen que verse de cierta manera, usarse igual cada vez, incluso ser buenos a los ojos de los demás. Y no tiene por qué ser solo una cosa. Es fácil, de verdad. Busca lo que te brinde tranquilidad, alivio, conexión o vitalidad. Muchos nos desconectamos de la creatividad y del juego hace mucho tiempo, incluso antes de la pérdida.

Por eso, te invito a descubrir, o redescubrir, un recurso creativo. Piensa en cómo te sientes cuando el peso del duelo se apodera de ti. Luego piensa en una actividad o salida creativa. Considera cómo te sentirías al realizar esa actividad. Ten curiosidad por saber cómo podrías cambiar las sensaciones de tu cuerpo o los pensamientos de tu mente. La actividad puede ser algo que ya hayas probado y sepas que te hace sentir bien o podrías considerar algo nuevo. Escribe algunas ideas y ve qué recursos creativos tienes disponibles en tu duelo. Si dudas, pídele a uno de tus compañeros de buceo que te acompañe en esta aventura.

mis recursos creativos

Cuando hago/veo/miro:

Los cambios positivos que noto en mi cuerpo son/podrían ser estos:

Los cambios positivos que noto en mi mente son/podrían ser estos:

mis recursos creativos

Cuando hago/veo/miro:

Los cambios positivos que noto en mi cuerpo son/podrían ser estos:

Los cambios positivos que noto en mi mente son/podrían ser estos:

haz espacio

TIEMPO DE HACER INVENTARIO

Cuando un ser querido muere o desaparece de alguna manera, su ausencia ocupa mucho espacio en nuestra imaginación, pensamiento y corazón. Como exploramos en "el mundo sigue girando", la vida cotidiana continúa. Nuestras relaciones, trabajos, estudios y acreedores requieren atención, energía y tiempo. Se nos pide que lo sostengamos todo, pero solo tenemos las mismas veinticuatro horas al día que teníamos antes de la pérdida y la capacidad de concentrarnos disminuye.

Como resultado de esa demanda extra de tiempo mental, físico y emocional, es inevitable que nos sintamos abrumados y abandonemos algunos compromisos mientras olvidamos las citas que aún siguen en la agenda. Esto sucede por muchas razones: porque estamos agotados, tenemos miedo o solo lo olvidamos. Si eso pasó o, debería decir, como eso seguro te pasa, por favor escúchame decirte: "Está bien. Estás bien. A todos nos pasa. Es la naturaleza del duelo".

Y *es* posible reducir el tiempo que dedicas a cosas que te agotan y aumentar el tiempo que dedicas a cosas que te nutren. Encontrar un mejor equilibrio entre las dos requiere:

1. Evaluar qué es agotador versus qué es nutritivo.
2. Ser más intencional con su tiempo.
3. Dejar más espacio en tu vida, alias tu calendario, para las personas, los recursos y las actividades que te apoyarán en el duelo.

El espacio a continuación es una invitación para hacer una pausa y discernir qué te agota y qué te nutre. Ya que tengas una comprensión más clara de ambos, podrás decidir dónde y en qué quieres usar tu tiempo y energía.

¿Qué me está agotando estos días?

¿Qué me nutre estos días?

UNA NOTA SOBRE *EQUILIBRIO*

Al contrario de la forma en que se utiliza la palabra de moda *equilibrio* en nuestra vida cotidiana, para darnos la ilusión de que podemos lograr algo y, *voilà*, ya está, mi objetivo es diferente. Hacer espacio para incorporar tus necesidades como doliente requiere una práctica continua, intencional y en constante adaptación. Como dije muchas veces, el duelo no es lineal y el espacio que ocupa en nuestras vidas se expandirá y reducirá. Eso significa que el *equilibrio* que buscamos en el duelo no es estático ni se trata de una distribución equitativa de nuestro tiempo y energía. Se trata de cultivar la práctica de notar las señales de que estamos fuera de lugar, y luego acceder de forma intencional a diferentes recursos para volver a alinearnos.

> *Eso significa que el equilibrio que buscamos en el duelo no es estático ni se trata de una distribución equitativa de nuestro tiempo y energía. Se trata de cultivar la práctica de notar las señales de que estamos fuera de lugar, y luego acceder de forma intencional a diferentes recursos para volver a alinearnos.*

LAS RELACIONES REQUIEREN TIEMPO Y ATENCIÓN

Esta nueva vida, la que requiere que experimentes todas las dimensiones del duelo además de tu vida actual, necesita algo nuevo de ti. Requiere nuevas habilidades, nuevos recursos, nuevas formas de pasar las mismas veinticuatro horas que tenías antes. Cada vez que nos adentramos en lo desconocido, para aprender algo nuevo, es necesario practicar. Mucho. Sé que aquí sueno como un disco rayado, lo cual, mientras escribo esto, me doy cuenta de que ya es una referencia desactualizada.

Hace poco pensé en que la necesidad de hacer espacio para nuestro duelo es similar a lo que requerimos cuando empezamos una nueva relación. Seamos realistas, estamos en una relación con el duelo. Si queremos que una relación se sienta equilibrada, que nutra y sirva para nuestro crecimiento, requiere cuidado y alimentación. Si crees en las listas (creo que ya dejé claro que no soy muy fanática), podrías pensar que hay una manera perfecta de tener una relación.

Aunque la perfección es un mito, sigamos la corriente de los creadores de listas del mundo y exploremos cómo cuidar y alimentar tu relación con el duelo podría hacerla mejor, más amable y compasiva. A continuación, te presento diez cualidades importantes para una relación. Yo diría que también se aplican a la relación con nuestro duelo.

1. *Reconocer la relación:* Reconocer que estamos viviendo un duelo.
2. *Articular valores y necesidades:* Identificar lo que valoramos y lo que necesitamos mientras vivimos el duelo.
3. *Negociar las diferencias de manera respetuosa:* Negociar cuando nuestras necesidades entran en conflicto con los deseos de los demás.
4. *Comunicar de forma directa y amable:* Comunicar tanto nuestras experiencias como nuestras necesidades.
5. *Tener compasión por uno mismo y por la pareja:* Tener compasión por nosotros y por los demás en duelo.
6. *Atender las necesidades e intereses propios:* Centrarnos en nuestras necesidades en el duelo.
7. *Escuchar para aprender, no para responder:* Escuchar nuestras emociones no como hechos sino con curiosidad.
8. *Estar dispuesto a buscar apoyo externo:* Reconocer que no podemos vivir el duelo solos.
9. *Dar tiempo a cada cosa:* Dedicar tiempo para practicar nuestras habilidades y usar nuestros recursos.
10. *Evaluar y ajustar los números del 1 al 9 con regularidad:* Nuestra relación con el duelo cambia, así que mantente alerta.

ENFOQUE EN TU CALENDARIO

A lo largo de este libro, descubrimos los números del 1 al 8 de la lista anterior. Nos falta el 9. De alguna manera, dedicar tiempo para practicar las habilidades y usar los recursos que nos ayudarán en el duelo es un paso que muchos pasamos por alto.

Por lo general sabemos qué necesitamos, qué recursos ayudan a que el duelo sea menos doloroso, pero no descubrimos cómo hacerles espacio. Parece que debería ser simple: solo anótalo en el calendario. Pero nos cuesta trabajo por varias razones. Como ya mencioné, nuestra cultura no valora el cuidado personal ni la sanación. De hecho, los pone en competencia directa con el mundo obsesionado con la productividad y sobrecargado de horarios. Quizá lo más significativo es que en el duelo nos sentimos tan abrumados por todo que, incluso las tareas más simples, no parecen simples.

Estoy aquí para abogar por ti para que uses tu calendario como una herramienta que te ayude a implementar lo aprendido hasta ahora sobre cómo sentirte mejor o, mínimo, cómo hacer que el duelo sea menos doloroso. Sí, los calendarios representan las citas, tareas y responsabilidades no negociables de nuestras vidas. Y yo diría que lo que está en nuestros calendarios representa lo que más valoramos.

En especial en un profundo duelo, vivimos al día, por eso rara vez dedicamos tiempo para mirar el calendario. Mañana haremos lo mismo que hicimos hoy y no tenemos forma de ver dónde podemos agregar cosas que nos nutren o restar cosas que nos agotan. Muchos decimos "Sí" a más cosas de las que queremos o necesitamos y no participamos en las pequeñas y grandes acciones que serían mucho más beneficiosas para nosotros. Esas incluyen todas las habilidades, prácticas y recursos que exploramos hasta ahora.

Nos sentimos atrapados por el calendario en vez de estar a cargo de él. La sola idea de pasar tiempo viendo el calendario de manera general durante la próxima semana o mes puede resultar desalentadora. Sospecho que es porque le estamos poniendo el pensamiento de "todo o nada" o "uno u otro" a la tarea. Por eso, ofrezco algunas herramientas y consejos para abordar tu calendario de una manera que te permita dejar espacio para más de lo que necesitas.

EMPIEZA EN PEQUEÑO (PIENSA SOLO EN EL EQUIPAJE DE MANO)

No tienes que hacerlo todo. Ni ahora ni nunca. Y no es necesario que lo hagas *bien*. No necesitas una renovación completa. En vez de eso, piensa en implementar prácticas útiles en pequeños incrementos.

No puedes anticipar todo lo que necesitarás para el resto de tu viaje de duelo, incluso si pudieras, no hay una maleta tan grande. Lo reevaluarás y te adaptarás más adelante. Entonces, cuando saques tu calendario, empieza poco a poco y agrega recursos que requieran distintas cantidades de tiempo, energía y coraje. Piensa en el equipaje de mano en lugar de empacar la enorme maleta de lona.

> *Pequeño.* Esta es una habilidad, recurso o solicitud que consideras una pérdida de energía y tiempo. Quizá sea algo que te lleve menos de treinta minutos y que puedas hacer en cualquier lugar y en horarios flexibles, por ejemplo, meditaciones matutinas o una caminata dos tardes por semana.

> *Mediano.* Agrega una habilidad o un recurso que podría requerir más tiempo, energía o podría sacarte de tu zona de confort. Podría ser comunicarte con un amigo, programar revisiones semanales por videollamada o programar una cita de terapia semanal o quincenal.

> *Grande.* Considera agregar algo a tu calendario que requiera mucho tiempo o energía. Puede ser un evento único, pero es una tarea o habilidad que dejará más espacio para otras cosas una vez que la hayas completado. Esto podría ser clasificar y donar

pertenencias, solicitar beneficios por fallecimiento o hablar con tu jefe sobre ajustes en tu horario de trabajo.

Sin empacar. Ah, y para mantener la metáfora, tal vez quieras revisar tu equipaje de mano, alias calendario, y decidir qué no necesitas. A veces, solo debes eliminar elementos innecesarios, tareas, responsabilidades, cargas, para dejar espacio para las cosas que de verdad necesitas.

CREA UN COLCHÓN

Voy a ser muy realista: no practico esto lo suficiente. Para muchos, incluso cuando programamos tiempo para hacer algo, lo ponemos entre una reunión de trabajo y la compra de alimentos. Si una tarea se retrasa o termina antes de tiempo, nuestra actividad de autocuidado o sanación es la primera en desaparecer. Incluso si ese no es el caso, a veces las actividades que hacemos para nutrirnos en el duelo nos conectan con grandes emociones que no necesariamente desaparecen porque terminó el período de treinta minutos. Esto es importante en especial en los aniversarios u otros días que te provocan olas de duelo. Así que sé realista sobre la actividad y agrega el tiempo extra que necesites.

PIENSA EN LA PRODUCTIVIDAD DE FORMA DIFERENTE

Uno de los desafíos que enfrentamos al hacer espacio para nuestro duelo es que las reglas del capitalismo y la productividad sin restricciones están arraigadas en nosotros de maneras muy profundas. Cuando vemos el calendario, muchos tenemos expectativas inconscientes sobre la cantidad de horas de trabajo, horas familiares, tareas domésticas u horas de servicio que *deberían* estar ahí. Sabes que voy a decir que todo eso es una tontería. Recuerda, estás viviendo un duelo y ese es un trabajo de tiempo completo.

Como dijo la psicóloga Nicole LePera: "El arte es terapia. La danza es terapia. Sollozar en el suelo de la cocina es terapia. El juego es terapia. Establecer un límite es terapia. Permitir que otra persona te vea es terapia. Encuentra tu terapia, priorízala y deja que te cure". Entonces, si necesitas una razón para justificar agregar meditación, una siesta, lectura (incluso este libro), terapia, caminatas, llamadas de control con amigos, grupos de apoyo o cualquier otra cosa que creas que te nutrirá, considera esto como tu permiso.

EMPIEZA CERCA

¿Recuerdas lo que aprendimos en "empieza cerca"? En las primeras etapas del duelo, muchos nos perdemos en el horizonte temporal, un segmento de tiempo en el que con frecuencia nos sentimos tentados a centrarnos en nuestro duelo, pero que está tan avanzado en el camino que es difícil saber por dónde empezar. Cuando pensamos en agregar algo nuevo a nuestros calendarios, a menudo nos sentimos atraídos por el pensamiento de "todo o nada". Terminamos sintiendo que debemos afrontar el año, incluso los próximos meses. Eso no es necesario, ni siquiera recomendado en los primeros días del duelo. Tus necesidades cambiarán. Así que empieza cerca. Considera mirar solo las próximas semanas. Si eso parece demasiado, entonces los próximos días.

ESCRÍBELO

Seré breve: escríbelo. Sea lo que sea, escríbelo. ¿Meditación de cinco minutos? Agrégalo al calendario. ¿Caminata de quince minutos? Agrégalo. ¿Escuchar un *podcast* de una hora? (¿El mío quizá?). Agrégalo. Recuerda, lo que ves en tu calendario refleja lo que es más probable que hagas. Demuéstrate que eres una prioridad y anótalo. Ahora es el momento de empezar a usar estas nuevas habilidades y estrategias. Saca tu calendario.

❧ UNA INVITACIÓN PARA TI ☙
saca tu calendario

Olvidé preguntar: ¿tienes un calendario que te funciona? Ya sea digital o analógico, piensa qué formato te resulta mejor en términos de visibilidad y recordatorios de las cosas más importantes. Si tu respuesta a mi pregunta es "No", entonces deja este libro y decide qué calendario te resultará más útil. A mí me gustan los calendarios digitales porque puedo programar alertas y recordatorios. Los necesito. Hace poco agregué un calendario en papel de un vistazo mensual para obtener una descripción visual sencilla de las grandes actividades u objetivos que ocuparán mucho de mi tiempo. No existe el calendario perfecto, solo el que funciona mejor para ti.

Si ya tienes un calendario que te gusta, úsalo. Observa la próxima semana. Usando todo lo que aprendiste hasta ahora en este libro, dedica algún tiempo para pensar en una o dos actividades pequeñas, medianas o grandes que podrías agregar para cuidarte mejor durante el duelo. Escríbelas. No tengas miedo de eliminar uno o dos elementos que ocupen demasiado espacio. A continuación, te muestro una lista de prácticas, habilidades, estrategias y actividades que podrías considerar agregar a tu calendario esta semana. Recuerda, incluso reservar tiempo para escribir un diario cuenta.

pequeño

meditación matutina
8 a 8:10 a. m.
(todos los días de esta semana)

registrarme para el programa de entrega de comidas
para el próximo mes
9 a 9:20 a. m.
(una vez)

escribir en el diario
9:30 a 10:00 p. m.
(todos los días de esta semana)

mediano

escuchar un podcast mientras camino
5 a 6 p. m.
(uno por semana durante las próximas cuatro semanas)

programar/tener videollamada con mi mejor amigo
7:00 a 7:30 p. m.
(crear un horario regular)

programar algo para el cuidado del cuerpo
(masajes, acupuntura, yoga restaurativo, etcétera)
sesión de una hora
(una vez o programar la siguiente al momento del servicio)

grande

ordenar el armario y llevar la ropa al centro de donación*
sábado 9 a. m. a 12 p. m.

completar la documentación necesaria para obtener recursos
financieros o resolver asuntos legales*
domingo 1:00 a 4:00 p. m.

*dile a un amigo que te ayude o que esté al pendiente
de recibir una llamada

¿ahora qué?

*trae curiosidad a la historia
emergente de tu vida*

tu versión hermosa, desordenada y emergente

DONDE ESTÉS ES PERFECTO

Quizá conoces la historia de la oruga que se convirtió en una hermosa mariposa. Si es así, y eres como yo, toda la historia es la siguiente: "Una oruga se convirtió en mariposa. Fin". Es un bonito fragmento que resalta bellamente nuestra cultura impulsada por los resultados. Pero, te invito a considerar algunos componentes importantes de esta historia que quedan fuera, similares a nuestras historias de duelo.

Para empezar, la oruga ya posee las características y materiales necesarios para su transformación en mariposa. El tiempo y el entorno adecuado le permiten transformarse. ¿Qué pasa con el proceso real de transformación? Vemos el "después" como la hermosa mariposa, pero antes de que eso suceda, la oruga literalmente se disuelve en un montón de sustancia viscosa para convertirse en una criatura majestuosa que puede emprender el vuelo. Tengo la suerte de que las mariposas monarcas y otras especies se posan en las flores cerca de mi casa casi diario. Es raro que las mire y recuerde que surgieron de una oruga, que pasaron por un proceso complicado para convertirse en lo que veo ante mí.

Espero que estés captando lo que no estoy poniendo aquí de forma tan sutil, amigo mío. Eres un trabajo en progreso. Todos somos un trabajo en progreso.

Ya tienes todo lo que necesitas (o el conocimiento para conseguir lo que necesitas) para la transformación que se produce a medida que avanzas en el duelo. Tampoco se espera que hagas esto en un momento rápido de cambio de disfraz. Será un proceso lento y complicado. Dondequiera que estés en tu transformación es justo donde necesitas estar. No importa cuánto hayas cambiado, no importa cuán distante te sientas del yo de "antes", recuerda verte y percibir la oruga que hay en ti. Recuerda que eres una persona hermosa, desordenada y emergente.

SOBRE LA NATURALEZA DEL SER Y DEL CONVERTIRSE

Durante la última década, tuve un apetito increíble, y a veces insaciable, por descubrir y aprender de poetas, líderes espirituales, expertos en trauma, novelistas, pensadores, artistas, investigadores y científicos. Me maravilla la forma en que cada uno usa el lenguaje, de maneras tan diferentes y desde perspectivas únicas, para enseñarnos lo esencial de lo que significa ser humano.

Mientras meditaba sobre lo que quería compartir contigo en este capítulo, volvía una y otra vez a la variada y profunda sabiduría que muchos de esos maestros tuvieron sobre el tema de la transformación, de cruzar umbrales, de emerger. Encontré consuelo en ellos conforme sigo luchando con existir mientras vivo el duelo. ¿O es vivir el duelo mientras existo? Espero que su sabiduría también te brinde consuelo.

HONRANDO NUESTRA COMPLEJIDAD

Como exploramos en "por supuesto que es complicado", experimentar una red compleja de pensamientos, sentimientos y respuestas que están en el cuerpo no es señal de que algo anda mal o de que no estás viviendo el duelo de forma correcta. Es señal de que eres humano. Nuestra aparición en el mundo del "después" está llena de complejidad, lo cual es natural, pero también se hace más difícil porque estamos convencidos de que todo se puede simplificar.

En su libro *Becoming Wise*, la periodista y presentadora de *podcasts* Krista Tippett explora por qué encuentra consuelo en el hecho de que los humanos son las criaturas más complejas que existen. "Me siento extrañamente reconfortada cuando escucho a los científicos decir que los seres humanos todavía son las criaturas más complejas que conocemos en el universo. Los agujeros negros son, a su manera, explicables; el ser vivo más simple no lo es. Me apoyo con un poco más de confianza en la experiencia de que la vida es infinitamente desconcertante. Me encanta esa palabra. La vida espiritual es una manera de habitar con ese desconcierto, con esa perplejidad y confusión: es tomarlo en serio, buscar su propósito así como sus peligros, su belleza así como sus estragos".

Aunque es cierto que estamos llenos de incomodidad, tal vez, como Krista, también podamos aprender a apreciar nuestra complejidad como algo bello.

RECONOCER QUE ESTAMOS EN UN CONTINUO

No hay ningún momento "¡ta, taaan! ¡llegaste!" en el duelo ni en ninguna forma de sanación. Sé lo frustrante que puede ser esa noticia. Solo queremos "llegar ahí ya". Queremos poder afirmar: "Ya no estoy destrozado". Aunque entiendo el atractivo de hacer esas declaraciones, este tipo de pensamiento binario es un escenario para el autojuicio y el odio.

Resmaa Menakem, experto en trauma y en duelo privado de derechos, explica el riesgo de manera perfecta: "Tendemos a pensar en la sanación como algo binario: o estamos rotos o estamos curados de esa ruptura. Pero la sanación no funciona así, tampoco el crecimiento humano. La mayoría de las veces, la sanación y el crecimiento tienen lugar en un continuo, con innumerables puntos entre la completa destrucción y la salud total".

Deseamos con desesperación, al igual que quienes nos rodean, despertar una mañana y estar curados de forma milagrosa. Lo viví. Lo deseé. Y veo este recordatorio de Menakem como un regalo. Nos invita a sentir curiosidad por las historias, las expectativas y los *debería* que podrían colarse en nuestros pensamientos o susurrarse en nuestros oídos sobre dónde *deberíamos* estar en este momento. Deja que sus palabras te sirvan de recordatorio para cambiar la forma en que mides tu progreso. Cambia tu atención de estar limitado a las fechas de salida o de llegada. En su lugar, reflexiona sobre los innumerables puntos a lo largo del camino.

CRUZAR UMBRALES

¿Qué significa cruzar un umbral? No, no la tira de metal en la parte inferior de una puerta. El otro tipo. Umbral se define como el lugar o punto donde algo comienza a suceder, donde ocurre un cambio o una nueva experiencia. Cruzamos un umbral profundo con la pura fuerza que experimentamos tras una pérdida.

A medida que avanzamos en el duelo, experimentamos la angustia, el dolor y la confusión de la pérdida en cada minuto de nuestro día, en cada célula de nuestro ser. Es casi imposible hacer una pausa y reflexionar sobre los cambios que ocurrieron y siguen ocurriendo bajo la superficie. Aunque no podemos ver ni comprender su magnitud, la transformación y la transfiguración están ocurriendo en lo más profundo de nuestro interior. En tiempos de caos y transición me aferro a las palabras del poeta John O'Donahue sobre cruzar umbrales: "Siempre pienso que ese es el secreto del cambio: que en nosotros se están produciendo enormes gestaciones y fermentaciones de las que ni siquiera somos conscientes. Y entonces, a veces, cuando llegamos a un umbral, lo cruzamos y necesitamos volvernos diferentes... podremos ser diferentes porque se realizó en nosotros un trabajo secreto del que no teníamos ni idea".

> *Siempre pienso que ese es el secreto del cambio: que en nosotros se están produciendo enormes gestaciones y fermentaciones de las que ni siquiera somos conscientes. Y entonces, a veces, cuando llegamos a un umbral, lo cruzamos y necesitamos volvernos diferentes... podremos ser diferentes porque se realizó en nosotros un trabajo secreto del que no teníamos ni idea.*
> —John O'Donahue

LA ÍNTIMA DANZA DE LA ALEGRÍA Y LA TRISTEZA

Cuando estaba en preparatoria, pasaba todas las tardes en clases de baile, moviendo el cuerpo con coreografías modernas, contemporáneas y de hiphop. Era buena, no excelente, pero eso no importa. La danza fue un lugar de refugio y descubrimiento para mí. Pude moverme a través del profundo dolor del duelo y el trauma que experimenté durante esos años y encontrar momentos de alegría extática provocados por la música, la coreografía y la celebración colectiva que sucedía. Cuando mi profesora de danza compartió *Revelations* de Alvin Ailey con la clase, me rompió el corazón de una manera que no pude entender hasta años después. El Alvin Ailey American Dance Theatre describe esta pieza así: "Utilizando sermones espirituales afroamericanos cantados, *blues* sagrado y canciones góspel, *Revelations* de Alvin Ailey explora fervientemente los lugares de dolor más profundo y la alegría más sagrada en el alma". Quizá es la obra coreográfica que mejor representa la íntima danza de la alegría y la tristeza.

Sé lo desconcertante que puede ser sostener el "ambos/y" de la alegría y la tristeza. En este lugar desordenado y siempre emergente en el que te encuentras mientras navegas por el duelo, recuerda que la alegría y la tristeza están íntimamente conectadas por su propia naturaleza. Cuando lucho por estar con esta dualidad, me apoyo en las palabras del escritor y poeta Kahlil Gibran. En *El Profeta* escribe: "Cuando estés feliz, mira en tu corazón y descubrirás que solo lo que te causó tristeza te está dando alegría. Cuando estés triste, mira de nuevo en tu corazón y verás que en verdad estás llorando por lo que fue tu deleite".

Aunque buscar una gran alegría puede parecer lejano en este momento, considera la sabiduría de Cyndie Spiegel, autora de *Microjoys: Finding Hope (Especially) When Life is Not Okay*. En nuestra conversación en el *podcast*, describe las microalegrías como algo intencional, deliberado y alcanzable de forma inmediata. Lo más importante que compartió sobre buscar alegría en medio del duelo (en caso de sentir culpa o resistencia) es que "las microalegrías solo son un respiro del duelo. No te lo quitan, solo coexisten con él. Nos empoderan para movernos a través del duelo de una manera que se sienta natural".

UNA INVITACIÓN PARA TI
sé un detective de la alegría

En tu duelo, no solo quiero que estés atento a la palabra *debería*. Desarrollar habilidades de detective de la alegría también es beneficioso para ti mientras navegas por el duelo. Esto parece casi imposible al principio, así que, si estás leyendo esto y no estás preparado, lo entiendo. Sáltate la página.

Si la alegría se siente fuera de tu alcance o no describe del todo tus experiencias, considera estos sinónimos: deleite, júbilo, gozo, gratificación, triunfo, regocijo, felicidad, contento, placer.

Si no te repugna la idea de la alegría, aquí te explicamos por qué puede resultar tan valioso ser un detective de la alegría. La alegría es uno de los recursos más valiosos en nuestra sanación y en nuestra capacidad de desarrollar resiliencia. Agregaré que la alegría también tiene beneficios para la salud física. Pero muchas veces, por vergüenza, culpa o solo por falta de práctica, pasamos por alto o ignoramos de forma intencional estos momentos de deleite. La alegría puede ser esquiva porque el *debería* la ahoga, como en el pensamiento: "Eso fue muy divertido. Me siento muy feliz. Ay, *no debería* sentirme feliz. ¿Qué me pasa?".

Te invito a practicar tus habilidades de detective de la alegría. Date un tiempo y, con intención, observa, describe y saborea cada vez que sientas alegría o uno de sus sinónimos. Es posible que te sorprendas declarando un sentimiento de alegría a alguien durante una conversación. Podrías decírtelo a ti en voz alta. Sí, a veces hago eso. Rastrea las apariciones de la alegría durante un día o, si te sientes ambicioso, siéntete libre de seguirle la pista durante toda una semana. En tu diario, reflexiona y registra tus respuestas a las siguientes preguntas.

habilidades de un detective de la alegría

habilidad 1: notar, describir y saborear

1. Observa y describe la expresión/lenguaje que usas.

2. Observa y describe el contexto/circunstancias que rodean tu alegría.

3. Haz una pausa y, si puedes, mírate en el espejo (o tómate una *selfie*).

4. Observa y describe tu experiencia interna de alegría (por ejemplo, siento mariposas en el estómago, siento una ligereza en el cuerpo, veo un brillo en mis ojos, puedo ver la curva de mi sonrisa).

5. Haz una pausa y saborea este sentimiento. Quizá agradezcas por la presencia de alegría en este momento. Considera si hay alguien con quien quieras compartir esto para que pueda ayudarte a recordar que te sentiste así.

habilidad 2: descubrir temas

Ten curiosidad por descubrir temas recurrentes. ¿Hay determinadas personas, lugares, actividades o momentos del día que permiten que la alegría esté más presente?

protege tus recuerdos

HONRANDO LA CONEXIÓN CON LOS RECUERDOS

Hay una teoría que aparece en los libros de texto sobre el duelo y que querrás conocer. Hasta finales del siglo pasado, la teoría dominante sobre el duelo saludable sugería que la función del duelo era dejar ir y desapegarse de la relación con los seres queridos fallecidos. La idea era que nuevas relaciones y una vida sana eran imposibles sin ese paso.

Por suerte, a mediados de la década de los noventa, surgió un nuevo modelo de duelo llamado vínculos continuos (CB por sus siglas en inglés). Como su nombre lo indica, el modelo fomenta *continuar* con una conexión o relación con el difunto. CB reconoce que, en lugar de representar tu negación, las acciones que tomas para honrar el amor, incluyendo guardar y compartir recuerdos, pueden mejorar tu funcionamiento y bienestar en el presente. Vaya, lo sabíamos intuitivamente, ¿no? Me alegra que los académicos se hayan puesto al día, incluso si algunos de nuestros amigos y familiares aún no lo hicieron.

Los recuerdos son fundamentales para nuestra capacidad de mantener una conexión con los seres queridos. Algo básico que debemos saber sobre los recuerdos es que se crean, adaptan y mantienen a través de las historias que contamos sobre nuestras experiencias. En parte verdad y en parte ficción, los recuerdos son maleables, pero eso no los hace menos valiosos. Más atrás en este libro, compartí cómo los sentimientos son datos con una historia adjunta. En cualquier caso, la noción de que los recuerdos se crean y adaptan a través de la historia nos da la idea de que tenemos cierta agencia cuando se trata de crear y guardar recuerdos para protegerlos.

> La noción de que los recuerdos se crean y adaptan a través de la historia nos da la idea de que tenemos cierta agencia cuando se trata de crear y guardar recuerdos para protegerlos.

DATE PRISA Y VETE

A veces recordar duele demasiado. Creo que el escritor Haruki Murakami capturó de manera hermosa la dualidad de nuestra relación con los recuerdos en el duelo cuando dijo: "Los recuerdos te calientan desde el interior. Pero también te destrozan". Nuestros recuerdos son todo lo que nos queda de la persona que perdimos. Eso los hace sagrados, algo que saborear y apreciar.

En los recuerdos podemos sentirnos más cerca de los seres queridos que murieron. Escuchamos su risa, vemos su sonrisa, sentimos su amor. También en los recuerdos el dolor de su ausencia es mayor. Los recuerdos te traerán alegría y sentimientos desgarradores. Este es otro recordatorio para honrar el "ambos/y" del duelo.

A veces, los recuerdos brotan de maneras inesperadas en momentos no planeados. A veces no toman la forma de una narración. A veces son lágrimas. Como escribió la autora Ruth Ozeki en su hermosa novela *A Tale for Time Being*: "A veces, cuando contaba historias sobre el pasado, se le llenaban los ojos de lágrimas por todos los recuerdos que tenía, pero no eran lágrimas. Ella no estaba llorando. Eran solo los recuerdos filtrándose por sus ojos".

ACCESO DESIGUAL Y MIOPE
No eres tú. Al principio, los recuerdos están muy ligados a cómo terminaron las cosas. Esto no se aplica solo a la pérdida por muerte. También sucede en pérdidas ambiguas, el fin de relaciones, incluso cuando reconocemos que un sueño no se puede realizar. Con frecuencia, solo podemos recordar cosas relacionadas con los detalles, conversaciones y eventos que vivimos en los últimos momentos. A decir verdad, al principio del duelo, parece que no podemos recordar nada, ni reciente ni de tiempo atrás.

Como mencioné en "este es tu cerebro en duelo", hay buenas razones para eso y, por suerte, no durará. Aunque nuestros recuerdos se almacenan en muchos lugares, la corteza prefrontal, la parte que se desconecta en momentos de estrés o respuestas traumáticas, es la que nos ayuda a localizarlos. Con el tiempo, te resultará más fácil recordar muchas experiencias. Podrás reconstruir un contexto más pleno y enriquecido de la vida que tuvieron juntos. Ojalá pudiera darte una fecha exacta o una fórmula de cómo y cuándo sucede esto... pero como te prometí al principio de este libro, no te engañaré.

MIEDO AL OLVIDO
Es muy extraño: a menudo nos preocupa olvidar a nuestros seres queridos y los recuerdos de la vida que compartimos. Una de las preocupaciones más comunes durante el duelo es el miedo a olvidar los momentos, detalles y experiencias que más importan. Más cerca de la pérdida, el cerebro en duelo dificulta recordar cualquier cosa más allá de lo que acaba de suceder. Por fortuna, a medida que

pasa el tiempo, recuperamos la capacidad de recordar. A la vez, eso significa que estamos más lejos de cuando los momentos pasaron, por lo que luchamos por retener todo.

A veces, tenemos miedo de olvidar la presencia física de nuestro ser querido: su olor, la forma en que las comisuras de sus labios se levantaban de manera desigual cuando sonreía. También intentamos capturar momentos Polaroid antes de la pérdida. Otras veces no sabemos que se avecina la pérdida. Mientras estuve con Eric durante horas antes de que muriera en mis brazos, traté de memorizarlo. Sabía, aunque en ese momento no me daba cuenta de lo importante que sería, que recordar los detalles sobre él, algún día, no iba a ser tan fácil. Sabía que me costaría mucho trabajo recordar esos detalles.

Otras veces tenemos miedo de olvidar los momentos grandes y pequeños que formaron nuestra vida juntos. Eso fue muy importante para mí porque, como dije antes, Eric era el guardián de mi memoria. Solía burlarme de él por su capacidad para recordar detalles aleatorios sobre programas de televisión que veíamos o lugares a los que íbamos. Quizá te pasa lo mismo.

Recordar esos momentos especiales es muy agridulce porque la persona no está aquí para llenar los vacíos de nuestra memoria. Cuando vemos una foto, escuchamos una canción o alguien nos pregunta un detalle sobre el recuerdo que estamos compartiendo, nos encontramos revueltos y deseando que nuestros seres queridos estuvieran aquí para corroborarlo. Nos preguntamos si estamos diciendo bien los detalles.

Y LA PRESIÓN PARA OLVIDAR
Mientras estamos ocupados luchando por recordar todo lo posible sobre las personas o las mascotas que perdimos, la gente nos presiona para olvidar. Bueno, tal vez no quiere que lo olvidemos, pero

sí sugiere que guardemos los recuerdos para nosotros. Es posible que hayas experimentado esto cuando escuchas a miembros de la familia cambiar de tema si recuerdas una historia relevante que incluye a tu ser querido.

Quizá la presión sea más indirecta, como cuando entras en el mundo de las citas y sientes que tus posibles parejas románticas no quieren oír hablar de tu esposa, esposo o pareja fallecido. Es posible que tengas la sensación de que tu capacidad para conservar y compartir recuerdos incomoda a algunas personas. ¿Y los otros? Es posible que a los demás les preocupe verte aferrado a los recuerdos porque piensan que, de alguna manera, es señal de que tienes un problema.

A veces la presión es interna. Eso se debe a que nos aferramos a creencias dañinas sobre el duelo como el "*deberías* seguir adelante", y eso significa olvidar. Sabes lo que tengo que decir al respecto. Otra motivación para olvidar algunos recuerdos puede ser la autoconservación. Ya sea que fueran una imagen aterradora capturada al ver la muerte de nuestro ser querido o el posible sufrimiento experimentado durante la enfermedad de la persona, hay algunos recuerdos que preferiríamos olvidar.

ACTOS DE PROTECCIÓN

Tengo mucha suerte de conocer al artista y poeta materialista Darío Robleto. Su extraordinaria obra abarca géneros, tiempo y espacio (literal). A través de su trabajo, explora la dimensión moral de la memoria, incluido el papel del arte como guardián de los recuerdos. Ofrece ideas muy profundas sobre el poder de la memoria. "La memoria es una herramienta, un arma contra la decadencia y la pérdida permanente". Por eso nosotros, los dolientes, nos esforzamos por compartir los recuerdos, contar las historias, fundirlas en bronce de alguna manera para evitar la pérdida. Robleto también nos dice que si trabajamos para transmitir los recuerdos de quienes nos precedieron, entonces "el amor sobrevive a la muerte de las células".

> *La memoria es una herramienta, un arma contra la decadencia y la pérdida permanente*
> —Dario Robleto

Las formas en que podemos proteger nuestros recuerdos van desde actos pequeños, simples e íntimos, como contarle a alguien sobre nuestro ser querido, hasta exhibiciones públicas grandes y complejas como monumentos: el Museo y Memorial del 11 de septiembre, el Museo del Holocausto y otros. Muy pocos levantaremos un edificio, pero eso no nos impedirá proteger nuestros recuerdos.

Podemos contar historias a los demás durante las conversaciones cotidianas, en las cenas o en las ceremonias conmemorativas. Podemos capturar nuestros recuerdos para protegerlos cuando escribimos entradas en diarios, cartas y blogs. Si tienes más que decir, es posible que algún día escribas una memoria o una biografía para capturar tus recuerdos. Por supuesto, ceremonias como los servicios conmemorativos y los funerales son un lugar para compartir recuerdos. Las visitas periódicas a las tumbas o los rituales anuales como el Día de los Muertos nos ayudan a celebrar la vida y a compartir recuerdos de los que murieron.

A veces las oportunidades para capturar y profundizar nuestros recuerdos llegan de manera más espontánea y forman un puente entre el presente y el pasado. Viví un momento así con mi hija hace unos años.

Justo antes del amanecer, nos encontrábamos en la cima de Haleakala, una montaña de 10000 pies de altura en la isla hawaiana de Maui. Esa noche hacía mucho frío. Estábamos tan arriba que sentíamos como si pudiéramos atrapar las estrellas fugaces que salpicaban el cielo. Mientras ella y yo observábamos el milagro del sol saliendo sobre el horizonte, la miré y lloré. Haleakala era un lugar donde Eric y yo caminábamos juntos, mucho antes de que naciera Lily. Lo sentí ahí. Más tarde, le conté historias de lo que él experimentó en el mismo lugar donde ella estaba. En ese momento me di cuenta de que estábamos tendiendo un puente que lo conectaba a él, a mí, a ella y ahora a ti. Estoy creando un camino para llevar los recuerdos de su luz, su generosidad de espíritu y su curiosidad hacia el futuro.

Hay muchísimos recursos increíbles y ejemplos de actos para proteger nuestros recuerdos antes o después de una pérdida. *The Wild Edge of Sorrow* de Francis Weller es uno de mis libros favoritos sobre rituales. La charla TED de Lorraine Hedtke explora los rituales de recordar de forma maravillosa. Algunas prácticas para recordar incluyen cocinar la comida favorita del ser querido, crear un altar con elementos que evoquen recuerdos, bailar su canción favorita, usar su prenda favorita, incluso hablarle un rato durante el día o en tus sueños. ¿Cuáles son las tuyas?

✌ UNA INVITACIÓN PARA TI ✌
captura recuerdos para protegerlos

La autora y poeta Elizabeth Alexander explicó el deseo de capturar ese capítulo de nuestras vidas para protegerlo cuando escribió: "Y por eso escribo, para fijarlo en su lugar, para pasar tiempo en su compañía, para asegurarme de recordar, aunque sé que nunca olvidaré". Me encanta, en especial la frase "pasar tiempo en su compañía". Es un recordatorio de que nuestros seres queridos siempre estarán con nosotros.

Mi invitación para ti es simple: dedica algún tiempo a capturar un recuerdo para protegerlo. Puedes tomar un diario existente o abrir un documento que ya hayas iniciado y agregar un recuerdo que haya surgido al leer este libro. Puedes hablarle a un amigo en común o a un ser querido y preguntarle si le gustaría pasar un tiempo compartiendo historias. Quizá ya estés trabajando en un álbum de recortes, un blog, incluso una memoria. Haz lo que te sirva mejor en este momento.

Si no comenzaste la práctica de guardar tus recuerdos, pero quieres empezar, usa el cuadro de abajo para anotar algunas ideas sobre actividades o rituales que te gustaría explorar.

actividades, rituales o ceremonias que me gustaría intentar para capturar recuerdos para protegerlos

creación de significado (aunque no pasó por una razón)

CREAR SIGNIFICADO (PERO NO NECESITAR UNA RAZÓN)

Mi mandíbula se endurece y mis puños se aprietan cada vez que escucho a alguien decir: "Todo pasa por una razón". Quizá tú también tengas esta reacción. De verdad me dan ganas de darle un golpe y decirle las groserías de *7 Words You Can't Say on TV* del comediante George Carlin y más, y ya sabes que mi vocabulario de malas palabras es extenso. En especial, es muy cruel que se diga esta frase con mayor frecuencia justo después de la pérdida, en funerales y memoriales, cuando el doliente todavía está en *shock*, incapaz de siquiera empezar a intentar comprender una pérdida incomprensible.

Como exploramos en "la gente dice estupideces", las buenas intenciones de las personas que dicen esta frase son irrelevantes. La consecuencia es la misma: una presión poco realista y dañina sobre el doliente. Esta frase intimida a los dolientes para que ignoren la validez de la respuesta de todo el cuerpo ante la pérdida. Comunica que *no deberían* sentirse tan mal como se sienten. Transmite que la tristeza, o cualquier otra gran emoción experimentada por la pérdida, es una señal de que no están buscando lo suficiente para encontrar el motivo de la pérdida, como si fuera un fracaso moral o mental de su parte.

Aunque cumplo mi promesa de no profundizar en los modelos teóricos del duelo en este libro, creo que es importante que sepas que, en la actualidad, existen múltiples interpretaciones y opiniones sobre el papel de la creación de significado en el duelo. En las áreas de la psicología y el asesoramiento, los modelos varían un poco, pero coinciden en que el duelo requiere que construyamos y reconstruyamos el significado que tenemos del mundo, de nosotros (nuestra identidad) y de la pérdida (el vínculo que perdimos).

En el *APA Dictionary of Psychology*, la palabra *significado* se define así: "La significación cognitiva o emocional de una palabra o secuencia de palabras, o de un concepto, signo o acto simbólico". Encontrar significado a la vida se trata de tener narrativas o una historia que nos proporcione un sentido de coherencia para todas las experiencias de la vida, desde los momentos desgarradores hasta los momentos alegres. Los psicólogos sostienen que encontrar significado ayuda a nuestro bienestar emocional y mental.

Como una persona formada en terapia narrativa y apasionada por el poder de las palabras, aprecio la invitación a generar conciencia sobre las historias que creamos. Experimenté de primera mano el cambio en mi bienestar mental y emocional cuando pongo mucha atención a las historias que cuento sobre mis experiencias. Lo mismo ocurre con todos los pacientes a los que apoyé a lo largo de los años. De hecho, te estuve invitando a hacerlo a lo largo de este libro. Y creo que lo que malinterpretan algunos ayudantes profesionales, y la mayoría de los que apoyan el duelo con buenas intenciones, es que, para avanzar en el duelo, los dolientes deben encontrarle sentido a sus vidas, no a la muerte de su ser querido.

Respecto a la frase "todo pasa por una razón", la escritora, presentadora de *podcasts* y profesora Kate Bowler dice: "Lo único peor que decir 'todo pasa por una razón' es pretender que sabes la razón.

Cuando alguien se está ahogando, lo único peor que no arrojarle un salvavidas es darle una razón".

SÍ, TODO PASA (Y A VECES NO HAY RAZÓN)

No es necesario encontrar una razón para que pase lo malo. Puedes llamarlo carente de significado o sin sentido. Nora McInerny, presentadora del *podcast Terrible, Thanks for Asking* lo dice de forma perfecta: "Ya terminé de intentar razonar con eso. Al menos por ahora. No hay razón. No hay nada que entender. No existe lo que se podría o lo que se *debería* haber hecho porque solo existe lo que es".

Estoy de acuerdo con Nora. Pero a muchos nos resulta difícil darnos el tipo de permiso que ella se dio. Dejar constancia de nuestro esfuerzo por encontrar una razón para esta pérdida dolorosa y sin sentido es parte de cómo sentimos que podemos permanecer cerca de la persona que perdimos. Si no estás listo para dejar de buscar, está bien.

Aprendí algunas cosas de mis temporadas de lucha con razones y de mi trabajo con otros. Primero, dejar tu búsqueda no es un evento único. Es posible que te sientas listo para dejarlo, y eso es genial. Sugiero agregar "al menos por ahora". Lo más probable es que puedas retomar la búsqueda más adelante. En especial cuando sucede otra cosa difícil, ya sea relacionada con la pérdida o no. Está bien. Eso es normal. Yo lo hice.

También aprendí que dejar de buscar una razón me dio más espacio en la mente y el corazón para buscar otras cosas. Esto incluye estar atento a los *debería*, tratar de localizar la alegría, incluso buscar un sentido en esta vida destrozada que estoy reconstruyendo.

MOVERSE POR EL MUNDO DE FORMA DIFERENTE

Una manera de pensar en la necesidad de encontrar significado en el duelo es considerar cómo la vida y la muerte de la persona te convirtieron en una persona diferente de formas que te hacen mejor, mejoran el mundo o en cómo llevas adelante el legado de esa persona.

Uno de los primeros invitados al *podcast* fue el empresario de restaurantes Jae Kim. Compartió que ver el viaje de su hermana pequeña con neurofibromatosis tipo 2 (NF2) y perderla provocó un cambio radical en la forma en que vive su vida, tanto personal como profesional. Kim me dijo: "Absolutamente. Hoy soy una persona diferente gracias a ella". Poco después de su muerte, desarrolló una práctica diaria de gratitud y hoy se presenta a trabajar buscando y notando lo que está bien en lugar de lo que está mal. Kim explicó que, como emprendedor, siempre está pensando en el futuro. Vivir en el mundo sin su hermana transformó su vida. Ahora, cuando se presenta una nueva oportunidad, piensa: "Sí, podríamos hacerlo, pero ¿esto conmueve mi corazón?".

UN CORAZÓN TRANSFORMADO

Encontrar sentido a la vida no tiene por qué incluir grandes gestos como iniciar una organización sin fines de lucro, ser un defensor abierto o cambiar tu vocación para tratar de remediar la causa de tu pérdida. Aunque hice todas esas cosas, el verdadero reflejo del significado que encuentro en mi vida está representado en mi corazón transformado. Creo que lo mismo ocurre con muchos de nosotros.

> *Cuando nos abruma la pérdida, podemos descubrir el significado de la vida permitiendo que la experiencia transforme nuestros corazones. Si lo permitimos, el duelo puede suavizar nuestras partes más duras. Puede ayudarnos a tener claro qué es importante y qué no.*

Cuando nos abruma la pérdida, podemos descubrir el significado de la vida permitiendo que la experiencia transforme nuestros corazones. Si lo permitimos, el duelo puede suavizar nuestras partes más duras. Puede ayudarnos a tener claro qué es importante y qué no. En un mundo que muestra principalmente compasión y lástima, ampliar nuestra capacidad de empatía y compasión es la forma en que damos sentido a estas pérdidas. Podemos llevar nuestros corazones, con ellos dentro, al mundo con mucho más cuidado que nunca. La narrativa cohesiva que estamos creando y representando ve un mundo que requiere y se beneficia de la compasión.

UNA APRECIACIÓN DEL TIEMPO

No te diré: "El tiempo cura todas las heridas". Cubro el problema con esa expresión en "el desordenado punto medio". Creo que muchos apreciamos el tiempo de forma nueva. Tenemos una perspectiva diferente, descubriendo las cualidades sagradas del tiempo de maneras que quienes no experimentaron una pérdida profunda no son capaces de captar.

Como dolientes, podemos cambiar nuestras narrativas del tiempo porque recordamos que el tiempo aquí no es ilimitado, y que todos y todo lo que amamos es temporal. No necesitas moverte por el mundo apreciando el tiempo y considerar sagrado cada momento de cada día para que sea una señal de que encontraste significado. Todos nos perdemos en las distracciones del mundo. Creo que solo poder recordártelo a ti con un mensaje como "el tiempo es precioso, ¿así quiero gastarlo?" es evidencia suficiente. O como lo capta tan bellamente la poeta Mary Oliver en la última estrofa de "Un día de verano": "¿No muere todo al final y demasiado pronto? Dime, ¿qué planeas hacer con tu única y preciosa vida?".

BUSCANDO VITALIDAD

Muchos pasamos por una o más temporadas de nuestras vidas en algún estado de adormecimiento. A veces somos conscientes de ello; muchas veces no lo somos. Las razones y circunstancias pueden variar, pero en gran parte, el adormecimiento nos protege del dolor y la tristeza de la pérdida. Es posible que nos estemos adormeciendo ante las pérdidas que presenciamos mientras consumimos las noticias de nuestra comunidad o del mundo.

Es posible que nos adormezcamos para protegernos de la falta de seguridad que sentimos después de un trauma. Cuando perdemos algún aspecto de nuestra salud o capacidades, es posible que también debilitemos nuestro compromiso con el mundo como un acto de autoconservación. Cada persona que vivió la muerte de un ser querido conoce la sensación de *shock* y la experiencia de estar aturdido y confundido.

Una vez más, el *shock* y el adormecimiento son apropiados para períodos cortos de nuestras vidas. Tienen un propósito. Cuando nos impiden emerger a una vida con significado, se convierten en una barrera. Con frecuencia, nos quedamos en este lugar más tiempo del necesario porque la respuesta protectora interna se ve agravada por una cultura que refuerza la capacidad de atención limitada y el escapismo.

Pero encontrar significado a la vida es imposible desde este lugar sin vida. La ironía es que, aunque una pérdida significativa puede llevarnos a un lugar en el que estamos desconectados de nuestras vidas, también la misma experiencia puede darnos energía para reconectarnos e involucrarnos con el mundo con intención y espíritu renovados.

Llegamos a comprender que el dolor es parte de la vida, por lo que el objetivo no es evitarlo ni buscar un estado eterno de felicidad. Más bien, la invitación es a avanzar en el duelo con significado y propósito buscando "vitalidad". Aprendí este término de la invitada del *podcast* Cecilie Surasky cuando compartió la historia de la muerte de su hijo Theo, de dieciocho años, por una sobredosis accidental. Surasky describió el significado que estaba creando a partir de esta pérdida: "Solía pensar que el único continuo que importaba para los humanos iba de la tristeza a la felicidad. Pero ahora pienso que el continuo que importa, en especial en esta cultura, va de estar adormecido a estar vital".

> Pero encontrar significado a la vida es imposible desde este lugar sin vida. La ironía es que, aunque una pérdida significativa puede llevarnos a un lugar en el que estamos desconectados de nuestras vidas, también la misma experiencia puede darnos energía para reconectarnos e involucrarnos con el mundo con intención y espíritu renovados.

ENCUÉNTRALO EN EL ESPACIO ANTES DE LA HISTORIA

Como menciono a lo largo del libro, las historias que contamos sobre las experiencias no son neutrales. Cada vez que contamos una historia, damos forma y remodelamos los recuerdos y cómo nos sentimos acerca del pasado. No solo eso, las historias repetidas también influyen en las posibilidades que vemos en nuestro futuro. En el espacio antes de contar la historia tenemos la oportunidad de encontrar un nuevo significado.

Al principio contamos la historia de la pérdida de forma repetida para intentar darle sentido. Se reitera, se ajusta, se repite. Es una manera importante de empezar a digerir la realidad de nuestra pérdida. En algún momento (y me gustaría poder decirte cuándo), existe la posibilidad de hacer una pausa antes de contar la historia. No porque no necesite ser escuchada, sino porque en el espacio antes de la historia puedes descubrir algo oculto. Con curiosidad y compasión, en ese espacio puedes encontrar un profundo pozo de los valores que más aprecias. En ese espacio tranquilo puedes descubrir el significado que buscaste.

Un año, en honor al mes nacional de la poesía, escribí "En el espacio antes de la historia". Es una invitación a descubrir el espacio para que podamos encontrar significado a nuestras historias de pérdida.

En el espacio antes de la historia

Hay un espacio
Una apertura silenciosa, sutil y a menudo inadvertida
Entre el acontecimiento y la historia del acontecimiento

Una oportunidad está en ese hueco
En esa apertura silenciosa, sutil e inadvertida
Mira de cerca y descubre un vasto vocabulario ahí escondido

Siempre con prisa por descubrir el significado
Antes de que nuestra mente tenga la oportunidad de sanar
Las palabras comienzan a caer, amontonándose en oraciones
Las oraciones se estructuran una encima de otra formando
    párrafos
Los párrafos, sin saberlo, adquieren formas singulares
Formas que se convierten en la historia del suceso

En cambio, tal vez podríamos optar por permanecer en ese
    espacio
Entre el acontecimiento y la historia del acontecimiento
Clasificar y seleccionar la amplia colección de palabras

Considerar el tono y la textura de las oraciones que se
  construyen
Evaluar cuidadosamente la integridad de los marcos que se
  forman

Entonces podríamos ver
Cómo las formas se convierten en la historia del suceso
Cómo la historia del suceso cobra significado
Cómo el significado creado por la historia del suceso
Es el hogar en el que residiremos

UNA INVITACIÓN PARA TI
haz espacio para el significado en tu historia

Ya sea en las historias que contamos en voz alta a otros sobre nuestras pérdidas o en las que nos contamos de forma mental sobre el cómo y el porqué de nuestro sufrimiento, cada relato refuerza una determinada narrativa. Si te encuentras en un momento del duelo en el que estás listo para hacer espacio para darle significado a tu historia, te invito a explorar las indicaciones que siguen. Si no estás listo, está bien. Las indicaciones estarán aquí de todos modos.

escribe tu historia y haz espacio para algo nuevo

paso 1

Saca tu diario y anota: "Historia de mi pérdida". Registra la versión que contaste recientemente. Escribe sin editar ni juzgar. Solo redacta como si estuvieras contándole a alguien la historia por primera vez.

paso 2

Aléjate de tu historia durante una hora, un día o una semana.

paso 3

Lee tu historia en voz alta. Trata de estar con las emociones que te genera.

Luego, bajo la historia o en la página siguiente, toma notas sobre cualquier nuevo aprendizaje, sabiduría o conocimiento que hayas adquirido. Puede ser algo que hayas descubierto sobre tu identidad o preferencias. Podrías incluir ideas o nuevas perspectivas sobre las relaciones. Podría ser algo más amplio, relacionado con la naturaleza de lo que significa ser humano. Ni siquiera tiene por qué ser algo nuevo. Podría ser algo que ya sabías, pero al reflexionar descubriste cómo se reforzó o amplificó tras la pérdida. Ningún conocimiento es demasiado pequeño para registrarlo.

cuando el duelo se vuelve parte de la historia, no la historia completa

EL DUELO SE ESTÁ CONVERTIENDO EN PARTE DE TU HISTORIA, NO EN TODA TU HISTORIA
Si lo recuerdas, y está bien si no lo recuerdas, porque "cerebro en duelo", empecé el libro diciendo que todos tenemos un problema con nuestra historia colectiva de duelo. Dije que es demasiado estrecha y singular, provocando que el duelo sea tramposo, y que todos suframos de forma innecesaria. A lo largo de este libro, hice lo posible para ampliar nuestra historia colectiva de duelo para que puedas ver tu experiencia vivida reflejada en esta historia nueva, emergente y en expansión.

Comencé compartiendo lo que veo como nuestra actual historia colectiva de duelo, empezando con la versión estrecha y singular:

> El duelo ocurre cuando muere alguien cercano a ti. Te sientes triste y tal vez enojado, pero solo con moderación. Esos sentimientos pueden durar un tiempo, tal vez meses si la persona era muy cercana. En general, te guardas los sentimientos. Si es necesario, consultas a un terapeuta o buscas un grupo de otros dolientes como tú para no transmitir tu duelo a otras personas. Te mantienes ocupado, vuelves al trabajo, ya sabes, porque es "bueno

para ti". Luego, tan pronto como sea posible, avanzas de manera clara y ordenada a través de las cinco etapas del duelo, como si fuera una especie de lista de tareas pendientes. Y *voilá*. Si eres lo suficientemente bueno, fuerte y te esfuerzas mucho, en un año más o menos, lo habrás superado. Y ahora puedes seguir adelante.

Espero que ahora tengas una historia de duelo más amplia. Una historia que te ayude a sentirte visto y apoyado. Una historia que quizá puedas compartir con otros para que no sufran de forma innecesaria.

Historia de duelo más amplia e inclusiva

El duelo ocurre cuando el manuscrito de tu vida se destruye. La historia de tu vida incluye personas, relaciones, habilidades, sueños y una sensación de hogar. Cuando pierdes una de esas cosas, vives un duelo. Es una respuesta normal a la pérdida. El duelo afecta tu bienestar físico, cognitivo, emocional, espiritual y relacional. Aunque el cien por ciento de la población experimenta el duelo, varias veces en la vida, tú experimentarás el tuyo de manera única. No existe un cronograma ni una fórmula para él. Hay algunas habilidades, recursos y apoyos que aliviarán tu sufrimiento y harán que el duelo sea menos doloroso. No *superarás* tu duelo. *Avanzarás con* él. El duelo es aprendizaje e integrarás el conocimiento que vayas adquiriendo a lo largo del camino en una historia emergente de tu vida. Tu pérdida y duelo se vuelven parte de tu historia, no la historia completa.

EMERGE OTRO CAPÍTULO

Después de la pérdida, toda tu historia fue sobre duelo (o todavía lo es si estás en esos primeros días). En esa temporada, cada respiro que tomas, cada pensamiento que tienes sobre el pasado, presente y futuro está relacionado con el duelo. Cada emoción que sientes, desde la preocupación hasta la tristeza y la ira, tiene que ver con la pérdida que experimentaste. Es la naturaleza del duelo. Al principio, nos consume.

A medida que pasa el tiempo, mientras lloras y te enfureces, cuando te levantas y vuelves a caer, cuando buscas apoyo y tienes momentos de alegría y nuevas experiencias, de alguna manera emerge un nuevo capítulo de tu historia. La historia del próximo capítulo seguirá incluyendo tus profundas pérdidas, pero dichas pérdidas se manifestarán de diferentes maneras con nuevas personas, eventos y experiencias. Tu pérdida aparecerá en cada capítulo posterior durante el resto de tu historia, aunque la cantidad de páginas que ocupe disminuirá con el tiempo. Recuerda, no es que tu duelo disminuya. Es que tu vida se expande a su alrededor.

Quiero hacer una pausa aquí por un momento.

Es posible que tengas sentimientos encontrados sobre todo esto, y está bien. Si no estás listo para pensar en vivir los próximos capítulos, es posible que también quieras hacer una pausa y aceptar las emociones que surjan. Tal vez quieras explorar los sentimientos en tu diario o saltar a otro capítulo, tal vez "el mundo sigue girando" o "empieza cerca".

A medida que pasa el tiempo, mientras lloras y te enfureces, cuando te levantas y vuelves a caer, cuando buscas apoyo y tienes momentos de alegría y nuevas experiencias, de alguna manera emerge un nuevo capítulo de tu historia.

ESTÁ EMERGIENDO UNA HISTORIA (MÁS) COHESIVA

Un terapeuta sabio o un líder de apoyo grupal para el duelo podría decir: "El objetivo de tus sesiones es, en última instancia, ayudarte a integrar el duelo". ¿Qué significa eso? Al principio del duelo, ese primer capítulo nuevo que surge después de la pérdida parece un caso atípico. En realidad, no encaja con la historia del duelo que ocupó toda la atención durante las últimas semanas y meses o más. Con el tiempo, y con una intención reflexiva, cada nuevo capítulo que escribimos integra nuestras identidades y experiencias en una historia más cohesiva. Cada nuevo capítulo que escribimos y reescribimos ayuda a que la historia general de nuestras vidas esté más interrelacionada.

No tenemos que encontrar una razón ni darle significado a la pérdida, pero integrar nuestra historia significa que estamos reconstruyendo nuestro sentido de nosotros, nuestro propósito y nuestro lugar en el mundo.

En 2022, después de devorar *The Healing Power of Storytelling* de la doctora e investigadora Annie Brewster, la invité a participar en el *podcast* para explorar el tema. En su libro, en las clínicas y a través de su trabajo en Health Story Collaboratives, Brewster ofrece mucha orientación y sabiduría para escribir y reescribir nuestras narrativas personales. Trabaja con pacientes con enfermedades crónicas y terminales para encontrar un camino hacia la curación emocional utilizando técnicas narrativas.

Su objetivo es "inspirarte a involucrarte de forma profunda con tu historia, crear una versión de la historia que estás viviendo en este momento y, luego, replantearla y refinarla usando las herramientas proporcionadas en este libro para hacerla más auténtica y empoderadora". Eso buscamos mientras vivimos los próximos capítulos de nuestras vidas: una historia, alias una vida, que sea la versión más auténtica y empoderadora de la persona en la que nos estamos convirtiendo.

TODAVÍA ERES EL PERSONAJE PRINCIPAL, SOLO QUE DIFERENTE

Quizá alguien te dijo: "¿Por qué no puedes ser como antes?". Tal vez tú te preguntaste eso, deseando con desesperación poder ser la versión de ti que eras antes de la pérdida. Creo que todos lo deseamos.

El desafío es que la gente, incluidos nosotros, espera que interpretemos el mismo personaje que antes. Actúan como si nuestro personaje no hubiera sido alterado de manera permanente. No reconocen que la historia de fondo de nuestras vidas cambió de forma profunda. Entonces debemos adaptarnos. No aprecian que nos dejaron solos para comenzar a reescribir el manuscrito de nuestras vidas sin instrucciones. A veces recibimos comentarios no solicitados de "editores" que quieren cambiar nuestro tono, estilo, frases o cómo *deberíamos* sentirnos, solo para que podamos volver a tener sentido para ellos.

Recuerda, amigo mío, que sigues siendo el personaje principal de la historia de tu vida. Y en la vida, como en la ficción, los personajes cambian. Envejecen, conocen gente nueva, tienen nuevas experiencias, enfrentan desafíos y pérdidas, se adaptan. Siguen siendo ellos, solo que diferentes. A ti te está pasando lo mismo.

Esto puede ser realmente desorientador, lo sé. Está bien si no puedes encontrarte a ti ahora. Puede parecer que estás en un bar abarrotado buscándote y no te encuentras. Hace calor, estás sudando, la música está demasiado alta y la gente grita. Miras los rostros de todos de forma desesperada para encontrarte, pero no puedes. Incluso cuando te miras al espejo, no te reconoces.

Tomará tiempo familiarizarte con el cambio. Cuando te sientas perdido así, te invito a hacer una pausa. Respira profundo varias veces, pon tu mano sobre el corazón y di en voz alta: "Todavía estoy aquí. Todavía estoy aquí. No voy a ninguna parte. No estoy solo".

TODAVÍA ERES EL AUTOR

Aunque estas pérdidas te hayan sucedido a ti, recuerda que sigues siendo el autor de tu historia. Mientras recibes comentarios de los demás, lo que a veces puede ser útil, decide cómo te adaptarás y qué quieres para tu personaje principal. Como explica de forma hermosa el doctor Atul Gawande en su libro *Ser Mortal: La medicina y lo que al final importa*: "Puede que no controles las circunstancias de la vida, pero llegar a ser el autor de tu vida significa controlar lo que haces con ellas".

Una forma de pensar en esto de manera que parezca más suave o menos aterradora es considerar que escribir tu historia se trata más de agregar que de editar. No estoy sugiriendo que debas eliminar la importancia, el valor o el impacto de la pérdida en tu vida. En cambio, te invito a pensar en abordar tu historia emergente como lo harías leyendo un libro. Cuando lees el primer capítulo, estás en él y tienes una visión y una perspectiva cercana e inmediata de los personajes, sus vidas y tal vez una idea de su futuro.

A medida que sigues leyendo, sale a la luz nueva información y los personajes atraviesan nuevas experiencias. Muchas veces eso cambia la forma en que los ves y lo que sientes por ellos. Esto abre nuevas posibilidades para que se desarrolle su historia. Esta nueva información no requiere que borres u olvides lo que sucedió en el primer capítulo. Solo te invita a ver una versión más completa y rica de los personajes. Me pregunto si eso te ayuda a ver este lugar en tu historia de una manera que te dé menos miedo y te permita honrar el significado de tu pérdida.

ENCONTRAR HOGAR EN TU HISTORIA

El primer capítulo de nuestra vida tras una pérdida parece muy extraño. Al principio del duelo, no podemos imaginarnos sentir alguna vez ese sentimiento de pertenencia a un lugar o al mundo de manera significativa. Con frecuencia, nos sentimos a la deriva, sin un hogar, sin nuestro ser querido. Pero el *hogar* que intentamos encontrar con desesperación es un lugar en nuestras vidas, en nuestra historia.

Conforme avanzamos en el duelo, a medida que invertimos en nuestro bienestar físico, emocional, cognitivo, espiritual y relacional, volvemos a ese lugar de pertenecer a nosotros, a nuestra historia. Cada vez que aceptamos apoyo, compartimos un recuerdo o creamos uno nuevo, estamos sentando las bases de nuestra historia: un lugar al que podemos llamar hogar.

Antes de irte, quiero compartir otra hermosa sabiduría de David Whyte. En su poema épico "La casa de la pertenencia", explora el anhelo de encontrar un hogar dentro de nuestra propia historia, dentro de nuestras propias vidas. El poema cierra con esto:

> *Esta es la casa brillante*
> *en la que vivo,*
> *[...]*
> *aquí es donde quiero*
> *amar todas las cosas*
> *que me costó tanto*
> *aprender a amar.*
> —de "La casa de la pertenencia" de David Whyte

PASA LA PÁGINA, NO CIERRES EL LIBRO

Llevas un tiempo leyendo y ahora te toca escribir. Este libro siempre estará aquí para ti. Puedes volver a él cuando quieras sentirte visto y sostenido en tu duelo. Estará aquí para sugerirte que apartes los *debería* y estés atento a la alegría. Retómalo cuando necesites un recordatorio para cuidarte. Abre las páginas cuando requieras una invitación para seguir descubriendo lo que necesitas y para encontrar el valor de pedir apoyo a los demás. Este libro está aquí para ayudarte a practicar todas las nuevas habilidades que estás aprendiendo y para recordarte que dondequiera que te encuentres en tu viaje de duelo es donde debes estar.

Recuerda, ya empezaste, esas son las buenas noticias. Mantén tu enfoque cerca. No hay un destino único, ni un camino correcto para llegar a tu destino. Solo estás tú: reescribiendo con amabilidad, compasión y paciencia el manuscrito de tu historia emergente que incluye los recuerdos, los valores, el amor y el significado que le estás dando a lo que perdiste.

Te entiendo. Te veo. Te escucho. Te tengo en mi corazón.

Con amor, tu amiga y compañera de duelo:

Lisa.

un poco extra

epílogo

Durante años, soñé con entregarte este libro. Trabajé en el manuscrito en todas las cafeterías de Austin, en los porches y en los aeropuertos. Partes del libro empezaron como notas de voz mientras caminaba o conducía, como publicaciones en Instagram y como garabatos en varios cuadernos y notas adhesivas que llevaba conmigo. Siempre creí con todo mi corazón que, de alguna manera, encontraría una forma de transmitirte estas lecciones del duelo.

Lo que nunca imaginé fue que diez días antes de la fecha límite del manuscrito recibiría un diagnóstico de cáncer. ¡¿Qué?! ¡¿De verdad?! Un diagnóstico que se había retrasado más de un año, igual que el de mi difunto esposo.

Mientras escribo esto, estoy más o menos a la mitad del tratamiento para el cáncer de mama. Me alegra compartir la noticia de que el pronóstico es bueno, a pesar de que la cirugía y la quimioterapia fueron brutales y absolutamente humillantes. Y aunque no estoy, ni lo estaré nunca, lista para declarar el cáncer como un regalo, hubo algunos momentos hermosos en el camino. Creo que este diagnóstico me dio algo que necesitaba, una oportunidad de volver a aprender la lección de vida más importante que había perdido en el camino: todos necesitamos ayuda a veces.

Al principio me encontré con ganas de ocuparme, ser independiente y fuerte. Me sentía obligada a decirles a todos: "Estoy bien. Está bien. Puedo hacerlo por mi cuenta". Pero este libro tenía un mensaje para mí. El único capítulo que me quedaba por escribir en esos diez días entre el diagnóstico y la fecha límite de presentación... era el capítulo "es tu turno de respirar con un compañero". ¡Está bien, te escucho!

De inmediato me comprometí a decir "Sí" a las ofertas de apoyo. Empecé a decir "gracias" en vez de "no es necesario". Cuando la gente pedía mi dirección postal o mi usuario de Cash App, en lugar de decirles: "No es necesario que me consigas nada", les daba la información con una actitud de gratitud. Cuando tres amigas se ofrecieron a cruzar el país en avión para llevarme a sesiones semanales de quimioterapia, en lugar de decirles "es demasiado", les dije "eso sería maravilloso. Gracias".

Pasará un tiempo antes de que esté sana lo suficiente para ponerme el equipo de buceo, sumergirme y respirar profundo. Mientras tanto, agradezco la oportunidad de practicar la tercera parte de la lección de vida que aprendí hace cuarenta años. Esta vez, descubrí una ventaja adicional de respirar con un compañero que antes había pasado por alto: dejar que la gente me ayude profundiza un sentido de conexión y pertenencia. Enriquece las relaciones. De forma interior y profunda, empecé a sentir que, aunque nadie puede realizar el tratamiento por mí, no tengo que navegar por esto sola. Nadie tiene que hacerlo.

apéndice A
un alfabeto de recordatorios para tu viaje de duelo

Atiéndete de manera integral
Busca conectar con tus emociones
Creación, curiosidad y compasión
Descubre tu capacidad y tu resiliencia
Emerge en tu historia
Favorece sentirlo todo
Guíate en el surfeo del duelo
Haya la sanación de su cuerpo, mente y alma
Investiga qué es lo que importa
Júbilo: búscalo
Kilómetros de recuerdos por guardar
Lenguajes nuevos que aprender
Mapea rutas sin transitar
Nota con atención plena
Observa y detecta los *deberías*
Practica la paciencia, la paciencia y más paciencia
Qué al aire: haz preguntas sin respuestas
Reposa, restaura y recuerda
Salidas seguras: empieza cerca
Toma la ayuda que te ofrecen
Utiliza tu tiempo para desempacar las creencias del duelo
Vocabulario en expansión
Write: escribe y rescribe narrativas
eXplora nuevos terrenos
Yes: el poder del "sí/y"
Zambúllete entre miles de ideas y emociones

apéndice B
una carta para las personas que apoyan en el duelo

> *presentarse, callar, preguntar qué necesita, escuchar... ah,*
> *y seguir estando presentes*

Querida persona que apoyas en el duelo:

Sé que es desgarrador presenciar que alguien a quien amas viva el duelo de una pérdida profunda. Quizá te preguntas: "¿Qué le digo? ¿Qué debo hacer?". Y buscas las palabras correctas o perfectas. Lo sé, no quieres equivocarte. Pero esta es la cuestión: es muy probable que lo hagas. La mayoría lo hacemos. Lo importante es que te presentes de todos modos.

Abajo encontrarás referencias rápidas sobre cómo apoyar en el duelo. Si no recuerdas nada más, recuerda esto: no puedes arreglar al doliente, no importa cuánto lo intentes. El doliente no necesita ser arreglado. Lo que más necesita la persona es tu empatía compasiva. La mejor manera de apoyar a un doliente es simple: preséntate, calla y escucha y sigue estando presente.

Regla 1 del apoyo en el duelo: estar presente, callar, preguntar qué necesita, escuchar... ah, y seguir estando presente.

ANTES DE PRESENTARTE PARA APOYAR A TU PERSONA
Debes saber esto
El duelo es diferente para cada persona y no siempre es visible. La persona puede estar llorando, gritando, riendo, en silencio o

todo lo anterior en cuestión de minutos. Todas las emociones son válidas en el duelo, incluida la ira. El duelo no es lineal y no sigue etapas. El duelo es complicado, llega en olas y afecta el bienestar físico, cognitivo, emocional, espiritual y relacional de la persona. El impacto significativo del duelo dura meses y años, no semanas. La gente no supera el duelo, sino que avanza con él.

Evalúa tus expectativas
No es tu trabajo arreglar el dolor del doliente o hacer que la persona se sienta mejor o feliz. No es trabajo de esa persona hacerte sentir cómodo o mostrarte gratitud.

No hay nada correcto que decir, aunque hay algunas cosas que pueden ser perjudiciales (ver más abajo). Esta interacción no se trata de ti, así que no esperes una conversación bidireccional. Continúa centrando la atención en el doliente.

Revisa tu energía
Tu energía es contagiosa. Si estás nervioso y preocupado, el doliente lo sentirá. Tómate unos minutos antes de presentarte en persona, levantar el teléfono o realizar una videollamada. Respira profundo. Recuerda que no es tu responsabilidad solucionar el dolor de la persona. Tu presencia cariñosa y tu energía tranquila son el regalo de apoyo que más necesita.

CUANDO TE PRESENTES, PREGUNTA; LUEGO, CALLA Y ESCUCHA

Lo mejor que puedes hacer para demostrar que te preocupas y saber qué necesita el doliente en ese momento es estar presente. Empieza preguntando qué necesita. Entonces cállate y escucha. Es posible que la persona no sepa las respuestas. O es posible que las respuestas no coincidan con lo que esperabas o con lo que estabas dispuesto a ofrecer. Está bien. Sigue con la persona. Incluso en los largos silencios o si está llorando. Usa contacto visual, abrazos u otro contacto físico, cuando sea apropiado, para demostrar que te importa.

NO DIGAS cosas como estas:
- *Todo pasa por una razón.*
- *Al menos ya no sufre.*
- *Cualquier oración que empiece con Al menos...*
- *Eres tan fuerte. No sé cómo lo haces.*
- *Encontrarás el amor de nuevo.*
- *Todavía tienes/puedes tener hijos.*
- *Solo necesitas seguir adelante.*
- *No puedo imaginarlo.*
- *Tienes que dejar de pensar en él.*
- *Esto es como el momento en que yo...*
- *Esto me recuerda cuando...*
- *Cualquier oración que comience con Deberías...*

DI cosas como estas:
- *No hay palabras.*
- *Te tengo en mi corazón.*
- *Cualquier cosa que sientas en tu duelo es normal.*
- *No existe una forma correcta o incorrecta de vivir el duelo.*
- *Él siempre estará contigo.*
- *Tu [tío] fue una presencia muy amorosa.*
- *Puedes hablarme de tu [mamá] cuando quieras. Estoy aquí para escuchar.*
- *Está bien no estar bien.*
- *Quiero que sepas que no eres el único que transmitirá sus recuerdos.*
- *Prometo seguir apareciendo.*
- *No tienes que hacer, decir o ser nada más que lo que te resulte natural.*
- *Esto es una maldita mierda y apesta muchísimo.*

Ayuda de una forma que ayude al doliente
Piensa en un momento cuando te sentiste abrumado por el duelo, el dolor o por alguna otra razón. ¿Cómo se veía o sentía el apoyo? Supongo que no implicó grandes gestos. Me imagino que fue la presencia tranquila y amorosa de alguien. Nadie intentó apresurarte para que superaras el dolor ni disuadirte de hacerlo. La persona que te apoyó en el duelo estuvo ahí para reconocer y afirmar lo difícil que era.

Ese es el mejor tipo de ayuda que puedes ofrecer al doliente.

También es fantástico ofrecer apoyo o ayuda práctica. Recuerda, el duelo afecta el funcionamiento cognitivo de las personas. Las pequeñas tareas pueden resultar abrumadoras. Entonces, para ayudar a aliviar la carga del doliente, ofrécete para configurar pagos o recordatorios automáticos, encargarte de las tareas del hogar o hacer recados. Asegúrate de que tu ayuda es útil y no requiere que la persona tome grandes decisiones o se esfuerce mucho.

CUANDO SIGUES ESTANDO PRESENTE

La mayoría de las personas dejan de presentarse después del funeral o memorial. Algunas continúan apareciendo durante el primer mes o dos. Solo pocas se comunican después. Sé una de esas personas que siguen apareciendo. Muchas veces, los dolientes salen del *shock* durante los primeros meses, solo para sentirse más solos.

A continuación, se muestran algunas formas de seguir estando presente de manera significativa:

1. Pon la fecha de fallecimiento u otras fechas importantes (días festivos, cumpleaños, días festivos distintivos como el Día del Padre o de la Madre) en tu calendario. Asegúrate de comunicarte ese día o antes.
2. Acércate en persona, llámale, envía un mensaje de texto, manda una nota de audio, haz una videollamada o envía una tarjeta por correo. Pregunta

si el doliente está dispuesto a programar una llamada telefónica regular o una reunión por video para asegurarte de que sabe que te comunicarás con él.
3. Cuando le llames o envíes un mensaje de texto, recuérdale que no necesitas una respuesta y que siempre lo tendrás en tu mente y corazón.
4. Pregunta si está bien compartir un recuerdo favorito de la persona que falleció. Invita al doliente a compartir un recuerdo también.
5. Sigue ofreciendo apoyo práctico. Reconoce que es posible que la persona no siempre sepa lo que necesita y que las necesidades pueden cambiar. Recuérdale al doliente que está bien.

En nombre de tu ser querido, gracias por estar dispuesto a aprender a estar presente, callar y escuchar… y seguir estando presente.

meditación guiada

Esta obra se terminó de imprimir
en el mes de enero de 2025,
en los talleres de Diversidad Gráfica S.A. de C.V.
Ciudad de México